Luxusgut Wohnen

Michael Voigtländer

Luxusgut Wohnen

Warum unsere Städte immer teurer werden und was jetzt zu tun ist

2., aktualisierte Auflage

Mit einem Geleitwort von Michael Fabricius

Michael Voigtländer
Institut der deutschen Wirtschaft Köln
Köln, Deutschland

Die Online-Version des Buches enthält digitales Zusatzmaterial, das berechtigten Nutzern durch Anklicken der mit einem „Playbutton" versehenen Abbildungen zur Verfügung steht. Alternativ kann dieses Zusatzmaterial von Lesern des gedruckten Buches mittels der kostenlosen Springer Nature „More Media" App angesehen werden. Die App ist in den relevanten App-Stores erhältlich und ermöglicht es, das entsprechend gekennzeichnete Zusatzmaterial mit einem mobilen Endgerät zu öffnen.

ISBN 978-3-658-25034-8   ISBN 978-3-658-25035-5 (eBook)
https://doi.org/10.1007/978-3-658-25035-5

Die Deutsche Nationalbibliothek verzeichnet diese Publikation in der Deutschen Nationalbibliografie; detaillierte bibliografische Daten sind im Internet über http://dnb.d-nb.de abrufbar.

Springer
© Springer Fachmedien Wiesbaden GmbH, ein Teil von Springer Nature 2017, 2019
Das Werk einschließlich aller seiner Teile ist urheberrechtlich geschützt. Jede Verwertung, die nicht ausdrücklich vom Urheberrechtsgesetz zugelassen ist, bedarf der vorherigen Zustimmung des Verlags. Das gilt insbesondere für Vervielfältigungen, Bearbeitungen, Übersetzungen, Mikroverfilmungen und die Einspeicherung und Verarbeitung in elektronischen Systemen.
Die Wiedergabe von allgemein beschreibenden Bezeichnungen, Marken, Unternehmensnamen etc. in diesem Werk bedeutet nicht, dass diese frei durch jedermann benutzt werden dürfen. Die Berechtigung zur Benutzung unterliegt, auch ohne gesonderten Hinweis hierzu, den Regeln des Markenrechts. Die Rechte des jeweiligen Zeicheninhabers sind zu beachten.
Der Verlag, die Autoren und die Herausgeber gehen davon aus, dass die Angaben und Informationen in diesem Werk zum Zeitpunkt der Veröffentlichung vollständig und korrekt sind. Weder der Verlag, noch die Autoren oder die Herausgeber übernehmen, ausdrücklich oder implizit, Gewähr für den Inhalt des Werkes, etwaige Fehler oder Äußerungen. Der Verlag bleibt im Hinblick auf geografische Zuordnungen und Gebietsbezeichnungen in veröffentlichten Karten und Institutionsadressen neutral.

Springer ist ein Imprint der eingetragenen Gesellschaft Springer Fachmedien Wiesbaden GmbH und ist ein Teil von Springer Nature.
Die Anschrift der Gesellschaft ist: Abraham-Lincoln-Str. 46, 65189 Wiesbaden, Germany

Geleitwort

Berlin ist nicht Bullerbü

Der Preisboom am Wohnungsmarkt geht nun schon in sein zehntes Jahr. Und noch immer scheinen viele Akteure in Politik und Wirtschaft davon entweder überrascht oder überfordert, oder sogar beides. In der Politik beharren die Anhänger der reinen Marktlehre und die Befürworter staatlicher Regulierung auf teils veralteten Positionen. Die Bauwirtschaft indes benötigt offenbar Jahre, um den eigenen Boom zu begreifen und wieder mehr in Ausbildung und Kapazitäten zu investieren. Nicht zuletzt viele Bürger stemmen sich gegen das Wachstum ihrer Städte, gegen neue Bauvorhaben, Straßen und Schienen.

Deutschland hat, was Bau, Planung und Stadtwachstum angeht, offenbar vieles verlernt. Während sich die Welt ringsherum rasant entwickelte, ein Drittel der deutschen Bevölkerung in die Ballungszentren wanderte und Migranten aus Europa und dem Rest der Welt hinzukamen, blieben wir viel zu lange im Bullerbü-Modus. Und hielten am Glauben fest, dass alles irgendwie beim alten bleiben kann. Doch Berlin ist nicht Bullerbü – genauso wenig wie viele andere Städte, die von Wohnungsknappheit und rasant steigenden Preisen betroffen sind.

Immerhin ist der Wohnungsbau heute „Chefsache", jedenfalls nach dem Wohnungsgipfel bei Bundeskanzlerin Angela Merkel im September 2018. Doch bis die im Nachgang neu gegründeten Kommissionen und Arbeitsgruppen konkrete Vorschläge präsentieren und diese auch noch in Gesetzform gegossen sein werden, wird erneut viel Zeit vergehen. Währenddessen wiederholen die einen, man müsse doch einfach mehr bauen, um das Angebot zu vergrößern – ohne jedoch genau sagen zu können, wie das genau gehen soll. Und die anderen setzen auf mehr Staatswirtschaft, drängen mittels Vorkaufsrecht Investoren aus dem Markt und verlangen immer höhere Sozialquoten beim Neubau.

Insofern lohnt sich die Lektüre der neuen Auflage von „Luxusgut Wohnen" erst recht. Michael Voigtländer hat nahezu alle wichtigen Gründe, Fehllenkungen und Wirkungsmechanismen zusammengetragen, die dazu geführt haben, dass Mieter bei der Wohnungsbesichtigung ohne Hoffnung in langen Schlangen stehen und dass der Traum vom Eigenheim für viele Bürger auch in Zukunft ein Traum bleiben wird, weil Preise und Nebenkosten zu hoch sind. Da der Autor aber weiß, wie dringlich die zahlreichen Aufgaben in den boomenden Städten und den schrumpfenden Regionen des Landes sind, liefert er gleich eine ganze Reihe vernünftiger Lösungsansätze mit.

Ob das hilft, werden wir sehen. Bis dahin ist das Buch, das Sie in Ihren Händen halten, mindestens auch eine Lernfibel für jeden, dem der Immobilienmarkt suspekt geworden ist. Denn viele Deutsche fremdeln mit dynamischen kapital- oder technikgetriebenen Märkten. Die Kaufpreise steigen? Eine Blase! Ein Vermieter modernisiert und erhöht die Miete? Abzocke! Die folgenden Seiten helfen, diese und weitere Missverständnisse zu beseitigen.

Michael Voigtländer zeigt aber auch, warum sich die Bürger über eine erschreckend unkreative und verkrustete Gesetzgebung mindestens ebenso wundern sollten wie über knappen Wohnraum. Die Bundesländer stoßen sich seit einigen Jahren an Immobilienkäufern finanziell gesund. Im Jahr 2017 dürften die Einnahmen aus der Kaufsteuer auf fast über 13 Mrd. Euro gestiegen sein. Die Länder mögen diese Steuer auch deshalb so sehr, weil sie nichts davon in den Länderfinanzausgleich abgeben müssen. Eine vollkommen verquere Steuerlogik. Bei der Grundsteuer wiederum, die von allen gezahlt werden muss, sorgen krasse Fehlwirkungen dafür, dass zu viel Bauland unbebaut bleibt. Doch bei der anstehenden Reform entsteht gerade eine der kompliziertesten Steuern der bundesdeutschen Geschichte, während die Landesfinanzminister und Lobbyisten froh sind, dass sie sich überhaupt auf irgendetwas geeinigt haben.

Allerdings, das erlaube ich mir an dieser Stelle zu sagen: Auch die Baubranche ist nicht gerade ein sprudelnder Quell aus Innovationen, wenn es um den effizienten Neubau von Wohnungen geht. Viele Bauträger planen noch so wie vor 30 Jahren. Und bei der Vermittlung von Wohnraum pflegen wir in Deutschland sogar ein System, das auf einem BGB-Paragrafen aus dem 19. Jahrhundert beruht. Bei Mietwohnungen gilt immerhin inzwischen das Bestellerprinzip. Seit Mitte 2015 wird der Preis für die Vermittlung zwischen dem Vermieter als Auftraggeber und dem Makler als Dienstleister ausgehandelt. In früheren Zeiten war die Vermittlung so etwas wie eine Geschäftsverabredung zweier Parteien zulasten Dritter: der Mieter. Beim Kauf dagegen läuft es immer noch so. In Regionen mit hoher Nachfrage müssen Käufer zehntausende von Euro an Immobilienmakler zahlen, die aus ihrer Sicht wenig mehr tun als ein Exposé in ein Internetportal zu stellen. Dass Michael Voigtländer diesen oft größten aller Nebenkostenpositionen nur kurz erwähnt, finde ich als Ordoliberaler und Freund effizienter Preisbildung ein ganz klein wenig schade. Vielleicht hat der Autor beim Verfassen dieses Buches aber auch schon längst geahnt, dass die Bundesregierung dieses Problem bald aus der Welt schaffen würde. Immerhin ist ein Gesetz für ein Bestellerprinzip auch beim Kauf in Arbeit. Sollte es tatsächlich in Kraft treten und alle Hürden beim Bundesverfassungsgericht nehmen, werden Käufer deutlich mehr Eigenkapital zur Verfügung haben. Hinzu kommt noch das Baukindergeld, das der Bund Familien mit Kindern noch für bis Ende 2020 gekaufte Immobilien gewährt. Eine weitere sinnvolle Unterstützung auf dem Weg ins Wohneigentum? Oder doch eher eine überflüssige Subvention für Ohnehin-Käufer, die das Geld gerne mitnehmen, teilweise an die Bauwirtschaft weiterleiten und damit eine vermeintliche Baukosten-Blase weiter aufpumpen?

Wenn ich mit Michael Voigtländer über die Entwicklungen auf dem deutschen Wohnungsmarkt spreche, muss ich mich immer ein wenig bremsen, um nicht zu viele Themen gleichzeitig anzuschneiden. Aus Sicht eines Journalisten sind seine Statements regelmäßig eine große Hilfe. Was ich besonders schätze: Auch über unterschiedliche Sichtweisen können wir offen sprechen – etwa über die Mietpreisbremse, deren Auswirkungen ich anders interpretiere als es in diesem Buch dargestellt wird. Ich glaube nicht, dass Vermieter wegen der Preisbremse ihre Wohnung verkaufen oder sich zu einer Modernisierung gezwungen sehen. Zumal das Instrument ohnehin nicht greift, weil den Mietern eine praktikable Sanktionsmöglichkeit fehlt, um ihr Recht ohne eigenen Schaden durchsetzen zu können. Und – da sehen der Autor und ich die Dinge wieder ähnlich: Es fehlt schlicht und ergreifend die preisliche Bezugsgröße. Wer weiß denn schon, ob eine Miete über dem Mietenspiegel liegt oder nicht?

Immobilien sind etwas anderes als Autos. Natürlich gibt es kein Grundrecht auf Wohnen in einem teuren zentralen Stadtteil. Doch die Wohnungsknappheit hat inzwischen ein Ausmaß erreicht, bei dem auch moralische Fragen der Stadtentwicklung eine Rolle spielen. Für wen ist die Stadt da? Welche Funktion hat sie, wie ist ein fairer Interessenausgleich zwischen Vermieter und Mietern, Bauträgern und Käufern, aber auch dem Staat und dem Steuerzahler erreichbar? Es wäre gut, wenn die Vorschläge in diesem Buch schnell Gehör finden damit nicht auch noch der Wohnungsmarkt zu einem gefundenen Fressen für Populisten wird.

Berlin, Deutschland Michael Fabricius
Oktober 2018

Vorwort

Als ich 2005 von der Universität Köln an das Institut der deutschen Wirtschaft Köln gewechselt bin, um eine Stelle als Referent für das neu aufzubauende Forschungsfeld Immobilienökonomik anzunehmen, haben einige Kollegen noch gefrotzelt: „Womit willst Du Dich dort beschäftigen – nach zwei Jahren bist Du doch mit allem durch!". Tatsächlich galt die Immobilienökonomik als Exotenthema, und einige Ökonomen sehen dies immer noch so. Doch mit der Finanzkrise, die ihren Ausgangspunkt in den Verwerfungen im Immobilienmarkt nahm, hat sich das Interesse deutlich erhöht. Und spätestens seit die Preise und Mieten auch in Deutschland kräftig steigen – zumindest in vielen Städten – hat das Thema enorm an Bedeutung gewonnen. Die Zahl der Ökonomen, die sich mit dem Thema beschäftigen, ist zwar immer noch gering, gerade auch im internationalen Vergleich, aber für die breite Öffentlichkeit wird das Thema immer wichtiger. Wohnen geht schließlich jeden etwas an, weshalb das Thema von Medien sehr stark aufgenommen wird und auch im Wahlkampf 2017 eine große Rolle spielte. Meinem Doktorvater Johann Eekhoff bin ich heute sehr dankbar, dass er mich immer auch in Projekte mit wohnungspolitischem Bezug eingebunden hat. Ohne ihn hätte ich mich dem Thema der Wohnungspolitik sicherlich nicht genähert. Johann Eekhoff ist leider 2013 verstorben, ich hoffe aber, er würde dieses Buch mit Freude lesen und würde sich in den Schlussfolgerungen wiederfinden.

Im Institut der deutschen Wirtschaft (IW) beschäftige ich mich längst nicht mehr allein mit dem Thema Immobilienmärkte. Mittlerweile sind wir ein Team von vier Wissenschaftlern, die sich schwerpunktmäßig mit Fragen des Immobilienmarktes auseinandersetzen, hinzukommt noch einer, der sich auf den Finanzmarkt konzentriert. Ideen entstehen selten allein, sondern vor allem durch den Austausch. Mein Dank gilt daher Ralph Henger, Markus Demary, Christian Oberst und Pekka Sagner sowie meinen früheren Mitarbeitern Philipp Deschermeier, Björn Seipelt, Daniel Bendel, Heide Haas, Michael Schier und Marcel Hude für viele anregende Diskussionen, konstruktive Zusammenarbeiten und viele hilfreiche Anmerkungen. Vor allem aber macht die Zusammenarbeit viel Spaß und Freude – besser geht es nicht!

Dieses Buch ist kein IW-Buch, sondern alle Positionen und Analysen habe ich selbst zu vertreten. Ich bin dem IW aber sehr dankbar für die Freiheit, die es mir gewährt. Auch wenn wesentliche Teile dieses Buches an Wochenenden und Urlauben entstanden sind, wäre ein solches Buch nicht möglich, wenn das Institut seinen Mitarbeitern nicht die Freiheit geben würde, sich selbst zu positionieren und Themen eigenständig zu wählen. Rolf Kroker, der mich ans Institut holte, ließ mich „einfach machen", und auch mein Direktor Michael Hüther sowie meine Geschäftsführer Hubertus Bardt und Hans-Peter Klös schenken mir viel Vertrauen und Freiraum. Dies weiß ich sehr zu schätzen.

Ein großer Dank gilt auch dem Springer Verlag, vor allem in Person von Anna Pietras, die dieses Projekt direkt begeistert unterstützte und stets konstruktive Ideen einbrachte. Michael Fabricius von der Welt möchte ich ganz herzlich für das Geleitwort danken, dass den Leser auf sehr gelungene Art und Weise auf dieses Buch einstimmt.

Last but not least geht ein ganz großer Dank an meine Familie, meine Frau Kerstin und meine Kinder Leonie und Leander. Sie haben nicht nur Verständnis für dieses Buchprojekt aufgebracht, sondern geben mir vor allem die Kraft, die Ruhe und die Liebe die notwendig ist, um immer wieder neue Herausforderung anzugehen.

Köln, Deutschland Michael Voigtländer

Inhaltsverzeichnis

1	**Teuer, teurer, wohnen in der Stadt**	1
2	**Alles nur eine spekulative Blase?**	5
	2.1 Wenn der Optimismus uns einen Streich spielt	7
	2.2 Boom oder Exzess?	19
	2.3 Preisboom ohne Ende?	28
	Weiterführende Literatur	29
3	**Viele neue Einwohner – kaum zusätzliche Wohnungen**	31
	3.1 Die neue Attraktivität der Großstädte	32
	3.1.1 Jobs, Jobs, Jobs!	32
	3.1.2 Ohne Studium geht es nicht	37
	3.1.3 Nichts los auf dem Land	40
	3.1.4 Zeit ist Geld	42
	3.1.5 Einwanderungsland Deutschland	44
	3.2 Baubedarfe und Bautätigkeit	47
	Weiterführende Literatur	52
4	**Warum wird so wenig gebaut?**	55
	4.1 Es fehlt an Bauland	56
	4.2 Neubauten werden immer teurer	63

4.3	Mit Steuer wird es teuer	67
4.4	Bauen wir die falschen Wohnungen?	71
4.5	Die Bautätigkeit kommt nicht nach	75
	Weiterführende Literatur	76

5 Maßnahmen zur Verbesserung der Wohnungsmarktlage — 79

5.1	Wir brauchen eine Bodenwertsteuer	80
5.2	Städte müssen auch nach oben wachsen	86
5.3	Die Großstädte brauchen neue Stadtviertel	89
5.4	Die Verwaltung muss schneller werden	95
5.5	Überprüfung von Standards im Bau	100
5.6	Auflagen der Kommunen reduzieren	106
5.7	Steuerliche Verbesserungen für den Neubau	115
5.8	Bessere Vernetzung von wachsenden und schrumpfenden Städten	122
5.9	Stärkung des Wohneigentums	129
5.10	Erhöhung und Dynamisierung des Wohngelds	136
5.11	Steigende Wohnungspreise sind vermeidbar	141
	Weiterführende Literatur	143

6 Drei Irrwege der Wohnungspolitik — 147

6.1	Die Mietpreisbremse	148
6.2	Die soziale Wohnraumförderung	162
6.3	Die Milieuschutzsatzungen	173
6.4	Wohnungspolitik am Scheideweg	181
	Weiterführende Literatur	184

7 Wann geht es zurück aufs Land? — 187

7.1	Geht es bereits zurück aufs Land?	188
7.2	Stadt versus Land: die mittelfristige Perspektive	192

7.3	Was wird aus den abgehängten Regionen?	198
7.4	Die Zukunft gehört den Metropolen	204
	Weiterführende Literatur	205

8 Die Zukunft der Wohnungspolitik — 207
8.1 Nichts tun ist keine Option — 208
8.2 Was nun zu tun ist — 211
Weiterführende Literatur — 219

9 Anhang — 221

SPRINGER NATURE

springernature.com

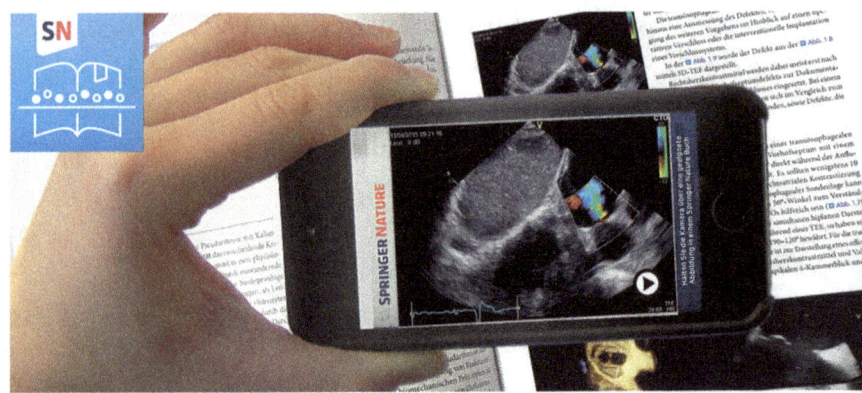

Springer Nature More Media App

Videos und mehr mit einem „Klick" kostenlos aufs Smartphone und Tablet

- Dieses Buch enthält zusätzliches Onlinematerial, auf welches Sie mit der Springer Nature More Media App zugreifen können.*
- Achten Sie dafür im Buch auf Abbildungen, die mit dem Play Button ⓘ markiert sind.
- Springer Nature More Media App aus einem der App Stores (Apple oder Google) laden und öffnen.
- Mit dem Smartphone die Abbildungen mit dem Play Button ⓘ scannen und los gehts.

ADVANCING DISCOVERY

Kostenlos downloaden

*Bei den über die App angebotenen Zusatzmaterialien handelt es sich um digitales Anschauungsmaterial und sonstige Informationen, die die Inhalte dieses Buches ergänzen. Zum Zeitpunkt der Veröffentlichung des Buches waren sämtliche Zusatzmaterialien über die App abrufbar. Da die Zusatzmaterialien jedoch nicht ausschließlich über verlagseigene Server bereitgestellt werden, sondern zum Teil auch Verweise auf von Dritten bereitgestellte Inhalte aufgenommen wurden, kann nicht ausgeschlossen werden, dass einzelne Zusatzmaterialien zu einem späteren Zeitpunkt nicht mehr oder nicht mehr in der ursprünglichen Form abrufbar sind.

1

Teuer, teurer, wohnen in der Stadt

Jeder kennt sie, die Geschichten von der schwierigen Wohnungssuche, insbesondere in den Großstädten und begehrten Universitätsstädten. Lange Warteschlangen bei der Besichtigung, kritische Fragen der Vermieter, die noch dazu umfangreiche Unterlagen einfordern und nicht zuletzt Mietpreise, die man vor einigen Jahren noch als bösen Scherz aufgefasst hätte. Doch hohe Wohnkosten sind in vielen Städten mittlerweile eine bittere Wahrheit. Allein in Berlin sind seit 2010 die Mieten im Durchschnitt um mehr als 40 % gestiegen. In Stuttgart, Frankfurt am Main und Hamburg liegt die durchschnittliche Miete pro Quadratmeter mittlerweile bei über 10 EUR, in München sind es sogar über 16 EUR. Eine 70 m^2 große Wohnung ist in München kaum unter 1000 EUR zu bekommen, inklusive der Nebenkosten zahlt man häufig mehr als 1200 EUR pro Monat. Für eine 30 m^2 kleine Wohnung sind es inklusive aller Nebenkosten oft mehr als 650 EUR in München und mehr als 450 EUR in Köln oder Stuttgart. Für den Einzelnen ist die Situation oftmals noch belastender, als dies die Durchschnittszahlen suggerieren, denn in dem engen Markt findet man eben oft nicht das, was man eigentlich sucht. Dann muss man für eine nur mäßig geeignete Wohnung auch noch eine hohe Miete zahlen. Und auch die Preise für Wohneigentum steigen immer schneller an. In Frankfurt am Main und in Stuttgart muss man derzeit im Durchschnitt 4500 EUR/m² für eine gebrauchte Wohnung bezahlen, in München deutlich mehr als 6500 EUR/m². Eine 100 m² Wohnung kostet entsprechend zwischen 450.000 und über 650.000 EUR in diesen Städten. Wie sich die Preise in allen Kreisen in Deutschland entwickelt haben, findet sich im Anhang (Kap. 9).

Freilich, schlimmer geht immer. Im Ausland ist die Lage für Wohnungssuchende oftmals noch viel schwieriger. Die Durchschnittsmiete für eine Wohnung in London beträgt rund 2000 EUR pro Monat. In Paris werden in guten Lagen auch schon einmal Dachkammern von gerade einmal 10 m² für 800 EUR angeboten und in Manhattan, New York, liegt die Durchschnittsmiete bei knapp 4000 US$ – ebenfalls pro Monat. Für Wohneigentum werden oft hohe sechsstellige oder sogar siebenstellige Beträge gefordert, auch für durchschnittliche Wohnungen. Es ließen sich hier sicherlich noch viel mehr Beispiele finden, doch dies ist für Wohnungssuchende in Deutschland wenig tröstlich. Die Frage ist vielmehr: Steuern wir auf derartige Verhältnisse zu? Müssen die Münchener künftig Londoner Mieten bezahlen? Wird Berlin einmal so teuer wie Paris? Und vor allem: Wie konnte es dazu kommen, dass Wohnen so teuer geworden ist? Schließlich war die Lage im Wohnungsmarkt in den 2000er-Jahren noch viel entspannter. Zwischen 2005 und 2010 sind die Mieten in Berlin nur um rund 9 % gestiegen, in München lag die Preissteigerung sogar unter 8 % – und damit unterhalb der allgemeinen Preissteigerungsrate.

Dieses Buch versucht hierauf Antworten zu geben. Dabei fußt es sowohl auf eigener als auch externer Forschung der letzten 14 Jahre, versucht aber die Ergebnisse dieser Forschungen allgemein verständlich und kurzweilig wiederzugeben. Darüber hinaus sollen nicht nur die Probleme dargestellt, sondern auch Lösungen aufgezeigt werden. Die derzeitige Lage am Wohnungsmarkt ist nämlich keineswegs alternativlos, sondern es kann gegengesteuert werden. Allerdings nicht unbedingt in der Art und Weise, wie die Politik es versucht. Überbordende Regulierungen, Mietpreisobergrenzen oder aber eine Ausweitung des sozialen Wohnungsbaus reichen nicht aus oder werden die Lage sogar verschlimmern. Stattdessen sollte eher daraufgesetzt werden, die Bautätigkeit weniger zu behindern und sozial schwachen Haushalten gezielter zu helfen. Dieses Buch soll damit auch einen Beitrag zur aktuellen Diskussion über die Ausgestaltung der Wohnungspolitik leisten. Denn Wohnungspolitik wird immer wichtiger, weil den Menschen das Wohnen natürlicherweise wichtig ist. Die größere Priorität für Wohnen in der Politik birgt jedoch auch Gefahren. Schließlich sind Politiker immer wieder versucht, scheinbar einfache Lösungen zu wählen, die sich dauerhaft aber als schädlich entpuppen können.

Dies ist kein wissenschaftliches Buch, sondern ein Sachbuch im besten Sinne: Es soll informieren, zum Nachdenken anregen und die öffentliche Diskussion bereichern. Daher wurde im Sinne der Lesbarkeit auch auf Fußnoten und Quellen weitestgehend verzichtet. Wer mehr wissen möchte, findet am Ende eines jeden der folgenden sieben Kapitel einige kommentierte Hinweise zu weiterer Literatur und zu Daten und Fakten.

Das folgende Kap. 2 geht der Frage nach, ob die derzeitigen Preissteigerungen auf einer spekulativen Blase beruhen. Wäre dies der Fall, müsste die Politik ganz anders reagieren, als wenn die Preissteigerungen Ausdruck echter

Knappheit wären. Danach wird nacheinander diskutiert, warum die Nachfrage nach Wohnungen in Großstädten so stark angestiegen ist (Kap. 3) und warum – gemessen am Bedarf – so wenig gebaut wird (Kap. 4). Der Kern dieses Buches sind „10 Maßnahmen, wie der Markt wieder entspannt werden kann" (Kap. 5). Hier werden verschiedene Ansätze vorgeschlagen, wie die Bautätigkeit gesteigert, die Städte entlastet und überforderte Haushalte unterstützt werden können. Darauf folgt eine kritische Analyse der Instrumente, die die Wohnungspolitik derzeit bevorzugt einsetzt (Kap. 6): Die Mietpreisbremse, die soziale Wohnraumförderung und den Milieuschutz. Kap. 7 richtet den Blick in die Zukunft: Ist das starke Wachstum der Metropolen nur ein temporäres Phänomen, geht es bald schon wieder aufs Land? In Kap. 8 schließt das Buch mit einem Ausblick auf die weitere Wohnungspolitik und einer Quintessenz.

2
Alles nur eine spekulative Blase?

Immer weiter steigende Preise und geringe Zinsen – da haben Viele ein Déjà-vu: War es nicht genauso in den USA? Und in Spanien?

In der Tat haben viele Staaten in den 2000er-Jahren einen Wohnungspreisboom erlebt, der letztlich in einem gewaltigen Crash endete. Deshalb spricht man auch von einer spekulativen Blase: Die Preise sind stark gestiegen, aber letztlich entsprach der Preisanstieg keinem tatsächlichen Wertzuwachs – es war nur viel heiße Luft dahinter. Basierend auf niedrigen Zinsen und vor allem großem Optimismus wurden immer mehr Immobilien zu immer

---

Elektronisches Zusatzmaterial Die Online-Version dieses Kapitels (https://doi.org/10.1007/978-3-658-25035-5_2) enthält Zusatzmaterial, das für autorisierte Nutzer zugänglich ist.

© Springer Fachmedien Wiesbaden GmbH, ein Teil von Springer Nature 2019
M. Voigtländer, *Luxusgut Wohnen*,
https://doi.org/10.1007/978-3-658-25035-5_2

höheren Preisen gekauft. Gerechtfertigt wurde dies mit der Erwartung, dass die Preise immer weiter steigen. Doch als sich die Nachrichten verschlechterten, immer mehr Immobilien in Zwangsvollstreckungen gingen und sich auch Neubauten nicht mehr verkaufen ließen, platzte die Blase. Droht dies auch Deutschland?

Spekulative Blase (Video mit der Springer Nature More Media App ansehen.)

Die Frage, ob Deutschland auf eine spekulative Blase zusteuert, ist eine ganz entscheidende Frage, auch im Hinblick auf die Instrumente, die die Politik wählen sollte. Handelt es sich um eine spekulative Blase, müsste der Markt beruhigt werden und möglicherweise durch Steuern und Auflagen versucht werden, eine zu starke Ausweitung der Bautätigkeit zu begrenzen. Ist der Preisanstieg dagegen tatsächlich ein Ausdruck von Wohnungsmangel, muss die Politik eher stimulierend agieren. Deswegen wird diese Frage schon zu Anfang diskutiert. Zunächst müssen wir aber der Frage nachgehen, was eine spekulative Blase nun genau ist.

2 Alles nur eine spekulative Blase?

2.1 Wenn der Optimismus uns einen Streich spielt

Optimismus ist grundsätzlich etwas sehr Positives. Optimisten leben im Allgemeinen glücklicher als Pessimisten, weil sie sich weniger Sorgen machen. Für die Wirtschaft sind Optimisten unerlässlich, denn sonst würde es kaum Investoren geben. Schließlich wird man nur investieren, wenn man einen Gewinn erwartet – und ohne Investitionen fehlt es in einer Volkswirtschaft an Unternehmen und Arbeitsplätzen. Allerdings gibt es auch immer ein zu viel des Guten, und dies gilt vor allem für den Immobilienmarkt.

Der Wert einer Immobilie ergibt sich aus den Mieten bzw., aus der Sicht eines Selbstnutzers, aus der gesparten Miete. Umso höher die Miete ist, desto höher ist auch der Immobilienpreis. Der Eigentümer einer Immobilie erzielt aber nicht nur einmalig eine Miete, sondern über die gesamte Nutzungsdauer der Immobilie. Die jährliche Miete ist dabei keineswegs konstant, sondern steigt in der Regel. Außerdem muss er berücksichtigen, dass er Instandsetzungen vornehmen muss, größere Sanierungen durchführen lassen muss und auch, dass die Immobilie vielleicht auch mal leer steht. Diese potenziellen Kosten muss der Eigentümer von seinen erwarteten Mieten abziehen. Um nun von diesem zukünftigen Zahlungsstrom auf den heutigen Immobilienwert zu schließen, müssen die Mieterträge diskontiert oder auch abgezinst werden. Zinsen kompensieren uns dafür, dass wir unseren Konsum um einen bestimmten Zeitraum in die Zukunft verschieben. Entsprechend müssen zukünftige Zahlungen abgezinst werden, um den heutigen Wert zu bestimmen. Typischerweise wird als Diskontsatz der Finanzierungssatz verwendet, also der Zinssatz für Hypothekendarlehen.

Wohnimmobilien werden typischerweise rund 50 Jahre genutzt, viele auch länger. Wer nun den Wert einer

Immobilie bestimmen will, muss sich also eine Reihe von Fragen stellen: Wie entwickelt sich die jährliche Miete über den gesamten Nutzungszeitraum? Wie hoch sind die laufenden Kosten und wie entwickeln sich diese? Wie entwickeln sich die Finanzierungsbedingungen nach der anfänglichen Zinsbindung? Die Beantwortung dieser Fragen ist schwer? Richtig! Und eigentlich sogar unmöglich …

Die Entwicklung der Mieten hängt ganz entscheidend von der künftigen Nachfrage ab. Aber wie wird sich die Nachfrage nach Wohnungen in einer bestimmten Lage entwickeln? Wie attraktiv wird Berlin etwa in 20 Jahren sein und wo werden dann die angesagten Stadtviertel der Hauptstadt sein? Wie werden sich Städte wie Dessau, Bremen oder Leverkusen entwickeln? Und was ist mit den Zinsen in den nächsten 50 Jahren? Schon Prognosen über die demografische Entwicklung unterliegen großen Unsicherheiten, aber Prognosen zur Wirtschaftskraft, die ja entscheidend für die Zahlungsfähigkeit der Mieter ist, sind für einen längeren Zeitraum kaum möglich – und schon gar nicht für einen spezifischen Standort und ein ganz bestimmtes Objekt. Zinsprognosen erfüllen sich schon mit Blick auf ein Jahr kaum, für einen so langen Zeitraum erscheinen sie kaum möglich. Trotz dieser Schwierigkeiten müssen Käufer und Verkäufer jedoch eine Vorstellung von dem Wert einer Immobilie haben bzw. sie müssen entscheiden, ob ein bestimmter Wert angemessen ist.

Die meisten behelfen sich damit, dass sie ein angebotenes Objekt mit alternativen Objekten vergleichen. Dies ist über Online-Immobilienportale mittlerweile in vielen Fällen möglich. Allerdings erlaubt dies nur einen Vergleich im Querschnitt, also zu einem bestimmten Zeitpunkt, aber eben nicht im Längsschnitt, also über die Zeit. Ob Immobilien im Wert steigen, hängt entscheidend davon ab, ob sich die Erwartungen verändern. Generell müsste man meinen, dass Immobilien über die Zeit an Wert verlieren, weil sie abgenutzt werden und die Restnutzungszeit kleiner wird. Tatsächlich steigen aber die Mieten in der Regel, weil sich über die Zeit aufgrund von Einkommenssteigerungen und wegen einer wachsenden Zahl von Wohnungssuchenden die Nachfrage erhöht. Geht man davon aus, dass die Mieten künftig schneller steigen, etwa statt um 1 % pro Jahr um 2 % pro Jahr, lassen sich große Preissteigerungen begründen. Hierzu ein Beispiel:

> **Beispiel**
>
> In der Immobilienwirtschaft wird das Verhältnis von Mieten und Preisen gerne mit dem Vervielfältiger ausgedrückt. Der Vervielfältiger gibt also das Ergebnis einer Division von Preis und Miete an. Bei einem langfristigen Zinssatz von 4 %, einer jährlichen Mietsteigerung von 1 % und einer Restnutzungsdauer von 30 Jahren beträgt der Vervielfältiger etwa 20,5. Eine Wohnung mit einer Jahresmiete von 10.000 EUR würde demnach 205.000 EUR kosten. Geht man nun davon aus, dass langfristig eine Mietsteigerung von 2 % erwartet wird, steigt der Vervielfältiger auf 23,5 – die Wohnung würde demnach einen Wert von 235.000 EUR haben. Dies entspricht einer Wertsteigerung von 14,6 %. Geht man nun noch zusätzlich davon aus, dass der langfristige Zins auf 3 % fällt, beträgt der Vervielfältiger fast 27, d. h. der errechnete Wohnungswert steigt auf 270.000 EUR. Ein Plus von 31,7 %, und das nur aufgrund „leichter" Anpassungen der Erwartungen.

Die kritische Frage ist nun, wie sich Erwartungen ändern und warum sie teilweise so überzogen sind, dass eine scharfe Korrektur notwendig wird. Wie gesagt, eigentlich müsste man Erwartungen hinsichtlich der Entwicklung über die gesamte Nutzungsdauer der Immobilie haben. Tatsächlich stellt dies jedoch eine kognitive Überforderung dar, selbst für professionelle Anleger. Die Hilfslösung besteht darin, den Status quo fortzuschreiben. Gab es in den letzten Jahren eine durchschnittliche Mietsteigerung von 2 %, wird sie auch für die kommenden Jahre unterstellt. Fällt das Zinsniveau, wird ein niedriges Zinsniveau auch für die Zukunft unterstellt. Wobei selbst die meisten Investoren wohl nicht auf Zinsen und Mieten, sondern auf die Preise schauen: Stiegen die Preise die letzten Jahre jährlich um 5 %, wird es wohl so weitergehen …

Gerade die Zinsentwicklung ist dabei tückisch. Steigen die Preise aufgrund fallender Zinsen an, ist die Preisentwicklung nur solange gerechtfertigt, wie eben die Zinsen auch fallen bzw. so lange, bis sich die Preise an das neue Zinsniveau angepasst haben. Bleiben die Zinsen konstant, aber eben auf niedrigem Niveau, sollten auch die Preise wieder zu ihrem normalen Wachstum zurückfinden. Gehen die Investoren aber aufgrund der Phase der fallenden Zinsen von weiter steigenden Preisen aus, kann es schnell zu übersteigerten Preisvorstellungen kommen.

Die Fortschreibung von Daten und Zusammenhängen klingt auf den ersten Blick naiv. Schließlich ist doch gemeinhin bekannt, dass auf starke Wachstumsphasen auch Phasen der wirtschaftlichen Stagnation kommen und das gerade Immobilienpreise nicht immer nur steigen können, sondern auch stagnieren oder sogar fallen können. Menschen sind jedoch längst nicht so rational, wie man früher auch unter Ökonomen angenommen hat. Insbesondere können wir alle nur sehr schwer in langen Zeiträumen denken und von unseren Stimmungen abstrahieren. Gerade unter Unsicherheit schließen wir uns gerne der „Herde" an und folgen unseren animalischen Instinkten, wie es Akerlof und Shiller beschreiben. Somit entscheiden vor allem Stimmungen über unsere langfristigen Erwartungen. Läuft es gerade gut im Immobilienmarkt, können wir uns oft nicht vorstellen, dass Preise auch mal stagnieren oder fallen können – und eben umgekehrt. Wen das nicht überzeugt, der sollte mal an seinen Lieblings-Fußballklub denken. Verliert die eigene Mannschaft zweimal zu Hause, sieht alles bereits ganz düster aus und man denkt schon, jetzt geht es gegen den Abstieg. Nach Siegen scheint dagegen die deutsche Meisterschaft bereits greifbar nah. Ähnlich im Job oder in Beziehungen. Läuft es mal schlecht, stellen Viele gleich alles infrage, läuft es dagegen gut, kann man gar nicht mehr verstehen, warum man mal unglücklich war. Statistiker könnten uns jeweils sagen, dass ein Auf und Ab ganz normal ist, aber Menschen sind für Zahlen deutlich weniger empfänglich als für Stimmungen.

Nach Shiller kommen noch drei wesentliche Treiber dazu, warum gerade in Vermögensmärkten wie dem Aktienmarkt oder dem Immobilienmarkt ein irrationaler Überschwang besonders ausgeprägt sein kann:

Erstens sind es die Medien. Für Zeitungen, Radiosender oder das Fernsehen sind normale Entwicklungen in Vermögensmärkten relativ uninteressant. Steigen die Preise um 2 % pro Jahr, ist dies kaum einem Journalisten eine Meldung wert. Interessant für die meisten Leser wird es nur, wenn es besondere Entwicklungen gibt, also die Preise stark steigen oder fallen. Medien neigen daher dazu, die Entwicklungen zu übertreiben, und zwar in beide Richtungen. Und da Meldungen über einen Boom oder eine Rezession Aufmerksamkeit garantieren, berichten sehr viele Medien über die Entwicklungen, wobei sie dazu neigen, sich in der Darstellung gegenseitig zu übertreffen. Die Folge: Wir lesen überall vom boomenden Immobilienmarkt, von den guten Anlagemöglichkeiten und den Renditen, die man erzielen kann. Damit wird unsere Stimmung massiv beeinflusst und kaum einer – auch nicht professionelle Anleger – können sich dieser Voreinstellung ohne weiteres entziehen.

Fast noch wichtiger ist zweitens das sogenannte Storytelling, also das Geschichtenerzählen. Wir Menschen sind viel empfänglicher für Bilder und Geschichten als für Zahlen und Fakten. Wie steht es um die Aufstiegschancen in den USA? Man kann es dort vom Tellerwäscher zum Millionär schaffen! Viele von uns werden diese Geschichte oder dieses Bild im Kopf haben, wenn es um die Chancen in den USA geht. Doch wie viele Menschen haben es tatsächlich geschafft? Welchen Einfluss hat die Schulbildung auf die Aufstiegschancen? Gibt es tatsächlich belastbare Unterschiede zwischen Deutschland und den USA? Diese Fragen werden kaum gestellt. Und ähnlich sieht es auch im Immobilienmarkt aus. „Legenden" von erfolgreichen Investoren werden nicht hinterfragt, ebenso wenig Erfolgsgeschichten von Hausfrauen, die nebenbei mit der Vermittlung von Immobilien Millionärin geworden sind. Gerade diese Geschichte, von Frauen, die „nebenbei" mit ihren knappen Ersparnissen in Immobilien investierten und damit reich wurden, ist in den USA im Vorfeld der Finanzkrise immer wieder erzählt worden. Bilder von erfolgreichen Menschen oder von erfolgreichen Strategien brennen sich geradezu in unseren Kopf ein, verbunden natürlich mit der Vorstellung, es selbst genauso gut zu können.

Der dritte und wichtigste Treiber sind Innovationen. Dies können technische Erfindungen und Weiterentwicklungen sein, es kann sich aber auch um strukturelle Verschiebungen oder politische Umstürze handeln. Das Entscheidende ist, dass Innovationen scheinbar die bisherigen Erfahrungen und Zusammenhänge infrage stellen. Ein besonders gutes Beispiel hierfür ist die New Economy-Krise Anfang der 2000er-Jahre im Aktienmarkt. Internet und Internetdienstleister waren damals noch echtes Neuland. Man wusste, dass das Internet wichtig werden konnte und dass man sicherlich damit Geld verdienen konnte, aber eine genaue Einschätzung gab es damals noch nicht. Es gab dann einen regelrechten Wettlauf überschießender Erwartungen, der in immer höheren Aktienwerten mündete. Teilweise wurden gerade erst gegründete Unternehmen mit einem ähnlichen Aktienwert gehandelt wie traditionelle Großunternehmen wie Thyssen Krupp. Dahinter steht der so genannte Winner's curse, also der Fluch des Gewinnens. Zum Zuge kommen im Aktienmarkt und auch Immobilienmarkt schließlich diejenigen, die die größte Zahlungsbereitschaft haben. Die Zahlungsbereitschaft wiederum fußt auf den Erwartungen, womit also die Optimistischen den Zuschlag erhalten – und es gibt eine große Wahrscheinlichkeit, dass die Optimistischen schließlich nicht die Realistischsten sind.

Die Erfahrungen zeigen, dass Märkte in der Regel schlecht mit Innovationen umgehen können und es eine Weile braucht, bis der Markt ein realistisches Bild zeichnet. So war es schließlich auch mit der New Economy. Auf die überschießende Nachfrage folgte ein ebenso heftiger Crash. In der Folgezeit schrumpfte der Markt, doch die Unternehmen mit einer tatsächlichen Gewinnperspektive blieben, auch wenn es lange dauerte, bis der Aktienhöchststand wieder erreicht wurde.

Insbesondere in der Kombination der Treiber können spekulative Blasen im Immobilienmarkt entstehen, wie die Beispiele USA und Spanien zeigen. In beiden Ländern gab es seit Mitte der 1990er-Jahre einen starken Aufschwung im Immobilienmarkt. Dieser wurde durch eine starke Ausweitung der Nachfrage getragen. In beiden Ländern gab es eine starke Zuwanderung und einen deutlichen Anstieg der Einkommen. Darüber hinaus gab es einen kontinuierlichen Rückgang der Zinsen, vor allem aufgrund insgesamt rückläufiger Inflationsraten. Dieser Effekt war besonders in Spanien ausgeprägt. Anfang der 2000er-Jahre wurden die Zinsen dann noch einmal dramatisch gesenkt. Nach dem Crash im Aktienmarkt (New Economy) sowie dem Anschlag am 11. September 2001 in New York senkte die Federal Reserve unter dem Vorsitz von Alan Greenspan den Leitzins deutlich. Diesen Zinsschritt übernahm die Europäische Zentralbank, um zu verhindern, dass der Euro gegenüber dem US-Dollar stark aufwertet, was die Wettbewerbsfähigkeit Europas beeinträchtigt hätte. Greenspan wollte ein Abgleiten der Konjunktur verhindern und stellte den Banken daher Liquidität in bis dato unbekannten Größenordnungen zur Verfügung. Diese Liquidität konnten die Banken in Form günstiger Kredite an die Kunden weitergeben. Folgerichtig stiegen die Immobilienpreise daher weiter an. In der Folge gab es aber irrationale Übertreibungen in den Märkten. In Spanien nutzten immer mehr junge Haushalte die historische Chance, ein Eigenheim zu erwerben. Typischerweise leben spanische Kinder sehr lange bei ihren Eltern, da es kaum Mietwohnungen gibt und Eigenkapital für einen Hauskauf erst angespart werden muss. So ist es gar nicht unüblich, dass Kinder erst mit der Hochzeit ausziehen – in ein Haus, das mit den Ersparnissen der Eltern finanziert wird. Angesichts der niedrigen Zinsen und der insgesamt weniger regulierten Finanzindustrie gab es die Möglichkeit, früher Eigentum zu erwerben, was vielfach auch genutzt wurde. Für Spanien sah alles nach einer großartigen Entwicklung aus: Eine stetig steigende Bevölkerung, historisch geringe Zinsen und als weitere Innovation die Mitgliedschaft im Euro. Dies verhieß dauerhaft günstige Finanzierungen und einen weiteren wirtschaftlichen Aufschwung. Schließlich erwartete man damals aufgrund der gemeinsamen Währung eine Konvergenz der Volkswirtschaften, und damit ein dauerhaft beschleunigtes Wirtschaftswachstum. Damit war der Nährboden für einen irrationalen Überschwang gelegt und die Preise gingen regelrecht durch die Decke. Im Landesdurchschnitt hatten sich die Preise zwischen 2000 und 2005 mehr als verdoppelt, in Madrid und Barcelona war die Steigerung noch deutlicher.

Vor allem aber wurde die Bautätigkeit massiv ausgeweitet. Im Rekordjahr 2003 stellte Spanien 800.000 Wohnungen fertig – mehr als Großbritannien, Frankreich und Deutschland zusammen. Die Bedeutung der Bautätigkeit für das Wirtschaftswachstum stieg enorm an und immer mehr Spanier wechselten in den Bausektor, der hohe Löhne versprach. Auch viele junge Spanier fingen nach der Schule direkt im Bau an, was sich im Nachhinein als ein großes Problem erwiesen hat.

In den USA war die Situation etwas anders. Selbstverständlich hat auch dort der Zinsschritt der Federal Reserve einen weiteren Preisboom ausgelöst. Was aber vor allem die Erwartungen befeuerte, war eine Finanzinnovation: Die Verbriefung. Wobei Verbriefungen eigentlich nicht neu waren, aber die Möglichkeiten, Risiken damit zu streuen, waren neu. Verbriefung bedeutet, dass Banken ihre Forderungen aus Krediten (Zinszahlungen und Tilgungen) am Kapitalmarkt verkaufen. Diese Verbriefungsprodukte heißen Asset-Backed Securities (ABS), also mit Vermögenswerten unterlegte Verbriefungen. Im Hypothekenmarkt sind es entsprechend Residential Mortgage-Backed Securities (RMBS), also mit Hypothekendarlehen besicherte Verbriefungen. Diese Form der Refinanzierung der Banken war in den USA sehr gebräuchlich. Hinzu kam jetzt jedoch, dass diese Verbriefungen strukturiert wurden. Fiktiv nehmen wir hierzu Folgendes an: Das Ausfallrisiko von RMBS in New York hängt stark von Verlusten der Finanzindustrie ab, während texanische RMBS stärker auf Landwirtschaftspreise reagieren. Dann hat es Sinn, beide Formen der RMBS zu mischen, damit die Risiken vermindert werden. Weitere Diversifikationsvorteile entstanden durch die Mischung mit verbrieften Autokrediten, Studentenkrediten und Krediten für Gewerbeimmobilien. Man nutzte also die Ergebnisse der Portfoliotheorie, nach der in einem Portfolio die Risiken bei gleichbleibender Rendite vermindert werden können, wenn die Zahl der wenig korrelierten Anlagen steigt. Wenig korreliert bedeutet hierbei, dass die Renditen der Anlagen bzw. in diesem Fall die Ausfallwahrscheinlichkeiten der Kredite von unterschiedlichen Ereignissen abhängen. Diese Bündel an Kreditforderungen wurden dann noch weiter strukturiert, indem sie nach Rückzahlungsansprüchen unterteilt worden. Der sicherste Teil wurde zuerst bedient, der unsicherste Teil nur dann, wenn der Rest der 90 % Ansprüche bedient wurde. Sinn und Zweck dieser verschiedenen Bündelungen und Schichtungen war es, aus einer großen Menge an risikobehafteten Krediten scheinbar sichere Anlagen zu generieren.

Die von Alan Greenspan ausgerufene Niedrigzinsphase war für viele institutionelle Anleger schließlich ein großes Problem. Versicherungen und Pensionsfonds legen ihr Kapital, die Einzahlungen ihrer Kunden, typischerweise in festverzinslichen Wertpapieren an. Die Verzinsung von Staatsanleihen oder gut bewerteten Unternehmensanleihen war jedoch sehr mager, sodass sie die versprochenen Renditeziele nicht erreichen konnten. Und auch Banken sind darauf angewiesen, ihre überschüssige Liquidität in sichere, aber bestenfalls gut verzinste Anlagen zu investieren. ABS in allen Formen und vor allem die besonders vielfältig verfügbaren RMBS schienen da besonders attraktiv. Schließlich war die Rendite relativ hoch und sie trugen das begehrte AAA-Siegel der großen Ratingagenturen, das für höchste Bonität steht. Dieses Siegel konnten die Ratingagenturen vergeben, da rechnerisch, auf Basis der verfügbaren Daten die Risiken sehr gering waren. Die Folge war, dass die internationalen Investoren die ABS sehr stark nachfragten und es teilweise sogar ein Wettbieten um diese Wertpapiere gab. So kam schnell die Frage auf, wie noch mehr Kredite vergeben werden können, um mehr Verbriefungen anbieten zu können.

2 Alles nur eine spekulative Blase?

Was dann kam war der Aufstieg des Subprime-Marktes. Es wurden immer mehr Kredite an Haushalte vergeben, die sich zuvor für einen Kredit nicht qualifizieren konnten. Dies waren z. B. Haushalte, die nur geringe und unregelmäßige Einkommen hatten, Haushalte ohne Eigenkapital oder auch Haushalte, die keinerlei Dokumente (z. B zu Einkommen oder Vermögen) nachweisen konnten. Alle diese Haushalte erhielten nun Darlehen, weil die Risiken aus der Kreditvergabe letztlich fast unbemerkt im Rahmen großer Kreditbündel an den internationalen Kapitalmarkt weitergegeben werden konnten. Viele Subprime Haushalte konnten sich so ihren Traum vom Eigenheim erfüllen. Durch die Wahl variabler Zinsen, die sich also ständig an das Zinsniveau im Markt anpassen, und geringe oder auch keine Tilgungen konnte die Belastung gering gehalten werden. Dennoch handelten viele dieser Haushalte nicht fahrlässig oder naiv, wie vielfach in Deutschland vermutet wird. Anders als hierzulande haften Schuldner in den USA in vielen Bundesstaaten nur mit der besicherten Immobilie, aber eben nicht mit ihrem Einkommen oder sonstigem Vermögen. Können die Raten nicht mehr gezahlt werden, muss man ausziehen und den Schlüssel bei der Bank abgeben. Man muss also neu anfangen, allerdings ohne Schulden, wie dies in Deutschland der Fall wäre. Insgesamt also ein kalkulierbares Risiko für die Chance auf das lang ersehnte Eigenheim.

Die Ausweitung der Nachfrage im Wohnungsmarkt führte zu einem weiteren Schub bei den Preisen. Die scheinbar nicht enden wollende Bereitschaft zur Kreditvergabe und die damit verbundenen niedrigen Zinsen führten wie in Spanien zu einem gewaltigen Preisboom, der aber letztlich nur eine Preisblase war. Auslöser für das Platzen der Blase war daher auch der Anstieg der Zinsen.

Im Jahr 2004 begann die Federal Reserve die Leitzinsen wieder zu erhöhen. Man fürchtete eine aufkommende Inflation und wollte einer Überhitzung der Volkswirtschaft entgegenwirken. Die Zinsen für Hypothekendarlehn mit variabler Zinsbindung stiegen somit von unter 2 % auf über 6 % innerhalb von zwei Jahren an. Dies war letztlich zu viel für viele Subprime Kunden in den USA. Binnen weniger Monate verdoppelte sich die Zinslast, was angesichts geringer Einkommen und bereits zuvor hoher Zinsausgaben nicht verkraftbar war. Für viele Haushalte war der Sprung sogar noch stärker, da sie eine anfängliche Zinsbindung von 2 Jahren hatten – die dann oftmals gerade zum Zeitpunkt steigender Zinsen automatisch in eine variable Zinsbindung überführt wurde. In der Folge kam es zu einem dramatischen Anstieg der Darlehen mit Zahlungsverzug und Zwangsvollstreckungen. Dies wiederum erhöhte ruckartig das Angebot an Immobilien, aufgrund der gestiegenen Zinsen ging die Nachfrage hingegen zurück. So gab es die ersten Preiskorrekturen im Markt. Vor allem aber führten die ersten moderaten Preiskorrekturen zu einem Umdenken bei vielen Investoren: Werden die Preise doch nicht dauerhaft weiter steigen? Ist eine scharfe Preiskorrektur doch möglich? Wurde das Nachfragepotenzial überschätzt? Viele Eigentümer wollten daher ihre Immobilien zügig verkaufen, um die bisherigen Wertsteigerungen zu realisieren, doch gerade dies trieb die Preise im Rekordtempo nach unten. Binnen des Jahres 2008 verloren Wohnimmobilien fast 12 % an Wert, in den Hotspots wie Miami, New York oder San Francisco waren es sogar deutlich mehr.

In Spanien gab es keinen Subprime-Markt. Da die EZB den Zinsschritten der Federal Reserve wiederum folgte, stiegen aber ebenfalls die Zinsen an, was aufgrund der Dominanz variabler Zinsen fast alle Kreditnehmer traf. Vor allem aber dämpften die Zinsen die Nachfrage, gleichzeitig stieg das Angebot aufgrund der Rekordfertigstellungen im Wohnungsmarkt immer weiter an. Auch in Spanien versuchten dann immer mehr Investoren angesichts erster leichter Preiskorrekturen Immobilien schnell zu verkaufen, was dann die Preiskorrektur nur noch beschleunigte.

Das Muster spekulativer Blasen ist immer recht ähnlich. Ausgehend von einer starken Nachfrage und einer damit verbundenen Preissteigerung überschießen die Erwartungen. Immer weiter steigende Preise werden als sicher angenommen, weshalb sich die Zahlungsbereitschaft immer weiter erhöht. Treiber hierfür sind oftmals Stimmungen, die durch Medien und Geschichten geprägt werden, aber vor allem Innovationen. Gerade Innovationen dienen vielen Marktteilnehmern als Rechtfertigung, dass es „diesmal anders ist", wie es Kenneth Rogoff und Carmen Reinhart so treffend beschreiben. Gibt es dann aber schlechte Nachrichten oder Dämpfer, fallen die Erwartungen schnell in sich zusammen und die Preise verfallen. Das Problem ist nur: im Nachhinein ist eine solche spekulative Blase natürlich gut zu identifizieren und auch oft erklärbar, doch wie erkennt man sie im Vorhinein? Und vor allem: Sind die Preisanstiege im deutschen Wohnungsmarkt ebenfalls nur die Folge überschießender Erwartungen?

2.2 Boom oder Exzess?

Die große Schwierigkeit bei der Identifikation einer spekulativen Blase besteht darin, dass es sich im Kern um ein psychologisches Phänomen handelt. Es ist eine Irrationalität, die zu einem Überschießen der Erwartungen führt. Doch diese Irrationalität kann man nicht messen, da man nicht in die Köpfe der Menschen blicken kann. Darüber hinaus gibt es auch nicht den „richtigen" Immobilienpreis, da der Wert einer Immobilie immer auch von Erwartungen abhängt, die naturgemäß Unsicherheiten unterliegen. Und es gibt immer auch die Möglichkeit, ob nicht doch die Optimisten Recht behalten. Eine schon etwas ältere Studie der Bank für Internationalen Zahlungsausgleich ermittelte einmal empirisch, dass ein Boom im Immobilienmarkt in 50 % der Fälle in einem Crash endet, in den anderen Fällen hingegen langsam ausläuft – Optimisten liegen also nicht per se falsch.

Eine Annäherung bietet aber etwa die Definition einer spekulativen Blase nach J. Stiglitz: „If the reason that the price is high today is only because investors believe that the selling price will be high tomorrow – when „fundamental" factors do not seem to justify such a price – then a bubble exists."

Eine spekulative Blase ist also dadurch gekennzeichnet, dass nur noch gekauft wird, weil man auf eine kurzfristige Wertsteigerung setzt, die Nutzung spielt also nur eine untergeordnete Rolle. Es entsteht das, was man in der Ökonomie als Ponzi-Spiel bezeichnet oder auch als Schneeballsystem kennt. Setzen die Marktteilnehmer nur noch auf kurzfristig steigende Preise, kaufen sie eine Immobilie und wollen sie auch kurzfristig wiederverkaufen, um Gewinne zu realisieren. Da andere auf weiter steigende Preise setzen, findet sich ein Käufer, der wiederum nach kurzer Zeit einen Käufer sucht. Die Kette reißt dann ab, wenn der Letzte auf der Immobilie sitzen bleibt – und realisiert, dass er viel zu viel bezahlt hat. Typisch für eine aufkommende spekulative Blase sind daher stark steigende Transaktionen. Es wird immer schnell gekauft und verkauft, weil die langfristige Nutzung der Immobilie, etwa als langfristige Kapitalanlage, keine große Rolle spielt. Auch Selbstnutzer ziehen häufiger um, weil sie sich mit jedem Verkauf eine bessere Immobilie leisten können. Besonders auffällig sind steigende Transaktionen in Aktienmärkten. An der Börse deutet ein Anstieg der Transaktionen oft auf eine bevorstehende Korrektur hin.

2 Alles nur eine spekulative Blase?

Der zweite Teil der Definition beschreibt, dass die Preise sich von den Fundamentalwerten entfernt haben. Fundamentalwerte sind die Werte, die einen Einfluss auf den Immobilienpreis haben sollten, also etwa die Mieten und die Zinsen und weitergehend die Bevölkerungsentwicklung und die Einkommen. Passt die Entwicklung dieser Fundamentalwerte nicht zur Entwicklung der Preise, ist eine Überhitzung möglich und eine Korrektur zu erwarten.

Der Anstieg der Transaktionen war auch im US-amerikanischen Markt deutlich erkennbar. Das Problem ist jedoch, dass Daten zu Transaktionen, insbesondere in Deutschland, oft erst mit großer Zeitverzögerung veröffentlicht werden. Transaktionen werden vor allem von den lokalen Gutachterausschüssen erfasst. Diese geben die lokalen Daten erst spät an die oberen Gutachterausschüsse weiter, die sich ihrerseits wiederum erst seit einigen Jahren koordinieren. Anfang des Jahres 2018 liegen daher nur Daten aus 2016 vor. Ende 2018 die Daten von 2017. Damit ist es kaum möglich, Fehlentwicklungen frühzeitig zu identifizieren. Bis 2016 haben sich die Transaktionen jedoch sehr moderat entwickelt.

Eine alternative Möglichkeit besteht darin, Daten von Online-Immobilienportalen, etwa der marktführenden ImmobilienScout24 oder Immowelt, zu nutzen. Mittlerweile wird der Großteil der gehandelten Wohnobjekte über solche Kanäle inseriert. Aus der Entwicklung der Angebote lässt sich daher schließen, ob die Transaktionsgeschwindigkeit zunimmt. Steigt das Angebot gleichzeitig mit den Preisen, ist davon auszugehen, dass die Transaktionsgeschwindigkeit zunimmt. Tatsächlich zeigt sich aber für alle Großstädte, dass die Zahl der Angebote zurückgeht. Einzige Ausnahme ist Berlin. In der Bundeshauptstadt sind tatsächlich die Angebote gestiegen, allerdings langsamer als die Preise. Nichtsdestotrotz ist dies ein Hinweis auf eine Anomalie. Allerdings gibt es hierfür auch andere Erklärungsmuster

(Abschn. 6.3). In allen anderen Städten ist das Angebot an neuen Wohnungen hingegen deutlich zurückgegangen, der Markt entsprechend leer gefegt. Allein in München wurden 2017 nur noch halb so viele Wohnungen angeboten wie in 2010. Was zusätzlich gegen eine spekulative Blase spricht, auch in Berlin, ist die Entwicklung der Nachfrage, die sich über die Suchanfragen abbilden lässt. In allen Großstädten ist die Nachfrage sowohl nach Kaufobjekten als auch nach Mietobjekten deutlich und gleichmäßig gestiegen. Dies deutet darauf hin, dass es eine echte Nutzernachfrage gibt, da Mieter nicht spekulieren können. Es gibt also eine hohe Nachfrage nach Wohnungen, die auch genutzt werden wollen, und ein immer knapperes Angebot an Wohnungen. Stark steigende Preise sind daher folgerichtig und kein Ausdruck überschießender Erwartungen.

Ein anderer Ansatz vergleicht die Kosten von Mietern und die Kosten der Selbstnutzer. Nach der ökonomischen Theorie müssen sich die Kosten der Selbstnutzer bzw. Wohneigentümer und der Mieter entsprechen. Dies mag auf den ersten Blick überraschen, gibt es doch eine Fülle von populärwissenschaftlichen Büchern, die die eine oder andere Nutzungsart als deutlich überlegen beschreiben. Man kann jedoch davon ausgehen, dass Menschen auf Veränderungen der Kosten reagieren. Ist das Kaufen dauerhaft günstiger, werden mehr und mehr Mieter Eigentümer. Damit erhöht sich die Nachfrage nach Wohneigentum und das Angebot an Mietwohnungen steigt. Damit verbunden wird das Wohneigentum teurer und die Mieten sinken bzw. steigen weniger stark. Dies geht so lange, bis sich die Kosten beider Nutzungsarten wieder angeglichen haben. Und es funktioniert natürlich auch andersrum, d. h. wenn das Mieten günstiger ist, wechseln Eigentümer in den Mietwohnungsmarkt. Solche Anpassungen erfolgen natürlich nicht sprunghaft. Und natürlich zieht niemand aus seiner Wohnung aus und verkauft sie, nur um ein paar Euro als

Mieter zu sparen. Es gibt jedoch auch im Wohnungsmarkt immer eine Gruppe, die gerade umziehen muss oder neu in den Markt eintritt, wie etwa junge Familien, Studenten oder junge Erwachsene, die zu Hause ausziehen. Für all diese Haushalte stellt sich die Frage, ob sie Mieter oder Selbstnutzer werden. Und der relative Preis beider Nutzungen hat einen Effekt auf das Suchverhalten, was sich auch empirisch nachweisen lässt.

Dieser Zusammenhang zwischen Kaufen und Mieten lässt sich nun für die Identifikation einer Überbewertung nutzen. Liegen die Selbstnutzerkosten deutlich über den Mieterkosten, ist es wahrscheinlich, dass es eine Korrektur gibt. Über kurz oder lang werden mehr Immobilien verkauft und mehr und mehr Haushalte werden Mieter. Dann fallen die Preise für Wohneigentum und gerade wenn die Preisentwicklung spekulativ nach oben getrieben wurde, ist eine scharfe Korrektur zu erwarten. Für die USA oder auch Irland gibt es Studien von Zentralbankern, die genau auf diese Weise eine Überbewertung der Märkte im Vorfeld des Crashs identifizieren konnten. Geholfen, einen Crash zu verhindern, hat diese Erkenntnis allerdings nicht.

Bei einem Vergleich der Kosten von Selbstnutzern und Mietern spielen die Nebenkosten des Wohnens wie etwa die Grundsteuer, die Wärmekosten oder die Stromkosten, keine Rolle. Schließlich müssen diese Kosten sowohl von Selbstnutzern als auch Mietern getragen werden. Die Kosten der Mieter bestimmen sich daher durch die Nettokaltmiete. Doch was muss bei den Selbstnutzern angesetzt werden? Die Kosten der Selbstnutzer sind in der Tat etwas komplexer. Wer eine Immobilie kauft, muss natürlich zunächst einmal den Preis bezahlen. Hinzu kommen die Grunderwerbsteuer, die bis zu 6,5 % betragen kann, sowie Nebenkosten wie etwa Notarkosten und die Grundbucheintragung. Diese Kosten müssen nun finanziert werden, entweder durch Fremdkapital oder Eigenkapital. Für Fremdkapital muss der geltende

Hypothekenzins angesetzt werden, für Eigenkapital die entgangenen Renditen am Kapitalmarkt. Typischerweise setzt man hierfür den Zinssatz für festverzinsliche Bundeswertpapiere an. Auf diese Weise kann man, analog zur Mietzahlung, die monatlichen Finanzierungskosten der Immobilie bestimmen. Hinzu kommen monatliche Kosten für Instandsetzungen und für die Abnutzung des Gebäudes. Schließlich verlieren Gebäude mit dem Alter an Wert, auch wenn sie regelmäßig instand gesetzt werden. Dies liegt allein schon an der Alterung der Technik, aber auch an der Abnutzung von Mauerwerk, Leitungen und Dächern. Im Gegensatz zu Mietern partizipieren Eigentümer aber auch an den Wertsteigerungen des Grundstücks. Gerade in Ballungsgebieten steigen die Grundstückspreise kontinuierlich, weshalb oft Immobilien zu höheren Preisen verkauft werden können als sie gekauft worden sind. Der gestiegene Wert des Grundstücks überkompensiert damit den Wertverlust des Gebäudes. In Regionen mit schrumpfender Bevölkerung kann die Wertentwicklung des Grundstücks aber auch negativ sein, dann ist dies ein weiterer Kostenfaktor. Für die Wertentwicklung sollte man einen langfristigen Durchschnitt ansetzen, gerade wenn man fürchtet, der Markt könnte aktuell überbewertet sein. Rechnet man alle diese Bestandteile zusammen, kann man einen monatlichen Wert für die Selbstnutzerkosten ermitteln und diesen mit den Nettokaltmieten vergleichen.

Das zunächst überraschende Resultat ist, dass die Selbstnutzerkosten in Deutschland Ende des Jahres 2017 deutlich unter den Mietkosten liegen (Abb. 2.1). Im Bundesdurchschnitt liegen die Kosten der Selbstnutzer über 40 % unter denen der Mieter. Trotz teilweise stark gestiegener Wohnungspreise gilt dieses Resultat quer über alle deutschen Kreise. Auch in den Großstädten liegt der Vorteil für die Selbstnutzer noch bei deutlich über 20 %. Es lohnt sich

2 Alles nur eine spekulative Blase? 25

also noch zu kaufen und vor allem ist damit die Gefahr einer plötzlichen Preiskorrektur gering, denn würden die Preise fallen, würde sich der Preisunterschied zwischen dem Kaufen und Mieten noch weiter vergrößern – dies ist nicht zu erwarten. Der wesentliche Grund für diesen Befund sind die Zinsen. Zwar sind die Preise teilweise kräftig gestiegen, aber die Zinsen sind noch deutlich stärker gefallen. Seit 2010 haben sich die Zinsen für langfristige Hypothekendarlehen mehr als halbiert, sodass die Preisentwicklung mehr als kompensiert wurde. Die stetig fallenden Selbstnutzerkosten spiegeln im Wesentlichen die kontinuierlich gefallenen Zinsen wider.

Damit stellt sich unweigerlich die Frage was passiert, wenn die Zinsen doch wieder steigen. Aller Voraussicht nach wird die Europäische Zentralbank noch eine Weile an ihrer Niedrigzinspolitik festhalten, denn noch sind die Volkswirtschaften Süd-Europas zu wenig robust, um einen Zinsanstieg zu verkraften. Dennoch wird es irgendwann eine Zinswende geben. Auf Basis der gegebenen Preise und Mieten würde das Mieten aber erst dann attraktiver als das

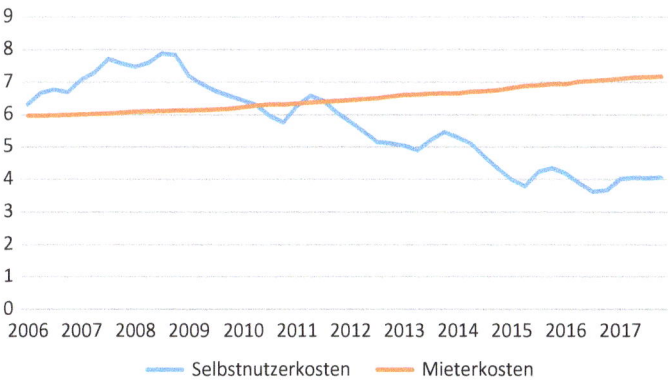

Abb. 2.1 Kosten der Mieter und Selbstnutzer in Deutschland (in Euro pro QM). (Quelle: Seipelt und Voigtländer [7])

Kaufen, wenn die Zinsen auf etwa 4 % steigen. Dies gilt auch für viele Großstädte, in denen neben den Preisen eben auch die Mieten deutlich gestiegen sind. Ein Hypothekenzinsniveau von 4 % sehen viele Marktbeobachter als ein langfristig erwartbares und normalisiertes Zinsniveau an, sodass selbst bei einer eingeleiteten Zinswende erhebliche Preiskorrekturen ausbleiben würden. Lediglich in München und einigen Umlandkreisen würden bereits Zinsanstiege auf 3 % die Vorteilhaftigkeit drehen. Dort wären Preiskorrekturen also eher zu erwarten. Da eine mögliche Zinswende jedoch behutsam und schrittweise erfolgen würde, könnte sich auch hier in Folge der Zinsanstiege einfach nur das Preiswachstum verlangsamen.

Der Vergleich der Selbstnutzerkosten und der Mieterkosten ist ein Ansatz, um zu überprüfen, ob die Preisentwicklung zu den Fundamentalwerten passt. Die flächendeckende Vorteilhaftigkeit des Eigentums ist aber nicht nur ein Indikator für eine geringe Gefahr einer spekulativen Blase, sondern auch ein Ansatz für politische Maßnahmen zur Bereitstellung bezahlbaren Wohnraums. Daher werden wir auf diese Ergebnisse später noch einmal zurückkommen (Abschn. 5.9).

Schließlich soll noch ein weiteres Argument gegen eine spekulative Blase angeführt werden. Alle spekulativen Blasen der jüngeren Vergangenheit wurden durch eine deutliche Ausweitung der Kreditvergabe begleitet. In den USA, in Spanien, in Irland oder auch im Vereinigten Königreich wurde der starke Preisanstieg stets durch eine starke Kreditausweitung finanziert. Dies ist typisch für spekulativ getriebene Preisanstiege, weil Fremdkapital es zum einen erlaubt, mehr Immobilien zu kaufen und zum anderen über den Fremdkapitaleinsatz auch die Eigenkapitalrendite aus der Veräußerung deutlich gesteigert werden kann. Die Haushalte können also über einen hohen Fremdkapitalanteil ihre Gewinne hebeln. Außerdem steigt die Kreditvergabe, weil die Haushalte nicht mehr tilgen. Dies lohnt sich nicht, da ohnehin von einer kurzen Haltedauer ausgegangen wird. Im Vereinigten Königreich und auch in den USA ging der Anteil der tilgungsfreien Darlehen in den 2000er-Jahren deutlich hoch, und auch der Anteil der Darlehen mit hohen Beleihungsausläufen, also einem geringen Eigenkapitaleinsatz, ging deutlich nach oben. In Deutschland hingegen entwickelt sich die Kreditvergabe sehr moderat. Zwischen 2012 und 2017 ist das Volumen der Immobilienkredite nur um rund 17 % gestiegen, in Spanien und Irland waren es im Zeitraum 2002 bis 2007 dagegen deutlich über 100 % (Abb. 2.2). Auch in der Eurozone insgesamt ist das Kreditvolumen deutlich schneller gestiegen als in Deutschland. Darüber hinaus entwickelt sich der anfängliche Tilgungssatz ebenfalls eher nach oben, durchschnittlich werden fast 3 % gewählt. Der Anteil des Eigenkapitals an der Finanzierung liegt konstant bei über 20 %. All dies spricht dafür, dass die Mehrheit der Käufer das Ziel hat, die Kredite auch tatsächlich zurückzuführen und die Immobilien langfristig zu halten und zu nutzen.

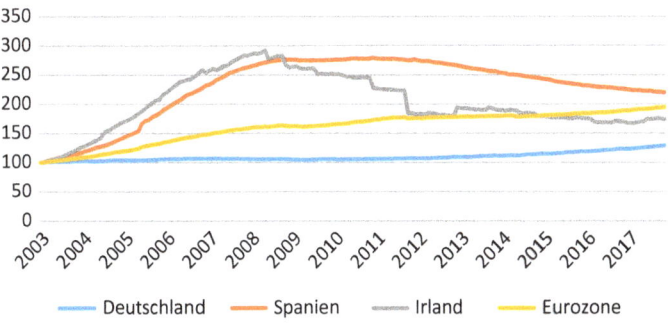

Abb. 2.2 Volumen der ausstehenden Hypothekendarlehen für den Wohnungskauf (Index: 2003 = 100). (Quelle: EZB)

2.3 Preisboom ohne Ende?

Aktuell gibt es wenig Anzeichen für eine spekulative Blase. Die Erfahrung der letzten Jahre zeigt aber, dass sich dies auch schnell ändern kann. So wie auch in den USA oder Spanien die Blase auf einem zunächst fundamental nachvollziehbaren Boom entstand, so könnte auch in Deutschland der erklärbare Preisaufschwung in eine Überhitzung abgleiten. Tatsächlich gibt es sogar Anzeichen dafür, dass so etwas geschehen könnte. Die Einführung großzügiger Sonder-Abschreibungsregeln, wie sie zumindest diskutiert wird, hat schon nach der Wiedervereinigung zu einem irrationalen Überschwang geführt, der einen langen und schmerzhaften Anpassungsprozess nach sich zog. Und so besonnen viele deutsche Haushalte auch agieren, wenn es zum Steuern sparen kommt, werden viele sehr irrational. Auch das Baukindergeld hat das Potenzial, die Nachfrage weiter anzutreiben und das Transaktionsgeschehen anzuheizen, gerade weil bereits ein Enddatum festgelegt wurde (Abschn. 5.9). Hinzu kommt, dass mit dem starken Zuzug von Flüchtlingen und Fachkräften auch eine Innovation einhergeht, die als Begründung für eine noch deutlichere Ausweitung der Bautätigkeit und weitere Preissprünge dient.

Kommt es zu einem irrationalen Überschwang, wären aber vermutlich vor allem schrumpfende Städte und ländliche Räume hiervon betroffen. Wie sich noch zeigt, ist der Wohnungsmangel in den Großstädten nur schwer zu beheben. Dort müsste, allein um den Nachholbedarf zu decken, der aus zu geringer Bautätigkeit in der Vergangenheit entstanden ist, die Bautätigkeit sprunghaft nach oben gehen. Dass die Bautätigkeit über das benötigte Niveau hinausgeht, ist kaum zu erwarten. Nun hört man aber auch von schrumpfenden Städten, etwa aus dem Ruhrgebiet, dass auch dort endlich kräftig gebaut werden muss. Einige Bürgermeister äußern etwa, dass nun endlich die Bauzurückhaltung der letzten Jahre aufgegeben werden muss. Was passiert aber, wenn die Flüchtlinge in einigen Jahren mehrheitlich wieder in ihre Heimatländer zurückkehren? Oder aber die Arbeitsmarktmigration deutlich zurückgeht? Dann stehen dort noch mehr Wohnungen leer als dies aktuell schon der Fall ist. Auch das Beispiel Spanien zeigt, dass ein exzessiver Bauboom vor allem die Peripherie trifft, weil dort leicht neu gebaut werden kann. In Madrid oder in Barcelona sind dagegen nur kurzfristig die Preise zurückgegangen. Ähnliches gilt für Irland. Trotz der überschießenden Bautätigkeit gibt es nach wie vor Wohnungsnot in Dublin, aber zahlreiche leer stehende Neubauten auf dem Land.

Darüber hinaus müssen vor allem Immobilienkäufer in der aktuellen Wohnungsmarktlage besonders achtsam sein. Ein Boom lockt immer viele Glücksritter an, die nun versuchen auch solche Immobilien zu hohen Preisen zu verkaufen, die von schlechter Qualität sind und in „normalen" Zeiten quasi unverkäuflich. Es gilt also, genau zu prüfen und skeptisch zu bleiben, um teure Fehlkäufe zu vermeiden.

Da eine spekulative Blase auf einem überbordenden Optimismus beruht, der jederzeit entstehen kann, muss der Wohnungsmarkt kontinuierlich und sorgfältig beobachtet werden, um Fehlentwicklungen frühzeitig zu erkennen. Nichtsdestotrotz gibt es aber anscheinend eine große Lücke zwischen der Nachfrage und dem Angebot an Wohnungen in den Großstädten und einigen Universitätsstädten. Dies wird in den nächsten zwei Kapiteln umfassend ergründet.

Weiterführende Literatur

Wer mehr über spekulative Blasen und Exzesse in Vermögensmärkten erfahren möchte, dem seien die folgenden drei Bücher empfohlen:

1. Shiller RJ (2015) Irrationaler Überschwang, 3., erw. u. komplett überarb. Aufl. Plassen, Kulmbach
2. Akerlof GA, Shiller RJ (2009) Animal Spirits: Wie Wirtschaft wirklich funktioniert, 2. Aufl. Campus, Frankfurt a. M.
3. Reinhart CM, Rogoff KS (2010) Dieses Mal ist alles anders: Acht Jahrhunderte Finanzkrisen. FinanzBuch, München

Das Zitat von Stiglitz findet sich in folgender Publikation:

4. Stiglitz JE (1990) Symposium on bubbles. J Econ Perspect 4(2):13–18

Eine ausführliche Darstellung der Verwerfungen im US-amerikanischen Immobilien- und Immobilienfinanzierungsmarkt bietet u. a. der folgende Beitrag:

5. Jäger M, Voigtländer M (2008) Hintergründe und Lehren aus der Subprime-Krise. IW-Trends 35(3):17–29

Der Wohnnutzerkostenansatz, der einen Ansatz zur Identifikation von spekulativen Blasen darstellt, wird in dem folgenden Beitrag beschrieben und für Deutschland angewendet:

6. Schier M, Voigtländer M (2015) Immobilienpreise. Ist die Entwicklung am deutschen Wohnungsmarkt noch fundamental gerechtfertigt? IW-Trends 42(1):57–73

Die Grafik zu den Selbstnutzerkosten und Mietkosten findet sich hier:

7. Seipelt B, Voigtländer M (2018) ACCENTRO-IW Wohnkostenreport 2017, Köln

3

Viele neue Einwohner – kaum zusätzliche Wohnungen

Die wesentliche Schlussfolgerung von Kap. 2 war es, dass es sich bei der aktuellen Preisentwicklung im Wohnungsmarkt um keine spekulative Blase handelt, sondern um ein echtes Knappheitsproblem. Die Nachfrage ist hoch und die Bautätigkeit zu gering, und wenn Nachfrage und Angebot sich deutlich unterscheiden, reagieren die Preise. Doch warum ist die Nachfrage nach Wohnraum eigentlich so stark gestiegen? Und warum sind gerade die Städte so attraktiv? Auf diese Fragen soll dieses Kapitel Antworten geben, während sich das nächste Kap. 4 eingehend damit auseinandersetzt, warum die Bautätigkeit so wenig reagiert.

Elektronisches Zusatzmaterial Die Online-Version dieses Kapitels (https://doi.org/10.1007/978-3-658-25035-5_3) enthält Zusatzmaterial, das für autorisierte Nutzer zugänglich ist.

3.1 Die neue Attraktivität der Großstädte

Noch in den 2000er-Jahren wurde die Lage im Wohnungsmarkt als sehr entspannt angesehen. In Köln etwa überlegte man Ende des letzten Jahrzehnts, ob man nicht einige alte Wohnhochhäuser aus den 1970er-Jahren abreißen sollte, die man als Bausünden empfand. Auch in anderen Großstädten wie etwa Frankfurt, Berlin oder Düsseldorf setzte man sich eher mit möglichen Schrumpfungsentwicklungen auseinander als mit einem Einwohnerwachstum. Die Lage hat sich seitdem deutlich verändert. Beginnend mit 2010 sind die Einwohnerzahlen in nahezu allen Großstädten deutlich stärker gewachsen. Allein Berlin wächst seit nun einigen Jahren um 40.000 Menschen pro Jahr. Köln, Frankfurt oder auch Hamburg wachsen um rund 10.000 Menschen pro Jahr, München sogar um 17.000. Wenn die Einwohnerzahl steigt und keine Leerstände vorhanden sind, werden zusätzliche Wohnungen gebraucht. Fehlen diese, so müssen die Mieten und Preise steigen, dies ist ein fundamentales Prinzip der Marktwirtschaft. Dass die Einwohnerzahlen steigen, ist auf verschiedene Gründe zurückzuführen, die im Folgenden diskutiert werden: Arbeitsplätze, Studentenzahlen, Infrastruktur, Mobilitätskosten und Zuwanderung.

3.1.1 Jobs, Jobs, Jobs!

Bei Immobilien heißt es oft, was zähle sei „Lage, Lage, Lage". Wenn es aber um die Attraktivität einer Stadt als Ganzes geht, stehen eher Arbeitsplätze ganz oben auf der Prioritätenliste. Deutschland erlebt seit Mitte der 2000er-Jahre ein regelrechtes Jobwunder, das vielfach gar nicht richtig gewürdigt wird. Der einstmals kranke Mann Europas hat es geschafft, trotz Finanzkrise und Euro-Krise kontinuierlich Beschäftigung aufzubauen. Noch nie war der Beschäftigtenstand höher, noch nie gab es mehr Vollzeitarbeitsplätze. Ganz wesentlich getragen wird diese Entwicklung durch die Großstädte. In fast allen Großstädten wächst die Zahl der sozialversicherungspflichtig Beschäftigten stärker als im nationalen Durchschnitt. In Berlin ist die Zahl der sozialversicherungspflichtig Beschäftigten in den letzten 4 Jahren um 17,5 % gestiegen, in Köln um 12 und in München um 13 %. In Deutschland insgesamt waren es dagegen etwas mehr als 10 %. Besonders hervorzuheben ist dabei, dass vor allem gut bezahlte Arbeitsplätze in den Großstädten entstanden sind. Gerade der Sektor der wirtschaftsnahen Dienstleistungen, zu dem u. a. Rechtsanwälte und Wirtschaftsprüfer gehören, aber auch IT-Unternehmen oder Ingenieurbüros, haben ihre Arbeitsnachfrage deutlich ausgeweitet und suchen bevorzugt Mitarbeiter in Großstädten. Berlin entwickelt sich dabei gerade zu einer Hauptstadt der IT-Start-Ups, seit 2010 wurden in diesem Segment 50 % mehr Jobs geschaffen. Ein guter Indikator für die Entwicklung gut bezahlter Jobs im Dienstleistungsbereich sind die Büroarbeitsplätze. Das IW berechnet seit einigen Jahren die Entwicklung der Bürobeschäftigten anhand der Arbeitsplätze in den Wirtschaftszweigen, die im besonders großen Maße ihre Beschäftigten in Büros arbeiten lassen. Dazu gehören unter anderem unternehmensnahe Dienstleistungen, Anwaltskanzleien, IT-Unternehmen, die öffentliche Verwaltung oder auch Finanzdienstleister und Versicherungsunternehmen. Zwischen 2010 und 2017 ist die Bürobeschäftigung um 18,6 % in Deutschland gestiegen, in den Metropolen waren es dagegen teils deutlich mehr (Abb. 3.1). Nur in Frankfurt, wo die Folgen der Finanzkrise und die

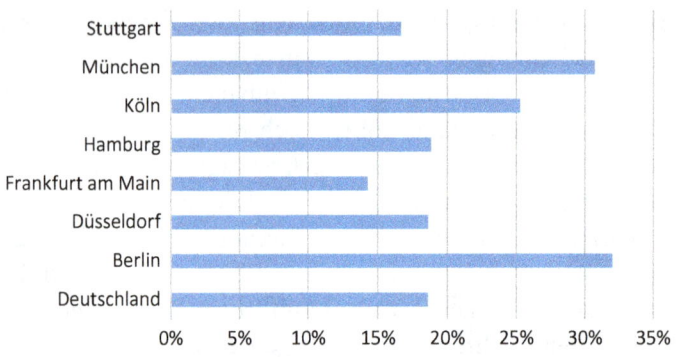

Abb. 3.1 Veränderung der Bürobeschäftigung in Deutschland zwischen 2010 und 2017 in Prozent. (Quelle: IW)

Konsolidierungen im Bankensektor besonders stark wirken, wie auch in Stuttgart, wo aufgrund der Kessellage der Stadt das Wachstum ohnehin begrenzt ist und sich stärker auf die Umlandgemeinden verlagert, liegt die Wachstumsrate unter dem bundesweiten Schnitt. Allerdings waren die Zuwachsraten zuletzt deutlich geringer, vor allem weil auch Büroflächen in den Metropolen zunehmend knapper werden.

Dass gerade der Dienstleistungssektor stark wächst, ist nicht ungewöhnlich. In fast allen entwickelten Volkswirtschaften wächst der Dienstleistungssektor stärker als das Verarbeitende Gewerbe und die Landwirtschaft. In der Produktion kann die Menge der hergestellten Güter oftmals durch Produktivitätsfortschritte infolge von Innovationen gesteigert werden, ohne dass mehr Menschen eingestellt werden müssen. Tatsächlich wächst die Beschäftigung im verarbeitenden Gewerbe in Deutschland sogar noch, allerdings bleibt die Dynamik hinter dem Dienstleistungssektor zurück. Bei Dienstleistungen kann der Mensch kaum ersetzt werden, gleichzeitig ist die Nachfrage nach Dienstleistungen schneller steigend als nach Produkten. Denn während bei vielen Dingen des täglichen Bedarfs bereits Sättigungserscheinungen vorliegen – weshalb etwa Einzelhandelsumsätze seit vielen Jahren nur langsam steigen – ist der Bedarf an Dienstleitungen noch sehr groß. So kann sich jeder leicht vorstellen, welche Aufgaben auch andere tätigen könnten: Putzen, Gartenarbeit, Nachhilfe für die Kinder …

Doch auch und gerade Unternehmen haben einen steigenden Bedarf an Dienstleistern, weniger aus Bequemlichkeit, sondern vielmehr, weil die Komplexität in vielen Bereichen gestiegen ist, etwa in juristischer, technischer oder betriebswirtschaftlicher Hinsicht. Daher wächst der Sektor der wirtschaftsnahen Dienstleistungen stark an, mit spezialisierten Unternehmen die andere Unternehmen passgenau unterstützen können. Bleibt die Frage, warum sich diese Unternehmen gerade in den Städten ansiedeln, also dort, wo es besonders teuer ist.

Noch vor einigen Jahren wurde erwartet, dass der Arbeitsort zunehmend unwichtiger wird. Über Telearbeit kann schließlich mittlerweile an fast jedem beliebigen Ort gearbeitet werden, eine physische Präsenz scheint daher kaum mehr notwendig. Doch wie sich gezeigt hat, ist Telearbeit eher eine Ergänzung zur klassischen Arbeit im Büro. So haben die Unternehmen entdeckt, dass es doch wichtig ist, dass die Mitarbeiter miteinander kommunizieren und sich regelmäßig, auch ohne konkreten Anlass, begegnen. Auch große IT-Unternehmen, wie bspw. Yahoo!, haben daher die Regelungen zur Telearbeit deutlich eingeschränkt. Wenn die Präsenz im Büro wichtig ist, dann sollte das Büro natürlich dort sein, wo auch die Kunden sind. Und die meisten Kunden finden sich nun einmal in den Großstädten, die darüber hinaus auch besser an das Schienen- und Flugnetz angebunden sind. Doch nicht nur der Zugang zu Kunden, sondern auch zu neuen Arbeitskräften, ist für die Unternehmen wichtig. Gefragt sind Spezialisten, und wenn eine neue Stelle besetzt werden muss, konkurrieren die Unternehmen mitunter um wenige geeignete Kandidaten. Diese finden sich eher in der Großstadt und können dort gegebenenfalls von Konkurrenten abgeworben werden. Ein großer spezialisierter Arbeitskräftepool ist oft entscheidend für die wirtschaftliche Entwicklung eines Unternehmens und einer ganzen Branche. Nicht umsonst siedeln sich Hightech-Unternehmen mit Vorliebe im Silicon Valley an, weil sie dort eben die richtigen Arbeitskräfte finden. Diese Clusterung wirtschaftlicher Aktivität ist in vielen Branchen zu beobachten. Es stellt sich damit die Frage nach Henne und Ei: Sind die Arbeitskräfte in einer Großstadt, weil dort viele Unternehmen ansässig sind oder gehen die Unternehmen in eine bestimmte Stadt, weil sie dort viele Arbeitskräfte vermuten? Richtig ist aber in jedem Fall, dass solche Cluster, sobald sie einmal etabliert sind, kaum zu durchbrechen sind. Oft spielen hier auch Universitäten eine Rolle, wie im Silicon Valley, die für einen kontinuierlichen Zufluss an hoch qualifizierten Mitarbeitern sorgen. Insgesamt zeigen auch alle internationalen Erfahrungen, dass sich die wirtschaftliche Aktivität zunehmend in die großen Städte verlagert und damit ein Konzentrationsprozess einsetzt. Deutschland ist hier noch eine Ausnahme, weil es hierzulande viele wirtschaftlich starke Metropolen gibt und die Hauptstadt wirtschaftlich eher schwach ist. Doch Berlin holt stark auf und wird bald an die anderen Metropolen, die sich zunehmend von kleineren Städten absetzen, aufschließen. Mittelfristig ist daher zu erwarten, dass auch in Deutschland die wirtschaftliche Aktivität vor allem in einigen wenigen Zentren stattfindet.

Hieraus lassen sich zwei wesentliche Schlussfolgerungen ziehen: Zum einen zieht der Arbeitsplatzaufbau zunehmend junge Erwerbstätige in die Städte, die zum anderen aufgrund ihrer überdurchschnittlichen Bildung über überdurchschnittliche Einkommen verfügen. Damit treibt vor allem diese Gruppe die Nachfrage nach gut ausgestatteten Immobilien in attraktiven Lagen.

3.1.2 Ohne Studium geht es nicht

Dies hört man zumindest immer öfter. Galt das Studium früher noch als Ausnahme, so studieren heute fast 36 % eines Jahrgangs. Hinzu kommt, dass es aufgrund der Verkürzung des Abiturs in den meisten Bundesländern sowie durch den Wegfall des Wehrdienstes doppelte Jahrgänge gibt, d. h. die Zahl der Studenten noch zusätzlich gestiegen ist. Außerdem ist auch das Bildungsangebot breiter geworden und oftmals hat sich durch die Kombination aus Bachelor und Master die Studiendauer eher verlängert. Noch im Jahr 2000 lag der Anteil der Studenten an der Gesamtbevölkerung bei 2,2 %, mittlerweile liegt die Quote bei 3,3 %. Allein in den letzten 5 Jahren ist die Zahl der Studenten um 20 % gestiegen.

Städte und Studenten (Video mit der Springer Nature More Media App ansehen.)

Studieren kann man natürlich nicht nur in Großstädten, sondern auch in vielen Mittelstädten wie Heidelberg, Tübingen oder Münster. Tatsächlich steigen auch in diesen Städten die Mietpreise deutlich an. Das Gros der Studierenden geht jedoch in die Großstädte, wo die größten Universitäten sind. Allein in Berlin können 135.000 Studierende gezählt werden, in München sind es 110.000 und in Köln knapp 83.000. In einer klassischen Studentenstadt wie Münster sind es mit 54.000 dagegen deutlich weniger. Steigt die Zahl der Studenten, steigt auch die Wohnungsnachfrage. Dem kann man entgegnen, dass Studenten nur im geringen Umfang für den Wohnungsmarkt relevant sind. Schließlich wohnen sie in Studentenwohnheimen oder aber bei den Eltern. Doch dies gilt für einen immer kleineren Teil der Studenten. Nur für etwa 10 % stehen Wohnheimplätze bereit, in den Großstädten ist die Quote sogar noch schlechter. Und zu Hause bei den Eltern leben passt immer weniger zum Selbstverständnis der Studenten. So treiben Studenten gerade in den Großstädten die Nachfrage nach kleinen und günstigen Wohnungen noch weiter an.

Für Studenten ist die Lage auf dem Wohnungsmarkt dabei besonders schwierig. Anders als junge Erwerbstätige sind Studenten von der Einkommensentwicklung abgekoppelt. Sie müssen in der Regel mit einem festen Budget auskommen, sodass sich gestiegene Wohnkosten bei ihnen besonders bemerkbar machen. Hinzu kommt, dass sie auf kleine, günstige und am besten nah an die Universitäten gelegene Wohnungen angewiesen sind. Solche Wohnungen sind aber nicht nur bei Studenten beliebt, sondern eben auch bei jungen Erwerbstätigen, Berufspendlern, die nur unter der Woche in der Stadt leben oder auch Senioren. Mit all diesen Gruppen müssen Studenten konkurrieren, wobei es für sie aufgrund ihrer Einkommenssituation, ihres Status und Vorurteilen („Studenten sind laut und feiern nur") besonders schwierig sein kann.

Gemeinsam mit meinen Kollegen im IW erfasse ich seit längerem die Preisentwicklung für studentisches Wohnen. Hierzu werten wir Inserate auf dem Immobilienportal ImmobilienScout24 aus, wobei wir nur solche Angebote

3 Viele neue Einwohner – kaum zusätzliche ...

berücksichtigen, die prinzipiell für Studenten geeignet sind, also kleine Wohnungen in normaler Qualität und in einem Radius von 5 km um die Universität. Betrachtet man nur solche Wohnungsangebote, so stellt man schnell fest, dass die Preisentwicklung noch stärker ist als im Gesamtmarkt. In Berlin sind die Mietpreise für studentisches Wohnen seit 2010 um mehr als 60 % gestiegen, aber auch in München liegt der Anstieg bei mehr als 50 %. Zum Glück für Studenten sind die Heizkosten nicht ganz so stark gestiegen. Dennoch: Für eine typische 30 m² große Wohnung in Uninähe musste man 2010 in Berlin nur rund 250 EUR zahlen, heute sind es fast 390 EUR. In Köln sind es statt 350 EUR mehr als 430 EUR und in München statt 440 EUR etwa 630 EUR – damit wird für viele Studenten das Wohnen zur echten Belastung.

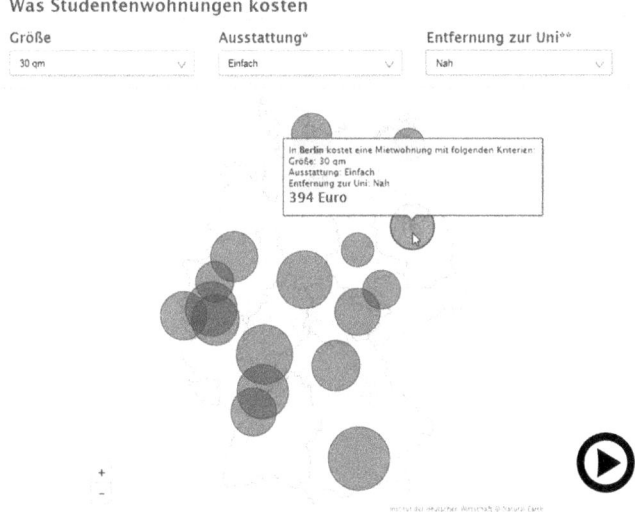

Studentenwohnkosten (Interaktive Grafik mit der Springer Nature More Media App ansehen.)

Dies sind die Preise, wenn man eine Wohnung bekommt. Doch vielfach ist dies eben kaum möglich. Vergleicht man einmal die Zahl der Studenten mit der Zahl der inserierten Wohnungen, wird die ganze Problematik erst deutlich. Zwischen 2010 und 2015 ist das Verhältnis von Studenten zu Wohnungen um 75 % in Köln, um 90 % in Berlin und um 310 % in München gestiegen. In München konkurrieren damit rund viermal so viele Studenten um eine Wohnung wie noch 2010, in Berlin gut doppelt so viele wie noch 2010. Dies zeigt eindrucksvoll den Druck, der derzeit auf Studenten in den Großstädten lastet – zumal hier nur Studenten gezählt wurden und nicht alle anderen, die ebenfalls um die kleinen und günstigen Wohnungen konkurrieren.

Studenten treiben also den Wohnungsmarkt in den Großstädten mit an und sind so zugleich die Getriebenen. Gut möglich, dass neben dem universitären Angebot und dem Ruf einer Universität oder Hochschule auch zunehmend die Wohnkosten eine Rolle bei der Wahl des Studienstandorts spielen.

3.1.3 Nichts los auf dem Land

Bei der Nachfrage nach Wohnungen in Großstädten gibt es nicht nur Pull- sondern auch Push-Faktoren. Pull-Faktoren sind die Arbeitsplätze und Studienplätze sowie weitere Vorteile der Großstädte, die die Menschen eben anziehen. Push-Faktoren sind dagegen die Faktoren, die die Menschen vom Land „wegstoßen".

Noch vor rund 15 Jahren war das Häuschen im Grünen für viele Menschen die Wunschvorstellung. Möglichst ein Eigenheim mit großem Garten und Garage. Doch seitdem hat die Attraktivität der Umlandgemeinden und insbesondere der ländlichen Räume deutlich gelitten. Dies hängt vor allem mit der fehlenden Infrastruktur zusammen.

3 Viele neue Einwohner – kaum zusätzliche …

Der Wegzug junger Menschen aus Arbeitsplatz- oder Studiengründen führte dazu, dass es sich auch für viele niedergelassene Dienstleister nicht mehr lohnt, vor Ort zu sein. Dies gilt für den Feinkosthändler ebenso wie für das Kino oder den Arzt. Die Knappheit von Ärzten auf dem Land ist mittlerweile auch ein politisches Thema, aber es fehlt eben auch an Geschäften, an Freizeitangeboten und auch an Sportangeboten. Besonders gut bringt dies eine Kampagne des Wohlfahrtsverbands Caritas zum Ausdruck, die im Internet unter www.stadt-land-zukunft.de zu finden ist. Dort heißt es auf den Plakaten unter anderem: „Stress ist hier draußen ganz weit weg. So wie der nächste Arzt" oder aber „Auf dem Land wird noch ehrlich gekickt. Auch wenn die Elf nur noch zu fünft spielt". Dies bringt es auf den Punkt, in vielen kleineren Orten ist schlicht nichts mehr los. Nun kann man der Meinung sein, dass viele Geschäfte auch nicht mehr benötigt werden. Schließlich lassen sich viele Waren mittlerweile online bestellen und auch ansonsten sind viele Menschen mobil.

Gerade die Internetverbindungen sind in vielen ländlichen Räumen jedoch äußerst eingeschränkt. Dies gilt auch für die Mobilfunkabdeckung. Deutschland ist hier im Vergleich zu vielen anderen europäischen Staaten geradezu rückständig. Während in den Großstädten zunehmend Glasfaserkabel für schnelle Internetverbindungen gelegt wird, sind selbst DSL-Leitungen mit 5 Mbit noch keine Selbstverständlichkeit im ländlichen Raum. Auch von schnellen LTE-Verbindungen über das Mobilfunknetz ist der ländliche Raum vielfach abgekoppelt. Wer einmal in der Eifel oder im Sauerland seine Freizeit verbringt, muss oft schon dankbar sein, wenn er überhaupt Netz hat. Dies ist für viele junge Menschen mittlerweile ein echtes Ausschlusskriterium und auch viele kleine Unternehmen siedeln sich deswegen nicht im ländlichen Raum an.

Gerade für junge Unternehmen aus der Kreativwirtschaft oder Selbstständige wäre der ländliche Raum durchaus eine Alternative. Keine Störungen, freies Denken abseits des Mainstreams und natürlich geringe Kosten aufgrund niedriger Mieten. Doch ohne schnelles Internet ist arbeiten kaum möglich. Der Breitbandausbau ist daher ein wichtiges Investitionsprogramm für den ländlichen Raum, doch noch sind Übertragungsraten wie in der Stadt in weiter Ferne.

Bleibt noch die physische Mobilität, also das Pendeln in die Stadt. Hier sieht es oftmals noch schlechter als mit der Datenautobahn aus. Vielfach fahren kaum Züge oder Busse im ländlichen Raum, und wenn doch, werden viele Metropolen nur mit langen Umwegen erreicht. Der öffentliche Nahverkehr ist mit dem Bevölkerungsrückgang ausgedünnt worden und trägt so zu weiterer Abwanderung bei. Wer auf Bus und Bahn im ländlichen Raum angewiesen ist, braucht viel Zeit und gute Nerven, gerade wenn sich der ÖPNV mal wieder verspätet. So ist Infrastruktur insgesamt ein großer Nachteil für viele kleinere Orte und schrumpfende Regionen. Natürlich bleibt noch das Pendeln mit dem Auto, doch dies ist für viele Menschen heute nur eine eingeschränkte Option.

3.1.4 Zeit ist Geld

Noch vor einigen Jahren landete ein bekannter Elektronikhändler mit dem Slogan „Geiz ist geil" einen Marketing-Volltreffer. Schließlich spiegelte dies die Haltung vieler Menschen wider: Wir wollen möglichst viel zum kleinen Preis. „Value for money" sagen die US-Amerikaner dazu, also möglichst viel Leistung für jeden ausgegebenen Euro. Natürlich ist das auch heute höchst relevant, natürlich möchte niemand zu viel bezahlen. Und es gibt genug Menschen, die auch darauf angewiesen sind, jeden Euro umzudrehen, sprich Preise und Leistungen streng zu vergleichen. Doch es hat sich bei vielen auch ein anderes Credo etabliert: „Zeit ist Geld". Wenn es gelingt, durch ein Produkt oder eine Dienstleistung Zeit zu sparen, ist es etwas wert. In zahlreichen Supermärkten boomen Convenience-Produkte wie geschnittene Kartoffeln, paniertes Fleisch oder vorbereitete Salate. Alle diese Produkte sind deutlich teurer als die Einzelprodukte, aber sie sparen Zeit. Von Lieferservices, Online-Shopping, Putzhilfen und Ähnlichem gar nicht erst zu sprechen.

Viele Menschen sehen den Mangel an Zeit als ihr größtes Problem an. Niemand möchte Zeit vergeuden und Zeit deshalb lieber gezielt fürs Arbeiten – ohne Geld geht es ja doch nicht – und für die Freizeit verwenden. Ganze Bücherregale sind daher mit Ratgebern zum Zeitmanagement gefüllt, unzählige Seminare werden zu diesem Thema angeboten.

Einer der Hauptzeitfresser ist das Pendeln. Wer morgens und abends je eine Stunde mit dem Auto zur Arbeit fahren muss, hat mehr als 8 % seines Tages verschwendet. Man kann zwar Musik oder Nachrichten hören und bei entsprechender Ausstattung auch einmal telefonieren, aber für die meisten ist diese Zeit einfach nur vergeudet. Steht man dann noch im Stau oder ist der Verkehr sehr dicht, ist das Fahren auch noch anstrengend. Und Stau wird zunehmend zum Normalzustand. Im Feierabendverkehr in Nordrhein-Westfalen summiert sich der Stau auf 300 km und mehr. Großbaustellen wie die Leverkusener Brücke über den Rhein oder andere Großprojekte führen zu täglichen zeitfressenden Staus, die das Pendeln mit dem Auto besonders anstrengend machen. Viele Menschen jenseits der 50 sehen dies oft weniger problematisch, für sie ist ein Auto häufig ein Statussymbol und eine Form der Unabhängigkeit, doch gerade jüngere Menschen sehen das Autofahren zunehmend kritisch.

Dies wirkt sich natürlich auch auf die Wohnortwahl aus. Mehr und mehr Menschen sind bereit mehr für eine Wohnung zu bezahlen, wenn sie dafür kürzere Wege haben.

Eine zunehmende Anzahl von Menschen verzichtet gänzlich auf ein Auto, um sich eine zentrale Wohnung leisten zu können. Andere sind eben bereit einen größeren Teil ihres Einkommens für Wohnen auszugeben, um Zeit zu sparen. Im Übrigen nicht nur für den Weg zur Arbeit, sondern auch für den täglichen Einkauf oder aber den Weg zu Restaurants, Kultur und Freizeit.

Entsprechend sind es vor allem die zentralen Standorte in den Städten, die besonders begehrt sind. Auch in Berlin ist es so, dass vor allem die zentralen Viertel stark steigende Mieten aufweisen, in den äußeren Bezirken sind die Zuwächse dagegen deutlich moderater oder die Mieten stagnieren sogar. Einzige Ausnahme sind Standorte, die gut an den öffentlichen Personennahverkehr angeschlossen sind. Viele Untersuchungen zum Immobilienmarkt zeigen mittlerweile, dass Standorte in U-Bahn oder S-Bahn Nähe deutlich teurer sind als ansonsten vergleichbare Wohnlagen. Wenn man schnell und komfortabel pendeln kann, wird dies anscheinend als Substitut angesehen. Tatsächlich bietet die U-Bahn viele Vorteile gegenüber dem Auto, wie etwa die Möglichkeit zu lesen, das Smartphone zu nutzen oder sogar zu arbeiten. Die offensichtliche Präferenz für den ÖPNV hat weitreichende Konsequenzen, die in Abschn. 5.8 näher diskutiert werden.

3.1.5 Einwanderungsland Deutschland

Ist Deutschland ein Einwanderungsland? Diese Frage verneinte der damalige Bundeskanzler Helmut Kohl noch Anfang der 1990er-Jahre, trotz starker Zuwanderung. Heute ist dies fast eine rhetorische Frage. Dabei waren die 2000er-Jahre tatsächlich durch eine sehr moderate Zuwanderung gekennzeichnet, in vielen Jahren lag der Zuwanderungssaldo, also die Differenz zwischen Zu- und Abwanderung, bei weniger als 100.000 Menschen, was das Statistische Bundesamt als Untergrenze für die langfristige Zuwanderung unterstellt. Im Jahr 2008 war der Zuwanderungssaldo sogar negativ. Seit 2010 hat sich das Bild aber gravierend geändert und der Zuwanderungssaldo steigt seitdem kontinuierlich. Im Jahr 2010 betrug der Zuwanderungssaldo bereits 154.000 Menschen, 2011 schon über 300.000 Menschen und 2014 über 570.000 Menschen (Abb. 3.2). Flüchtlinge wurden hierbei noch gar nicht gezählt. Diese Zuwanderung zwischen 2010 bis 2015 fußt vor allem auf den Arbeitsmarktchancen in Deutschland. Viele gut qualifizierte junge Menschen aus Osteuropa sowie aus Südeuropa versuchen ihr Glück in Deutschland, entweder um zu studieren oder um direkt einen Job aufzunehmen. Gerade Facharbeiter, Informatiker und insgesamt Hochqualifizierte werden von deutschen Unternehmen händeringend gesucht, sodass auch gezielt im Ausland rekrutiert wird. Wie erläutert haben viele Unternehmen ihre Standorte in Großstädten – und dort zieht es die Zuwanderer auch hin. Dort finden sie nicht nur einen Arbeitsplatz, sondern oft

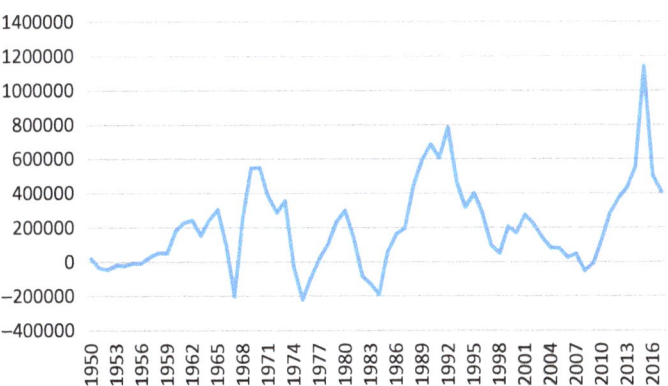

Abb. 3.2 Entwicklung der Nettozuwanderung (Zuzug minus Fortzug) nach Deutschland. 2017: vorläufige Zahlen. (Quelle: Statistisches Bundesamt)

Menschen der gleichen Nationalität, was die Integration deutlich erleichtert. Und natürlich sind vor allem die Großstädte bekannt, was ebenfalls wichtig ist.

Zusätzlich zur Arbeitsmarktmigration aus der Europäischen Union steigen seit 2015 auch die Flüchtlingszahlen rasant an. Die große Flüchtlingszuwanderung im Jahr 2015 wird vielen Menschen in Erinnerung bleiben. Überwiegend kommen Flüchtlinge aus Syrien, aber auch aus Afghanistan, dem Irak, Eritrea, Algerien und dem Kosovo. Ein Teil der Flüchtlinge erhält hier kein Asyl, andere möchten vielleicht nach kurzer Zeit wieder zurück oder in ein anderes Land. Diejenigen, die bleiben, werden hingegen höchstwahrscheinlich Familienangehörige nachholen. Nach vorläufigen Statistiken holen rund 60 % der männlichen Flüchtlinge im Alter zwischen 18 und 35 Jahren ihre Familie nach Deutschland, und zwar im Durchschnitt drei Personen.

Es herrscht große Unsicherheit, wie sich die Zahl der Flüchtlinge weiterentwickelt. 2016 und vor allem 2017 sind die Zahlen deutlich heruntergegangen, doch aufgrund der nach wie vor starken Arbeitsmarktmigration bleibt die Zuwanderung hoch. Wie sich die Flüchtlingszahlen indes weiterentwickeln, hängt ab von der Lage im Nahen Osten, dem Verhalten der europäischen Partnerländer und natürlich auch von der deutschen Asylgesetzgebung. Würden wir tatsächlich die Grenzen schließen, würde sich die Flüchtlingsentwicklung natürlich ändern. Eine komplette Kehrtwende ist indes nicht zu erwarten, ebenso wenig, dass die EU-Länder sich deutlich stärker öffnen oder sich die politische Lage im Nahen Osten schnell beruhigt. Entsprechend muss man von weiterer Zuwanderung ausgehen, nur die Höhe ist noch offen.

Die Erfahrung zeigt, dass es auch Asylberechtigte vor allem in die Großstädte zieht. Diese Städte sind bekannt, dort finden sich Menschen gleicher Nationalität und dort sind auch die Arbeitsmarktchancen gut. Die Nachfrage in den Städten wird also weiter steigen. Nicht zuletzt deswegen ist mittlerweile auch ein Wohnzuweisungsgesetz eingeführt worden. Dieses wurde schon in den 1990er-Jahren angewendet und sah vor, dass Aussiedler zunächst drei Jahre in der ihnen zugewiesenen Gemeinde leben mussten, es sei denn, sie konnten einen Arbeitsplatz und eine Wohnung an einem anderen Standort nachweisen. Dies gilt im Kern auch diesmal und kann sinnvoll sein, wenn die kleineren Gemeinden auch Unterstützung in Form von Lehrern, Sozialarbeitern und Infrastruktur erhalten. Tatsächlich kann die Flüchtlingswelle für viele schrumpfende Regionen eine Chance sein, die demografische Entwicklung zu drehen, sofern die Integration gelingt. Der Sog der Städte ist aber so groß, dass zumindest mittelfristig die Nachfrage dort noch weiter zulegen wird. Möglicherweise kann man Zeit gewinnen, aber über kurz oder lang werden auch viele der hier Schutzberechtigten zumindest in die Nähe der Zentren ziehen.

3.2 Baubedarfe und Bautätigkeit

Die Großstädte sind attraktiv und sie wachsen auch entsprechend stark. Aktuell wächst Berlin um fast 40.000 Menschen pro Jahr und auch in München oder Hamburg kommen jedes Jahr deutlich über 10.000 Menschen dazu. Alle langfristigen Prognosen, auch schon vor der starken Zuwanderung seit 2010, gehen davon aus, dass die Großstädte weiter wachsen. Basierend auf den demografischen Prognosen lässt sich auch der künftige Baubedarf schätzen. Hierzu gibt es verschiedene methodische Ansätze. Zum einen lässt sich die Entwicklung anhand der Entwicklung der Haushalte schätzen. Jeder Haushalt braucht auch eine Wohnung, sodass der Ansatz sehr intuitiv ist. Allerdings sind Prognosen zur Entwicklung der Zahl der Haushalte schwierig und oftmals nicht kleinräumig verfügbar. Alternativ lässt sich der künftige Baubedarf über die Zahl der Menschen und den altersabhängigen Wohnkonsum bestimmen. Betrachtet man die Statistik, so steigt der Wohnungskonsum pro Kopf mit dem Alter.

Dies hängt mit der Haushaltsbildung zusammen (Wohnraum muss mit Geschwistern geteilt werden), mit den Einkommenssteigerungen (wer mehr Einkommen hat, kann sich mehr Wohnraum leisten) und auch mit dem sogenannten Remanenzeffekt zusammen. Dieser besagt, dass viele Menschen auch dann in ihren Wohnungen bleiben, wenn die Kinder ausziehen und/oder der Partner nicht mehr da ist. Daher steigt der (statistische) Wohnkonsum ab dem Renteneintritt oft noch kräftig an. Nimmt man diese altersabhängige Wohnkonsumfunktion und multipliziert sie mit der zukünftig erwarteten Zahl an Menschen in der jeweiligen Alterskohorte, lässt sich der zukünftige Wohnkonsum bestimmen. Dabei gilt es noch einen wichtigen Punkt zu berücksichtigen: Den sogenannten Kohorten-Effekt. In der Vergangenheit war es stets so, dass der Wohnkonsum in jeder Generation angestiegen ist, also zum Beispiel die 40-Jährigen im Jahr 2000 großzügiger lebten als die 40-Jährigen im Jahr 1990. Allerdings gab es in den 2000er-Jahren eine Stagnation des Wohnkonsums pro Kopf, seit Ende der 2000er-Jahre gibt es aber wieder einen Anstieg. Vielfach wird davon ausgegangen, dass der Pro-Kopf-Wohnkonsum weiter steigt, weil auch die Einkommen steigen. Gerade in den 2000er-Jahren gab es eine Reallohnstagnation. Allerdings steigen die Energiekosten auch immer weiter an, und je größer die Wohnung ist, desto mehr muss auch geheizt werden. Daher kann es zunehmend einen Trend geben, die Grundflächen zu optimieren, um Kosten zu sparen. Ähnlich übrigens wie in der Automobilindustrie, wo man vor allem an Gewicht spart, um den Spritverbrauch zu reduzieren. Für die Großstädte ist aber in jedem Fall anzunehmen, dass die Flächen pro Kopf nicht weiter steigen, hier sind die hohen Preise eine natürliche Grenze. In München sinkt bereits der Wohnkonsum pro Kopf.

Es bleiben somit Ungewissheiten beim zukünftigen Wohnflächenkonsum, wie es auch nicht anders zu erwarten ist. Selbst wenn der Wohnflächenkonsum pro Kopf stagnieren sollte, wird der Gesamtwohnflächenkonsum jedoch noch weiter steigen, zum einen weil die Bevölkerung aufgrund der starken Zuwanderung weiter wächst und zum anderen, weil die Zahl der älteren Menschen steigt und damit der Remanenzeffekt an Bedeutung gewinnt. Um nun von der Wohnflächenvorausberechnung auf den Baubedarf zu schließen, müssen noch drei Aspekte berücksichtigt werden: Die durchschnittliche Wohnungsgröße, der Ersatzbedarf und die Leerstände. Als durchschnittliche Wohnungsgröße kann die jeweilige aktuelle durchschnittliche Wohnungsgröße in den jeweiligen Kreisen verwendet werden. Durch den Vergleich des heutigen Wohnflächenkonsums mit dem zukünftig zu erwartenden Wohnflächenkonsums und der Division dieser Größe mit der unterstellten Wohnungsgröße lässt sich der demografisch bedingte Baubedarf ableiten. Hierzu muss der sogenannte Ersatzbedarf addiert werden. Ein Teil der Gebäude kommt letztlich in die Jahre und muss irgendwann abgerissen und ersetzt werden. Die Quote hierfür ist relativ gering, da Wohnungen in Deutschland sehr lange genutzt werden. Und schließlich muss auch der Leerstand berücksichtigt werden – dort wo noch viele Wohnungen ungenutzt sind, muss nicht neu gebaut werden. Eine Fluktuationsreserve von 2,5 % gilt als notwendig, damit Haushalte auch von einer in die andere Wohnung wechseln können und auch Zugezogene die Chance haben, eine Wohnung zu finden.

Noch Mitte 2015 wurde von verschiedenen Institutionen wie etwa dem BBSR oder auch dem IW Köln geschätzt, dass in Deutschland noch etwa 250.000 bis 275.000 Wohnungen pro Jahr gebaut werden müssen. Angesichts einer Bautätigkeit von rund 250.000 Wohnungen im Jahr 2015 könnte man von einem fast ausgeglichenen Markt sprechen. Allerdings war zu diesem Zeitpunkt schon die regionale Verteilung der Bautätigkeit höchst unbefriedigend. Während etwa in ländlichen Räumen sowie in strukturschwachen Städten über den

Bedarf gebaut wurde, nicht zuletzt auch aufgrund historisch niedriger Zinsen, sah die Situation in den Großstädten ganz anders aus. In Berlin etwa hätten schon 2014 und davor deutlich mehr als 18.000 Wohnungen gebaut werden, tatsächlich erreichte man aber noch keine 9000 Wohnungen pro Jahr. In München werden etwa 13.000 Wohnungen gebraucht, gebaut wurden 2014 nur knapp 7000 Wohnungen. Etwas mehr wurde 2014 in Hamburg gebaut, aber auch dort sind es 3000 Wohnungen zu wenig. Zuvor wurde noch deutlich weniger in diesen Großstädten gebaut. Allein zwischen 2010 und 2014 sind in den genannten drei Städten knapp 120.000 Wohnungen zu wenig gebaut worden. Kein Wunder also, dass die Preise rasant steigen. Nimmt man alle kreisfreien Städte, sind es zwischen 2010 und 2014 insgesamt 310.000 Wohnungen, die zu wenig gebaut worden sind. In allen wachsenden Großstädten und Universitätsstädten wurde letztlich zu wenig gebaut.

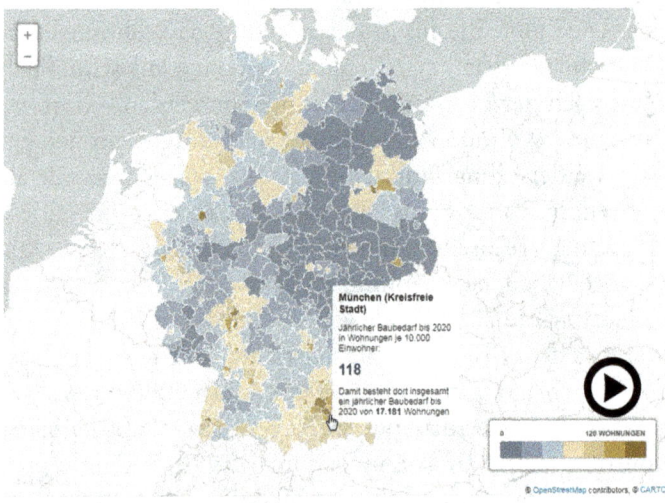

Baubedarfe (Interaktive Grafik mit der Springer Nature More Media App abrufen.)

3 Viele neue Einwohner – kaum zusätzliche …

Aufgrund der starken Zuwanderung seit 2015 hat sich der Wohnungsmangel noch weiter verschärft. Mittlerweile geht schon die Bundesregierung davon aus, dass 375.000 Wohnungen pro Jahr notwendig sind. Dies ist auch etwa der Rahmen, den die meisten Forschungsinstitute für realistisch halten. Allerdings ist die Gesamtzahl wenig aussagekräftig, denn entscheidend ist, dass die Wohnungen auch an den richtigen Stellen gebaut werden. Schon in den letzten Jahren wurden sehr viele Einfamilienhäuser in Regionen gebaut, die demografisch eher durch Abwanderungen geprägt sind – hier könnte also Leerstand drohen. In den Großstädten liegt die Zahl der Baufertigstellungen dagegen deutlich unter dem benötigten Niveau. 2017 wurden in allen Großstädten weniger als 60 Prozent des Bedarfes gebaut, in den Vorjahren war es sogar noch weniger. Vor allem in München, Köln und Stuttgart wurde 2017 deutlich zu wenig gebaut (Abb. 3.3). Auch die Baugenehmigungen, die einen Ausblick auf die weitere Bautätigkeit geben, zeigen keine Trendwende an – im Gegenteil, in manchen Städten geht die Zahl der Baugenehmigungen sogar zurück.

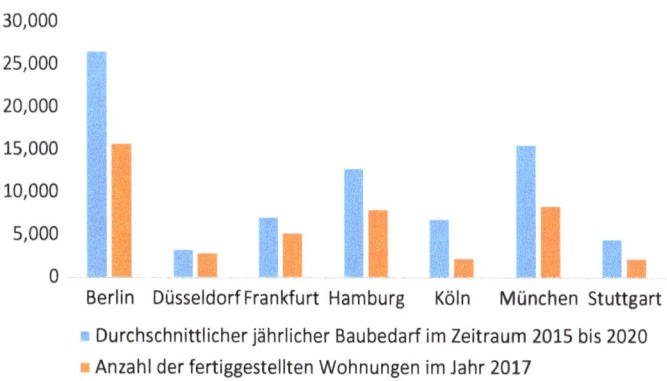

Abb. 3.3 Baubedarf und Baufertigstellungen in deutschen Großstädten. (Quelle: Henger und Voigtländer [5], Statistisches Bundesamt)

Im Anhang (Kap. 9) finden sich Daten für alle Kreise zu Baufertigstellungen und Baubedarfen. Auch in vielen Universitätsstädten ist der Unterschied zwischen Baubedarfen und Baugenehmigungen sehr hoch, weshalb auch dort die Preise stark gestiegen sind.

Das Angebot und die Nachfrage nach Wohnungen passen nicht zusammen, so lässt sich dieser Befund am einfachsten zusammenfassen. Woran das liegt und wie man dies ändern kann, steht im Mittelpunkt der nächsten beiden Kapitel.

Weiterführende Literatur

Warum Städte so attraktiv geworden sind, wird u. a. vom Forschungsinstitut empirica umfassend erläutert:

1. Simons H, Weiden L (2015) Schwarmstädte in Deutschland Ursachen und Nachhaltigkeit der neuen Wanderungsmuster. GdW Bundesverband deutscher Wohnungs- und Immobilienunternehmen e. V, Berlin

Über die Preisentwicklungen für studentisches Wohnen:

2. Deschermeier P, Seipelt B (2016) Ein hedonischer Mietpreisindex für studentisches Wohnen. IW-Trends 43(3):59–76

Eine Darstellung der Situation ländlicher Räume:

3. Bundesamt für Bauwesen und Raumordnung (2003) Demographischer Wandel und Infrastruktur im ländlichen Raum – von europäischen Erfahrungen lernen? Informationen zur Raumentwicklung 2003(12):I–IX

Lesenswert zum zunehmenden Zeitstress und der Frage der Optimierung unserer Zeit:

4. Boushey H (2016) Finding time: the economics of work-life conflict. Harvard University Press, Cambridge

Die Daten zum Baubedarf finden sich in dieser Publikation:

5. Henger R, Voigtländer M (2018) Setzt die Wohnungspolitik die richtigen Anreize für den Wohnungsbau. IW-Gutachten im Auftrag der Deutschen Reihenhaus AG, Köln

4

Warum wird so wenig gebaut?

Die große Lücke zwischen dem Wohnungsangebot und der Wohnungsnachfrage ist überraschend. Schließlich ist es die große Stärke von Märkten, Nachfrageüberhänge schnell abzubauen. Übertrifft die Nachfrage das Angebot, steigen die Preise. Dies wiederum ist ein Signal für die Bauwirtschaft, mehr Wohnungen zu bauen, denn bei gestiegenen Preisen für Bestandsobjekte lassen sich Neubauten leichter am Markt veräußern. Der Neubau wird dann so lange ausgeweitet, bis die Überschussnachfrage wieder abgebaut ist. Doch anscheinend funktioniert dies in den Großstädten nicht.

Elektronisches Zusatzmaterial Die Online-Version dieses Kapitels (https://doi.org/10.1007/978-3-658-25035-5_4) enthält Zusatzmaterial, das für autorisierte Nutzer zugänglich ist.

© Springer Fachmedien Wiesbaden GmbH, ein Teil von Springer Nature 2019
M. Voigtländer, *Luxusgut Wohnen*,
https://doi.org/10.1007/978-3-658-25035-5_4

Dass es nicht an mangelnden Investoren liegt, ist weitestgehend unstrittig. Der Bau von Immobilien lohnt nicht nur wegen der steigenden Preise, sondern auch aufgrund der historisch niedrigen Zinsen. In dem aktuellen Zinsumfeld sind zahlreiche Anleger auf der Suche nach Alternativen, da festverzinsliche Wertpapiere wie Staats- und Unternehmensanleihen nur eine äußerst geringe Rendite bieten. Die Investition in Wohnimmobilien ist daher besonders gefragt bei privaten wie auch institutionellen Investoren wie Versicherungen, Fonds oder Versorgungswerken. Die Geschäftslage der Projektentwickler wird daher als sehr gut eingeschätzt. Nach dem IW Immobilien-Index, der die Stimmungslage der Immobilienwirtschaft erfasst, erreichen Projektentwickler im Jahr 2018 neben Investoren im Wohnungsmarkt die höchsten Werte. Viele würden noch mehr bauen, doch bislang können sie dies nicht umsetzen.

Insgesamt scheinen zwei Begründungen hierfür maßgeblich zu sein: Zum einen das fehlende Bauland und zum anderen die stetig steigenden Neubaukosten. Beides wird nun ausführlich diskutiert. Hinzu kommt der Staat, der Immobilien in zweifacher Weise besonders belastet.

Schließlich stellt sich auch die Frage, ob auch die Art des Wohnungsbaus und die Nachfrage auseinanderfallen. Denn vielfach werden vor allem Luxusimmobilien gebaut, gefragt sind aber vor allem günstige Wohnungen. Dies wird am Ende des Kapitels diskutiert.

4.1 Es fehlt an Bauland

Wer bauen möchte, braucht Land. Dies ist eigentlich trivial, und doch wird dieser Aspekt häufig vernachlässigt. Redet man mit Projektentwicklern, so hört man immer wieder, dass diese liebend gern in den Großstädten mehr

Wohnungen bauen würden, aber einfach kein Bauland haben. Tatsächlich zeigen alle Statistiken, dass die Zahl der verkauften Bauflächen in den größten deutschen Städten seit 2010 kaum steigt bzw. sogar sinkt, obwohl die Nachfrage deutlich gestiegen ist. In Stuttgart und München stagniert die Fläche an baureifem Land, das pro Jahr verkauft wird, obwohl die Nachfrage kontinuierlich steigt. In Berlin ist die Menge zwar am aktuellen Rand wieder gestiegen, aber das Niveau von 2013 wird immer noch deutlich unterschritten. Nur Hamburg und Frankfurt am Main haben es geschafft, die Vorjahreswerte zu übertreffen (Abb. 4.1).

Die Preise für Bauland steigen immer weiter, teilweise um mehr als 10 oder 15 % pro Jahr, und dennoch reagiert das Flächenangebot kaum. Auch dies muss zunächst verwundern, da es eigentlich noch genug Flächen gibt, gerade in den Außenbezirken der Städte. Nicht bebaute Flächen sind aber nicht direkt Bauland, sondern letztlich muss die Stadt die Fläche auch als Bauland ausweisen. Hier liegt ein wesentliches Problem der derzeitigen Wohnungsknappheit.

Die Ausweisung von Bauland ist ein schwieriger Prozess. Die Stadtplaner müssen zwischen den Interessen der An-

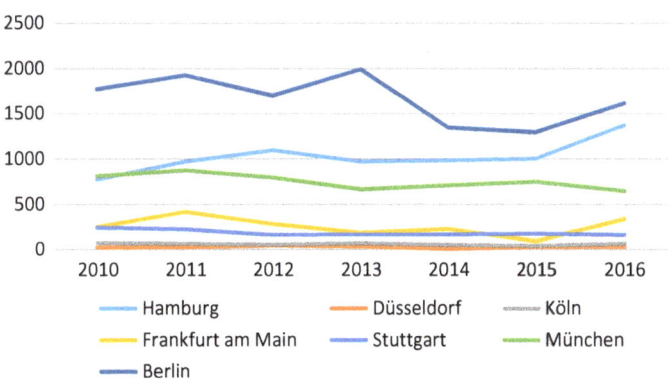

Abb. 4.1 Verkauftes baureifes Land in deutschen Großstädten in 1000 m². (Quelle: Statistisches Bundesamt)

wohner, der Stadt und der Investoren abwägen. Sie müssen entscheiden, welche Bauhöhen zugelassen werden und welche Art von Gebäuden. All dies erfordert Zeit und Sorgfalt. In den 2000er-Jahren versuchten sich viele Städte auf die vermeintliche Schrumpfung der Städte einzustellen. Das Credo lautet daher, nur in den Innenräumen der Städte neue Bebauungen zuzulassen, die vor allem der Ergänzung und Verbesserung des Wohnungsangebotes dienen sollte. In Köln und in einigen anderen Städten wurde sogar schon über den Abriss großer Wohnhochhäuser diskutiert, die als unattraktiv und als Schandflecken der Stadt gelten. Entsprechend wurden nur sehr wenig neue Bauflächen ausgewiesen.

Mit der starken Zuwanderung ab 2010 und der immer stärkeren Präferenz für ein Leben in der Stadt haben sich die Rahmenbedingungen aber deutlich geändert. Dass die Stadtplanung hierauf nicht sofort reagieren kann, ist verständlich. Mittlerweile schreiben wir aber das Jahr 2019, und noch immer ist das Flächenangebot kaum gestiegen. Erst im letzten Jahr hat die Stadt Köln ihre Personalkapazitäten in der Stadtplanung und in den Bauämtern ausgeweitet, ebenso wie in Berlin oder Hamburg. Zu spät, aber immerhin sollte dies in Zukunft zu einer Entlastung führen. Denn mittlerweile sind nicht nur Flächen knapp, sondern auch derjenige, der Bauland hat, muss teilweise jahrelang auf eine Genehmigung warten. Projektentwickler berichten, dass sie auch bei kleinen Reihenhausbebauungen, die als Standard gelten, teilweise bis zu acht Monate auf eine Genehmigung warten müssen. Sind die Vorhaben komplexer und umfangreicher, müssen die Investoren noch länger warten, was die Wohnungsknappheit weiter verschärft.

Es ist jedoch fraglich, ob mehr Stadtplaner allein tatsächlich ausreichen. Ein großes Problem sind mitunter die Bürger selbst. Nach dem sogenannten Nimby-Phänomen (Not In My Back Yard – nicht in meinem Hinterhof) sind

4 Warum wird so wenig gebaut?

viele Anwohner generell gegen Bauvorhaben, weil das Bauen Lärm und Unannehmlichkeiten bereitet, die Sicht durch neue Gebäude beschränkt wird, die vorherige Freifläche nicht mehr für Hunde genutzt werden kann oder Parkplätze wegfallen, und, und ... Natürlich gibt es individuell immer gute Gründe gegen Veränderungen und tatsächlich kann ein Neubau den Nutzen an der eigenen Mietwohnung oder Eigentumswohnung beeinträchtigen – dass fehlende Wohnungen aber den Weg in die Stadt für Manche gänzlich verbauen, wird kaum bedacht. Letztlich handelt es sich um ein typisches Insider-Outsider-Phänomen, wie es für den Arbeitsmarkt umfänglich beschrieben ist. Gewerkschaften oder Arbeitnehmervertreter verhandeln die Löhne für die eigenen Mitglieder bzw. die eigene Belegschaft. Sie berücksichtigen aber nicht, dass etwa Arbeitslose auch gerne arbeiten würden, aber bei zu hohen Lohnabschlüssen nicht eingestellt werden. Ebenso ist es auch bei Protesten gegen Bauvorhaben. Der Nutzen der Anwohner wird mitunter beeinträchtigt, wenn auch teilweise nur in geringem Maße, während der Nutzen für neue Bewohner unberücksichtigt bleibt.

Ein besonderes Beispiel für dieses Verhalten ist das Tempelhofer Feld in Berlin. Der alte Flughafen in Berlin Tempelhof liegt mitten in der Stadt. Der Flughafen ist bestens angebunden an die U-Bahn und hätte ein Potenzial für Tausende Wohnungen geboten. Die Stadt Berlin plante selbst nur eine Randbebauung, weite Teile des Flughafen-Geländes sollten als öffentlicher Park/Naherholungsgebiet erhalten bleiben. Dennoch gab es Proteste und es konnten so viele Unterschriften gesammelt werden, dass sogar ein Volksentscheid herbeigeführt wurde. Dieser endete mit dem Ergebnis, dass keine Wohnungen auf dem Gelände gebaut werden dürfen. Mittlerweile gibt es neue Pläne, auch weil der Druck auf den Wohnungsmarkt immer größer wird, aber zunächst einmal hat der Protest dazu geführt, dass über viele Jahre hinweg eines der größten Innentwicklungspotenziale in Deutschland nicht gehoben und damit verhindert wird, dass viele Menschen ein neues Zuhause in guter Lage finden können. Erzählt man diese Geschichte in London, erntet man nur ungläubiges Staunen. Dort hat man schließlich schon diskutiert, den bestehenden und noch genutzten Flughafen Heathrow zu verlegen, um mehr Fläche für den Wohnungsbau zu gewinnen.

Die Protesthaltung der Bürger hat natürlich auch Rückwirkungen auf die Politik. Ist der Widerstand gegen Neuentwicklungen so groß, ist es auch für die Politik nicht attraktiv, sich für neue Baulandausweisungen und Neubauten einzusetzen. Zumal die Politiker in der Regel nicht während ihrer Amtszeit erleben, dass das neue Gebäude oder die neue Siedlung auch fertiggestellt wird. Stattdessen müssen Politiker zunächst die Widerstände überwinden, den Erfolg können dann andere feiern. Die Protesthaltung ist somit ein weiterer Grund, warum sich das Flächenangebot kaum an die gestiegene Nachfrage anpasst.

Es kommt aber ein zusätzliches Argument hinzu, denn auch private Eigentümer halten Bauflächen zurück. Die Preise für Bauland steigen so stark, dass das Halten eine attraktive Strategie ist. Welche Anlageklasse bringt derzeit schließlich eine sichere jährliche Rendite von mehr als 10 %? Umso knapper Bauland ist, umso attraktiver ist es mit der Bebauung zu warten und erst später zu verkaufen. Viele Bauflächen sind in der Hand von Familien oder Privatpersonen, die warten können und wollen. In anderen Ländern ist dies bereits ein bekanntes Phänomen, für Deutschland ist es dagegen eher neu.

Auf einer Konferenz in Peking im Jahr 2010 wurde die strategische Flächenzurückhaltung und Verschiebung von Bauprojekten als eines der wesentlichen Probleme in chinesischen Metropolen genannt. Damals schien mir ein solches Phänomen für Deutschland noch undenkbar. Mittlerweile gibt es aber viele Marktteilnehmer, die sich auf den Flächenhandel konzentrieren. Sie kaufen unbebaute Flächen, auf denen es noch kein Baurecht gibt. Dann versuchen sie Baurecht zu bekommen und warten auf die Baugenehmigung. Erhalten sie diese schließlich, versuchen sie das Bauland zu einem Vielfachen wieder zu verkaufen, wobei sich das Warten aufgrund der zunehmenden Preise auch lohnt. Generell ist dieses Geschäftsmodell legal und nicht verwerflich. Das eigentliche Problem ist, dass es sich lohnt zu Warten, denn wirtschaftliche Inaktivität sollte nicht belohnt werden. Durch die Zwischenschaltung solcher Händler entstehen aber natürlich Zusatzkosten, allein schon aufgrund der Grunderwerbsteuer, aber auch weil die Händler natürlich Gewinne erzielen möchten. Steigen die Preise aufgrund der Zurückhaltung noch mehr, lohnt es sich noch mehr zu warten, was zu einem Teufelskreis werden kann.

Bleibt der Gang in umliegende Gebiete. Rund um die Großstädte finden sich noch zahlreiche Grünflächen und auch Ackerflächen, Potenziale für den Bau sind also vorhanden. Doch auch hier gibt es Proteste. Die Äußerung des Düsseldorfer Gewerbeimmobilienmaklers Aengevelt, man solle die Ackerflächen am Stadtrand doch besser der Bebauung zuführen, führte zu einem regelrechten Shitstorm. Die Argumente reichten dabei von der Nahversorgung mit Lebensmitteln über den Aspekt der Naherholung bis zum Umweltschutz. Gerade der Umweltschutz und die Artenerhaltung sind starke Waffen zur Verhinderung der Bebauung. Natürlich sind dies relevante Gründe und der Umweltschutz soll auch nicht in Abrede gestellt werden. Vergegenwärtigt man sich jedoch, dass es schon ein paar Kilometer weiter viel größere Naherholungsgebiete und ländliche Räume gibt, in denen sich die heimischen Arten nach Belieben Ausbreiten können, erscheint der damit verbundene Verzicht auf eine Entspannung des Wohnungsmarktes als größeres Übel.

Es gibt aber noch weitere Gründe, warum der Wohnungsbau auf der grünen Wiese stockt. Wesentlich ist, dass diese Form des Bauens diskreditiert wurde durch die Erfahrungen der 1970er- und 1980er-Jahre. In diesen Zeiten wurden viele Reihenhaussiedlungen in der Fläche gebaut, die heute kaum noch attraktiv sind. Wohnungsbau in der Fläche muss mit dem entsprechenden Angebot an Infrastruktur verbunden sein, das heißt es bedarf einer Anbindung an den ÖPNV, es braucht Schulen, Kindergärten, Einkaufsmöglichkeiten und Freizeitmöglichkeiten. Die Stadt müsste also in erheblicher Weise investieren, doch dafür fehlt den meisten Städten schlicht das Geld. Hinzu kommt, dass solche Flächen außerhalb der Stadt eben auch erst erworben bzw. von den Umlandgemeinden freigegeben werden müssen. Die Umlandgemeinden haben jedoch oft kein Interesse daran, Flächen abzugeben, sodass schwierige Verhandlungen geführt werden müssen. Im Ergebnis passiert häufig nichts.

Oft wird gegen eine stärkere Bauflächenausweisung eingewendet, dass damit das 30 ha-Ziel der Nachhaltigkeitsstrategie nicht erreicht werden kann. Die Begrenzung der Versiegelung der Flächen auf 30 ha pro Tag ist ein wesentlicher Bestandteil der Klimaschutzstrategie der Bundesregierung. Geht man von einem jährlichen Bedarf von 200.000 Wohneinheiten in Wachstumsregionen und Ballungszentren aus, dann benötigt man aber nur 11 ha pro Tag an neuen Flächen, wenn man von 50 Wohneinheiten pro Hektar Bauland ausgeht.

> Die Grundstückssituation ist in jeder Kommune verschieden und auch die Möglichkeiten und Potenziale sind differenziert zu betrachten. Wichtig ist jedoch, dass sich Kommunen und Bürger bewusst machen, dass vor allem fehlende Bauflächen den Wohnungsbau limitieren und damit die Preise weitertreiben.

Wie eine Untersuchung des Instituts für ökologische Raumforschung zeigt, besteht allein ein Innenentwicklungspotenzial von 165.000 ha an Baulücken und Brachen. Das entspricht knapp 7 % unseres Bestandes an Gebäude- und Freiflächen. Somit sind grundsätzlich noch genügend Flächen vorhanden, sie müssen nur eben einer Bebauung zugeführt werden. Wie diese Potenziale besser aktiviert werden können, wird in Kap. 5 erläutert.

4.2 Neubauten werden immer teurer

Das fehlende Bauland ist sicherlich ein wesentlicher Punkt zur Erklärung des mangelnden Wohnungsneubaus, doch nicht der einzige. Neubauten werden zudem immer teurer. Generell wird Bauen bei steigenden Preisen im Bestand attraktiver, weil die Neubauten konkurrenzfähiger werden. Steigen jedoch die Neubaukosten ebenfalls, wird dieser Vorteil aufgezehrt, sprich es lohnt sich trotz steigender Preise kaum mehr zu bauen, weil es nicht genügend Nachfrager für die Objekte gibt. Vergleicht man die Preisentwicklung von Neubauten und die Preisentwicklung von Bestandsimmobilien, fällt auf, dass die Neubauten eine deutlich größere Preisdynamik als die Bestandsgebäude haben. Nach Daten der Europace-Plattform, über die rund ein Zehntel aller Immobilienkredite in Deutschland abgewickelt werden, sind die Preise für bestehende Ein- und Zweifamilienhäuser in Deutschland seit 2010 um etwa 35 % gestiegen, für Neubauten dagegen um knapp 60 %. Ohnehin sind Neubauten natürlich teurer, weil die Qualität im Zeitablauf steigt und weil auch Löhne und Materialien immer teurerer werden. Die starken Preisanstiege bei Neubauten sind dennoch erklärungsbedürftig.

An den allgemeinen Baukosten, die sich in Materialkosten und Arbeitskosten unterteilen lassen, liegt es nicht. Laut Daten des Statistischen Bundesamtes sind die Baukosten insgesamt in Deutschland seit 2000 nur unwesentlich stärker gestiegen als die Verbraucherpreise. Allerdings gibt es gerade am aktuellen Rand stärkere Anstiege, was auf zunehmende Kapazitätsengpässe hindeutet. In der Tat ist das Baugewerbe nahe an der Auslastungsgrenze, was sich u. a. in deutlich höheren Lohnabschlüssen bemerkbar macht. Darüber hinaus berichten sowohl Unternehmen als auch Privatleute über zunehmende Wartezeiten und Verzögerungen im Bau aufgrund fehlender Fachkräfte. Nichtsdestotrotz können die allgemeinen Baukosten, die durch die Kosten für Materialien und die Lohnentwicklung im Baugewerbe determiniert werden, allenfalls teilweise die Bauzurückhaltung und die hohen Preise für Neubauten erklären. Allerdings ist zu beachten, dass die Baukosten nur reine Preiseffekte im Bau wiedergeben, aber beispielsweise keine Kostensteigerungen, die etwa aufgrund qualitativer Anforderungen entstehen. Diese sind wesentlich relevanter.

Die Anforderungen an den Wohnungsbau sind in den vergangenen Jahren immer weiter gestiegen. Dies gilt vor allem mit Blick auf die energetischen Standards, die aufgrund der ehrgeizigen Klimaschutzziele weiter erhöht wurden, doch auch andere Normen, beispielsweise hinsichtlich des Brandschutzes, sind hinzugekommen. Darüber hinaus können auch die Kommunen Auflagen erteilen, zum Beispiel in Bezug auf Stellplätze oder Garagen. Die Umsetzung dieser Maßnahmen ist nicht kostenlos. Zusätzliche Dämmungen, bessere Heiztechniken oder aber die Installation von Wärmepumpen sind mit Zusatzkosten verbunden, die die Baukosten erhöhen. Auch die Einforderung zusätzlicher Stellplätze ist mit Kosten verbunden, zumal hierfür auch Grundstücke benötigt werden.

In einer aktuellen Studie der Arbeitsgemeinschaft für zeitgemäßes Bauen e.V. wurden die Kosten der verschiedenen Auflagen und Regulierungen auf den Wohnungsbau geschätzt. Demnach haben allein die gestiegenen energetischen Anforderungen seit 2000 zu einer Erhöhung der Baukosten um 154 EUR/m² geführt. Damit sind die Baukosten allein deswegen um 17,7 % gestiegen. Die kommunalen Auflagen haben zu einer Zusatzbelastung von 82 EUR/m² geführt, die technischen Normen noch einmal zu einer Mehrbelastung von 30 EUR. Insgesamt haben also alleine diese drei Einflussgrößen die Baukosten seit 2000 um über 260 EUR/m² bzw. um über 30 % erhöht. Dabei ist zusätzlich zu berücksichtigen, dass eine ständige Veränderung von Standards die Produktion erschwert, da etwa Baupläne und Prozesse immer wieder angepasst werden müssen. Lerneffekte und Größenvorteile, die bei der Produktion gleicher Produkte entstehen können und die Kosten senken, können daher im Wohnungsbau kaum realisiert werden.

Es soll nicht in Abrede gestellt werden, dass viele Normen und Standards sinnvoll und notwendig sind. Dennoch muss der Politik klar sein, dass die Umsetzung für die Unternehmen eine Belastung darstellt und die Baukosten und damit Neubaupreise erhöht. Wenn hierdurch der Neubau zurückgeht, ist beispielsweise der Effekt auf den Klimaschutz eher gering, zumal wenn stattdessen weiter energetisch ineffiziente Gebäude genutzt werden.

Ein besonderer Kostentreiber, gerade auch bei vielen Umbauten, ist der Brandschutz. Natürlich ist der Brandschutz wichtig und Sicherheit ist hoch anzusiedeln. Aber Sicherheit kostet eben auch und wir als Gesellschaft müssen abwägen. Wie selbstverständlich setzen wir uns ins Auto, obwohl wir wissen, dass es Risiken gibt. Und wir zwingen auch nicht alle Autobesitzer, ihre Fahrzeuge mit ABS oder anderen Sicherheitstools auszustatten oder nachzurüsten. Entsprechend müssen wir auch bei Wohnungen abwägen, wenn die Erfüllung von Brandschutzvorkehrungen irrwitzig teuer ist und so weniger gebaut oder saniert wird: Ist es das wert, trotz der geringen Wahrscheinlichkeit von Bränden?

Ein anderes Beispiel sind Auflagen der Kommunen, insbesondere auch städtebauliche Verträge. Mit städtebaulichen Verträgen können Investoren verpflichtet werden, im Gegenzug für die Überlassung von Bauland Infrastrukturleistungen zu erbringen. Werden Investoren verpflichtet, neben den eigentlichen Wohnungen auch Spielplätze, Straßen oder sogar Kindergärten zu errichten, bleibt dies nicht folgenlos für die Projektkosten. Vielfach sind solche Maßnahmen begründbar und auch im Sinne der künftigen Nutzer, weshalb eine Kostenbeteiligung grundsätzlich angemessen erscheint. Allerdings sollten die Verpflichtungen mit Augenmaß vorgenommen werden, da es schnell zu einer deutlichen Verteuerung der Wohnbauten kommen kann. Ein Projektentwickler in Süddeutschland erzählte einmal, dass er bei einer Reihenhaussiedlung auch einen Kindergarten bauen musste. Die Mehrkosten, die dies verursachte, waren 15.000 EUR pro Haus, die natürlich an den Erwerber weitergegeben wurden. Selbst wenn der neue Eigentümer seine Kinder in dem Kindergarten betreuen lässt, ist dies eine riesige finanzielle Belastung. Wahrscheinlich werden die hohen Kosten sogar dazu führen, dass eher Familien mit weniger Kindern oder ohne Kinder in die Reihenhäuser einziehen. Letztlich ist es nicht begründbar, dass einige wenige Käufer die Infrastrukturkosten alleine tragen müssen, sondern solche Leistungen müssen aus allgemeinen Steuern bezahlt werden, an denen sich jeder gemäß seiner Leistungsfähigkeit beteiligt. Zwar ist es für Kommunen reizvoll, ihren Haushalt auf diese Weise zu entlasten, doch sollten auch die Folgewirkungen berücksichtigt werden.

Die Bundesregierung hat all das erkannt und die wesentlichen Kostentreiber wurden in der sogenannten Baukostensenkungskommission aufgelistet. Allerdings tut sich die

Politik schwer, Standards zu senken und Einzelreglungen zu überprüfen. Zumindest wollte man auf eine weitere Verteuerung des Bauens setzen. Mit der Umsetzung der EnEV 2016 ist jedoch bereits der nächste Kostentreiber eingeführt worden – und nach der Meinung der meisten Experten sind die Vorteile in Form von Kohlendioxid-Einsparungen äußerst gering.

4.3 Mit Steuer wird es teuer

Fehlendes Bauland und hohe Standards verteuern das Bauen gravierend, beides beeinflusst der Staat mittelbar. Doch der Staat verteuert auch direkt das Bauen, und zwar über die Besteuerung. Dabei sind zwei Besteuerungsformen besonders bedeutsam: die Grunderwerbsteuer und die Abschreibungssätze.

Die Grunderwerbsteuer ist eine sogenannte Stempelsteuer, d. h. sie fällt bei jedem Kauf- bzw. Verkaufsvorgang an. Wer eine Immobilie kauft, muss einen bestimmten Prozentsatz des Kaufpreises als Steuer an das jeweilige Bundesland abführen. Dieser Steuersatz ist in den letzten Jahren erheblich gestiegen. Ursprünglich lag der Satz bundeseinheitlich bei 3,5 %, mit der Föderalismusreform 2006 wurde die Bestimmung des Steuersatzes jedoch auf die Länder übertragen. Die Landesregierungen haben von der Steuerautonomie in den vergangenen Jahren reichlich Gebrauch gemacht, wobei der Steuersatz ausschließlich erhöht und nie gesenkt wurde. Ursprünglich wurde erwartet, dass es zu einer Senkung der Steuersätze im Wettbewerb der Länder kommen würde, doch das Gegenteil ist eingetreten. Dies liegt vor allem an einer Regelung im Finanzausgleich der Bundesländer. Normalerweise werden im Länderfinanzausgleich Unterschiede in den Einnahmen der Bundesländer stark nivelliert. Nimmt ein Bundesland also mehr Steuern ein, muss es unter sonst gleichen Bedingungen einen Großteil dieser zusätzlichen Einnahmen an die anderen Bundesländer abführen oder aber es erhält weniger Zuweisungen der anderen Länder. Bei den Einnahmen aus der Grunderwerbsteuer ist es jedoch so, dass die Einnahmen grundsätzlich nicht einberechnet werden – weshalb die Grunderwerbsteuer gerade für hoch verschuldete Länder sehr attraktiv ist. Landespolitiker sehen in der Grunderwerbsteuer somit eine Möglichkeit, die Landeshaushalte auszugleichen und so die ab 2020 für die Länder geltende Schuldenbremse einzuhalten.

In Nordrhein-Westfalen, dem Saarland, Brandenburg und Berlin hat sich der Steuersatz ausgehend von 3,5 % in den vergangenen acht Jahren fast verdoppelt, während in Bayern und Sachsen nach wie vor das Niveau von 2006 Bestand hat.

Die Kombination aus steigenden Immobilienpreisen und vermehrten Transaktionen bei gleichzeitig steigenden Steuersätzen wird laut der aktuellen Steuerschätzung auch weiterhin für wachsende Steuereinnahmen sorgen. Im Jahr 2017 ist das Aufkommen mit gut 13,1 Mrd. EUR um mehr als 40 % höher als 2014. Die Bedeutung der Grunderwerbsteuer für die Bundesländer wird vermutlich in den kommenden Jahren noch weiter wachsen.

Nun könnte man einwenden, dass die Steuer gering ist und ein Satz von etwa 6,5 % statt 3,5 % wenig ausmacht. Tatsächlich ist eine Erhöhung aber gerade für Selbstnutzer, die gerne neue Wohnungen bauen lassen, besonders relevant. Schließlich kann die Grunderwerbsteuer nicht finanziert werden, sondern sie muss in der Regel mit gespartem Vermögen bezahlt werden. Eine Erhöhung um 3 Prozentpunkte bedeutet bei einem Kaufpreis von 300.000 EUR also, dass 9000 EUR zusätzlich bezahlt werden müssen – dies tut den meisten Käufern schon sehr weh.

Tatsächlich ist die Belastung durch die Steuer aber viel höher. In den meisten Fällen werden Grundstücke, die der

4 Warum wird so wenig gebaut?

Bebauung zugeführt werden, mehrmals veräußert. So kauft etwa ein Projektentwickler ein Grundstück von der Stadt für etwa 100.000 EUR. Hierauf ist dann bereits die Grunderwerbsteuer in Höhe von 6500 EUR (bei einem Steuersatz von 6,5 %) zu entrichten. Baut der Projektentwickler nun ein Haus für 200.000 EUR, wird der Projektentwickler versuchen seine eigenen Kosten an den Käufer zu überwälzen. In angespannten Märkten wird dies auch gelingen. Der Preis für das Haus beträgt dann 306.500 EUR. Hierauf muss der Käufer dann selbst 6,5 % Grunderwerbsteuer zahlen, also 19.922,50 EUR. Die Gesamtbelastung mit Grunderwerbsteuer beträgt in diesem Fall also 26.422,50 EUR, was etwa 8,8 % von 300.000 EUR entspricht, dem Preis ohne Grunderwerbsteuer. Bedenkt man, dass es teilweise noch weitere Zwischenerwerbe gibt, etwa weil zunächst die Kommune ein Grundstück oder ein anderer Investor das Bauland erwirbt, ist die Gesamtbelastung noch höher. Die Grunderwerbsteuer treibt daher die ohnehin hohen Kosten des Neubaus noch weiter an.

Grunderwerbsteuer (© Immobilien Manager Verlag | Video mit der Springer Nature More Media App ansehen.)

Doch die Grunderwerbsteuer ist nicht die einzige steuerliche Regelung, die sich negativ auf den Neubau auswirkt. Auch die zu geringen Abschreibungssätze mindern die Zahlungsbereitschaft für Neubauten und resultieren damit in Kombination mit hohen Baukosten zu geringer Bautätigkeit. Abschreibungen wirken sich steuermindernd aus, d. h. Abschreibungen können ebenso wie Instandsetzungskosten von der Steuerbemessungsgrundlage abgezogen werden. Bei Immobilien bilden Abschreibungen die Kosten ab, die fiktiv notwendig wären, um eine Immobilie wieder in den ursprünglichen Zustand zu versetzen. Daher können sie auch als Wiederherstellungskosten bezeichnet werden. Sie setzen sich daher aus dem Alterseffekt, der den Wertverlust aufgrund der Abnutzung erfasst und nicht durch Instandsetzungen aufgefangen werden können, und den gestiegenen Baukosten zusammen. In Deutschland können 2 % der Anschaffungs- und Herstellungskosten von der Steuerbemessungsgrundlage abgezogen werden, unterstellt wird also eine Nutzungsdauer von 50 Jahren. Dies entspricht jedoch schon längst nicht mehr der Realität. Zwar können Immobilien teilweise auch 500 Jahre und länger genutzt werden, aber dazu bedarf es regelmäßig größerer Investitionen. Wird eine Immobilie nur instand gesetzt, wird sie nach maximal 30 Jahren kaum noch etwas wert sein. Aufgrund der heute komplexen Gebäudetechnik, den gestiegenen Anforderungen und auch der höheren Baukosten entsprechen die Wiederherstellungskosten schon nach rund 25 Jahren den Anschaffungskosten, wie ich mit meinen Kollegen vor einigen Jahren berechnet habe. Demnach sollte die Abschreibungsrate rund 4 % betragen.

Da die steuerliche Abschreibungsrate nur bei 2 % liegt, können Investoren nur einen Teil der tatsächlichen Kosten geltend machen, wodurch ihre steuerliche Belastung steigt. Infolgedessen sinkt ihre Bereitschaft in Neubau-Mietwohnungen zu investieren. Dies ist sicherlich keines der entscheidenden Hemmnisse, aber es trägt ebenfalls dazu bei, dass weniger Neubauwohnungen entstehen als notwendig sind. Darüber hinaus haben die Abschreibungen noch einen weiteren Effekt, denn sie machen Bestandswohnungen attraktiver. Letztlich verhält es sich bei Immobilien ähnlich wie bei Autos: Die Wertverluste in den ersten Jahren sind besonders groß. Über die Zeit sinken dann die Wertverluste, und ob eine Immobilie nun 60 oder 65 Jahre alt ist, hat kaum noch einen Effekt. Teilweise steigt der Wert sogar wieder, wenn es sich etwa um besonders schöne Altbauten handelt.

Ein Investor kann aber unabhängig von dem Alter der Immobilie immer wieder 2 % pro Jahr abschreiben. Vielfach werden die Wertverluste bei Immobilien aus den 1960er- bis 1980er-Jahren aber deutlich geringer sein, wobei zu beachten ist, dass zusätzliche Investitionen gesondert steuerlich behandelt werden – entweder sie können sofort abgeschrieben werden oder wiederum über 50 Jahre. So gesehen fördert der Staat den Kauf von gebrauchten Mietwohnungen und belastet den Kauf von Neubauwohnungen. Um dies zu vermeiden, sollten Immobilien grundsätzlich über 25 Jahre abgeschrieben werden können, aber eben nur einmal. Wer also eine 10 Jahre alte Immobilie kauft, kann noch 15 Jahre abschreiben. Größere Sanierungen können dann wiederum über 25 Jahre abgeschrieben werden. Diese Lösungen würden deutliche Anreize für mehr Neubau setzen, ohne dass die Steuerbasis für den Fiskus entscheidend sinken würde.

4.4 Bauen wir die falschen Wohnungen?

Es gibt vielfach Stimmen, die sagen, die Bautätigkeit könne nicht allein dem Markt überlassen werden, denn dann würden nur Luxuswohnungen gebaut. Betrachtet man die meisten aktuellen Wohnprojekte, könnte man dem fast zustimmen. Tatsächlich wird vor allem im oberen Marktsegment gebaut. Vielfach werden Wohnungen gebaut, die mehr als 5000 EUR, 6000 EUR oder sogar viel mehr pro Quadratmeter kosten. Solche Wohnungen, so die Argumentation, können den Markt nicht entlasten und leisten keinen Beitrag, die Bezahlbarkeit des Wohnens wieder herzustellen.

Damit wird den Projektentwicklern implizit unterstellt, dass sie am Markt vorbeiarbeiten. Wenn es doch eine große Nachfrage nach günstigen Wohnungen gibt, weshalb wird sie dann nicht bedient? Auch im Automobilsektor gibt es neben der Mittel- und Luxusklasse ein Kleinwagensegment, in dem günstige Modelle angeboten werden. Alle Automobilhersteller haben darüber hinaus Einstiegsmodelle, bei denen teure Ausstattungen fehlen und die mit kleineren Motoren auskommen. Die Gründe, warum es im Wohnungsbau keine Entsprechungen gibt, also keine „Einsteigermodelle", wurden im Prinzip schon erläutert: Die Baukosten sind schlicht zu hoch. Tatsächlich ist die Bautätigkeit so reguliert, dass mindestens „Mittelklasse" gebaut werden muss. Hinzu kommt, dass auch die Baulandpreise so hoch sind, dass es sich nicht lohnt, an die untere Grenze des Wohnungsangebots zu gehen. Für einfache Wohnungen in zentraler Lage finden sich zwar Abnehmer, aber aufgrund der hohen Baulandpreise sind die Kosten dennoch so hoch, dass die Wohnungen für die eigentliche Zielgruppe nicht erschwinglich sind. Auf der anderen Seite wünschen sich die Haushalte, die zentral leben wollen und dies auch bezahlen können, mehr Komfort. Außerhalb der Großstädte an weniger gefragten Standorten lässt sich durchaus günstiger bauen. In Gelsenkirchen etwa können Haushalte neue Reihenhäuser bereits für unter 250.000 EUR kaufen, Wohnungen entsprechend deutlich günstiger. Mehr Bauland und geringe Auflagen im Bau würden also das Angebot erweitern, auch in den Großstädten, und so günstigere Neubaupreise ermöglichen.

4 Warum wird so wenig gebaut?

Ebenso wie im Automobilmarkt sind günstige Angebote auch im Wohnungsmarkt vor allem im Bestand zu finden. Und es gilt der Sickereffekt, wonach Neubauten, auch luxuriöse Neubauten, über Umzugsketten günstige Wohnungen freimachen. Der Sickereffekt ist teilweise umstritten, lässt sich aber empirisch nachweisen. Erst vor kurzem hat das Marktforschungsinstitut empirica u. a. den Wohnungsmarkt in Münster daraufhin untersucht. Dabei haben sie nachgeforscht, wer in einen Neubau eingezogen ist und wer in die daraufhin frei gewordene Wohnung gezogen ist. Denjenigen haben sie wiederum nach der vorherigen Wohnung gefragt und so weiter. Das Ergebnis ist, dass die Umzugskette relativ schnell ist und es in einem angespannten Markt wie Münster oft nur ein bis zwei Monate dauert, bis eine Wohnung neu bezogen wird. Die frei gewordenen Wohnungen sind typischerweise kleiner und die Mieter einkommensschwächer. Insofern kommt auch der qualitativ hochwertige Neubau den einkommensschwachen Haushalten zugute und gibt günstigere Wohnungen frei. Auch dies ist eine Analogie zum Automobilmarkt, bei dem wir wie selbstverständlich davon ausgehen, dass günstige Autos eben gebraucht sind. Niemand würde den Automobilfirmen einen Vorwurf machen, dass die neuen Autos so teuer sind, denn jeder weiß, dass die Autos mit dem Alter günstiger werden. So ist es auch im Wohnungsmarkt.

Es gibt aber auch noch einen anderen Effekt. In der aktuellen Lage ziehen vor allem einkommensstarke Haushalte in die Städte. Vielfach handelt es sich um Fachkräfte mit hohen Einkommen, die auf Wohnungssuche in den zentralen Lagen gehen. Diese Gruppe bevorzugt oft Neubauten, da diese eine hohe Qualität und viel Komfort bieten. Sind entsprechende Angebote nicht verfügbar, schauen sich die Wohnungssuchenden auch im Bestand um. Vermieter stellen schnell fest, dass eine hochpreisige Klientel auf Wohnungssuche ist, und beginnen eigentlich günstige Bestände zu sanieren. Der Mangel an Neubauten begünstigt daher das, was als Gentrifizierung bezeichnet wird, also die Verdrängung sozialschwacher Haushalte aus gewachsenen Stadtvierteln (Abschn. 6.3). Selbstverständlich kann es auch bei vorhandenen Neubauten zu Gentrifizierungsprozessen kommen, etwa wenn bestimmte Lagen als besonders attraktiv angesehen werden. Gerade in Berlin liegen viele der ehemals sehr günstigen Viertel sehr zentral, sodass ein Strukturwandel der Stadt in Folge der Wende zu erwarten war. In anderen Städten liegen ehemals günstige Viertel am Wasser, was sie ebenfalls attraktiv macht. Nichtsdestotrotz sorgt ein ausreichendes Neubauangebot für Entspannung und nimmt Modernisierungs- und Aufwertungsanreize im Bestand. Bürger, die sich aus Angst vor Gentrifizierung gegen Neubauten engagieren, schneiden sich so gesehen ins eigene Fleisch.

Eine potenzielle Fehlsteuerung gibt es aber doch: Es werden noch zu wenig kleine Wohnungen gebaut. In die Großstädte ziehen vor allen junge Menschen ohne Familie, die dort studieren oder arbeiten möchten. Außerdem steigt die Nachfrage der Senioren an. Die Nachfrage der Generation 65+ wird in allen Städten und Landkreisen bis 2030 steigen, sowohl was den Anteil angeht als auch die absolute Zahl. Teilweise wird auf die älteren Haushalte 40 % der Gesamtnachfrage entfallen. Und auch Ältere brauchen vor allem kleine Wohnungen. Betrachtet man aber beispielhaft die Bautätigkeit in Hamburg im Jahr 2016, so fällt auf, dass zu einem großen Teil größere Wohnungen gebaut werden. Insgesamt werden deutlich mehr Wohnungen mit 4 und mehr Räumen gebaut als solche mit 1 bis 2 Räumen. In den letzten Jahren ist der Anteil kleinerer Wohnungen an den Baufertigstellungen in vielen Großstädten gestiegen, aber ausreichend ist dies noch nicht.

Eine bloße Umverteilung der Bautätigkeit würde allerdings nicht reichen, da insgesamt zu wenig gebaut wird.

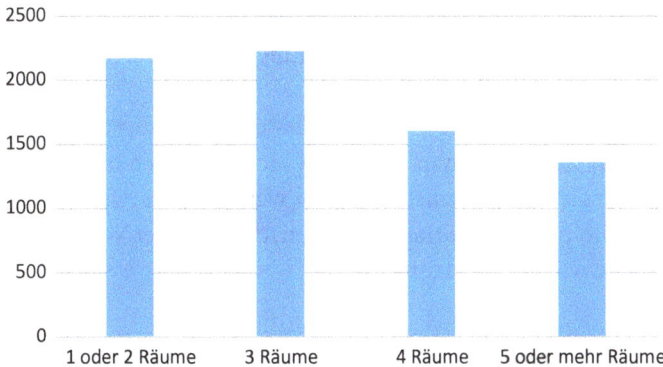

Abb. 4.2 Zuwachs im Wohnungsbestand in Hamburg im Jahr 2016 nach der Anzahl der Räume. (Quelle: Statistisches Bundesamt)

Die Zahlen zeigen aber, dass eben vor allem das obere Segment bedient wird, das eben trotz hoher Baukosten und Baulandpreise Wohnungen mieten oder kaufen kann. Erst mit einer allgemeinen Steigerung der Bautätigkeit würden dann auch vermehrt kleinere Wohnungen gebaut werden. Die Zahlen unterstreichen aber, warum gerade im Segment der kleinen Wohnungen die Preise besonders stark angestiegen sind (Abschn. 3.1.2; Abb. 4.2).

4.5 Die Bautätigkeit kommt nicht nach

Neubauten sind zu teuer und Bauland ist zu knapp – so einfach lässt sich die Misere im Wohnungsmarkt zusammenfassen. Mit immer höheren Standards und Auflagen sind die Baukosten gestiegen, doch vor allem fehlt es an Flächen, die bebaut werden können. Das Interesse der Investoren am Wohnungsbau ist sehr groß, doch der Zugang zum Markt ist schlicht nicht möglich. Die Folge ist, dass bei dem knappen Wohnungsangebot und der hohen Nachfrage die Preise immer weiter steigen. Und nicht nur das: Die Anreize wirken so, dass vor allem hochwertige und große Immobilien gebaut werden, sodass die Preise für kleine Wohnungen stärker steigen als im Gesamtmarkt.

Kennt man die Ursachen, müsste die Lösung einfach zu finden sein, mag man meinen. Doch ganz so einfach ist es leider nicht. Im nächsten Kap. 5 werden zehn Ansätze vorgestellt, die dazu beitragen können, dass sich der Wohnungsmarkt wieder entspannt.

Weiterführende Literatur

Die Problematik des fehlenden Baulandangebots habe ich u. a. hier genauer erläutert:

1. Voigtländer M (2015) Optionen für bezahlbaren Wohnraum. Ein policy paper in Kooperation mit dem ZIA Deutschland (Zentraler Immobilien Ausschuss). IW policy paper 14, Köln

Auch in dem Abschlussbericht des Bündnisses für bezahlbaren Wohnraum wird der Baulandmangel herausgestellt:

2. Bundesministerium für Umwelt, Naturschutz, Bau und Reaktorsicherheit (2016) Bericht zum Bündnis für bezahlbares Wohnen und Bauen und zur Wohnungsbau-Offensive. http://www.bmub.bund.de/fileadmin/Daten_BMU/Download_PDF/Wohnungswirtschaft/buendnis_bezahlbares_wohnen_bauen_bf.pdf. Zugegriffen am 12.12.2016

Die folgende Studie beschreibt die Innenentwicklungspotenziale in den Städten:

3. Bundesinstitut für Bau-, Stadt- und Raumforschung (BBSR, Hrsg) (2014) Innenentwicklungspotenziale in Deutschland – Ergebnisse einer bundesweiten Umfrage und Möglichkeiten einer automatisierten Abschätzung. Sonderveröffentlichung, Bearbeitung: IÖR Dresden, Bonn

Eine ausführliche Darstellung über die gestiegenen Baukosten bietet zum Beispiel die Arbeitsgemeinschaft für zeitgemäßes Bauen:

4. Walberg D, Halstenberg M (2015) Kostentreiber für den Wohnungsbau. Untersuchung und Betrachtung der wichtigsten Einflussfaktoren auf die Gestehungskosten und auf die aktuelle Kostenentwicklung von Wohnraum in Deutschland (Bauforschungsberichte), Bd 67. Arbeitsgemeinschaft für zeitgemäßes Bauen, Kiel

Die Effekte der Grunderwerbsteuer auf den Neubau werden hier diskutiert:

5. Hentze T, Voigtländer M (2015) Bedeutung der Grunderwerbsteuer für das Wohnungsangebot. Kurzexpertise für den Deutschen Verband für Wohnungswesen. Stadtordnung und Raumentwicklung, Köln

Warum der Abschreibungssatz höher sein sollte, wird hier erläutert:

6. Brügelmann R, Clamor T, Voigtländer M (2013) Abschreibungsbedingungen für den Mietwohnungsneubau. IW-Trends 40(2):63–79

Die Idee einer Buchwertfortschreibung findet sich hier:

7. Eekhoff J (2002) Wohnungspolitik, 2. Aufl. Mohr Siebeck, Tübingen

Die genannte Studie zu den Sickereffekten:

8. Braun R, Grade J (2016) Beitrag des Eigenheimbaus zur Wohnraumversorgung in NRW. LBS, Bonn

5
Maßnahmen zur Verbesserung der Wohnungsmarktlage

Die bisherige Analyse zeigt die Probleme der Wohnungsmärkte in den Ballungsgebieten auf. Es fehlt an Bauland und Bauen ist zu teuer. Dies weist bereits auf eine Lösung hin, doch ist es tatsächlich so leicht? Leider nein, denn es gibt Widerstände und Gegenargumente, die sich aber auflösen lassen. Insgesamt zehn Ansätze zur Entschärfung der Lage im Wohnungsmarkt werden im Folgenden diskutiert. Viele dieser Vorschläge sind eher langfristig orientiert, andere bieten eine schnellere Lösung. Die ersten vier Maßnahmen setzen beim Bauland und der besseren Nutzung der Grundstücke an, die nächsten drei Maßnahmen an den

Elektronisches Zusatzmaterial Die Online-Version dieses Kapitels (https://doi.org/10.1007/978-3-658-25035-5_5) enthält Zusatzmaterial, das für autorisierte Nutzer zugänglich ist.

© Springer Fachmedien Wiesbaden GmbH, ein Teil von
Springer Nature 2019
M. Voigtländer, *Luxusgut Wohnen*,
https://doi.org/10.1007/978-3-658-25035-5_5

Baukosten. Die übrigen drei Maßnahmen stellen Ergänzungen dar, die aber wichtig sind, gerade auch aus sozialpolitischer Sicht. Gesamt betrachtet kann die Umsetzung der Maßnahmen die Wohnungsmarktsituation für viele Millionen Menschen verbessern, ohne den Staat zu überfordern. Im Gegenteil, es können sogar erhebliche Mehreinnahmen entstehen, da der Staat am Wohnungsbau und an florierenden Städten partizipiert.

5.1 Wir brauchen eine Bodenwertsteuer

Um zu verdeutlichen, dass die Partizipation des Staates an florierenden Städten kein Allgemeinplatz ist, startet die Liste der Maßnahmen mit einer Steuer, und zwar einer besonderen Steuer: Der Bodenwertsteuer.

Die Idee der Bodenwertsteuer ist alt, sie geht auf Henry George zurück, der im Jahr 1871 eine Alleinsteuer auf den Grund und Boden vorschlug. Die Idee dahinter: Land ist immobil, deshalb kann man der Besteuerung nicht ausweichen und es kommt zu keinen unliebsamen Reaktionen. Während bei einer Besteuerung von Kapitalerträgen stets die Verlagerung ins Ausland droht, bei einer Besteuerung von Arbeitseinkommen die Schwarzarbeit oder zumindest ein negativer Effekt auf den Arbeitsmarkt droht, kann Land nicht ausweichen. Dies ist ein großer Vorteil, allerdings gibt es auch Einschränkungen. Schließlich kann eine Steuer schnell prohibitiv sein, wenn alle Erträge für die Steuerzahlung verwendet werden müssen. Daher ist die Steuer nicht besonders ergiebig, taugt also nicht als Alleinsteuer. Doch dies ist gar nicht nötig. Vielmehr kann die Bodenwertsteuer als kommunale Steuer fungieren und die bisherige Grundsteuer ersetzen.

Die Grundsteuer in Deutschland ist seit über 20 Jahren in der Diskussion. Bemessungsgrundlage der Grundsteuer ist der Immobilienwert, der mit einem festen Satz besteuert wird. Hierauf haben die Kommunen ein Hebesatzrecht, d. h. sie können die Steuer erhöhen oder aber verringern, je nach Finanzsituation. Die Grundsteuer wird vom jeweiligen Nutzer der Immobilie bezahlt, also entweder vom Selbstnutzer oder vom Mieter, der die Steuer über die Begleichung der Nebenkosten bezahlen muss. In der Kritik ist die Grundsteuer vor allem wegen ihrer Bemessungsgrundlage. In Deutschland gibt es keine Einzeldaten zu Immobilienwerten, daher werden als Grundlage immer noch die Einheitswerte erhoben, die in Westdeutschland letztmalig 1964 und in den Neuen Bundesländern 1936 (!) erhoben worden sind. Diese Einheitswerte werden fortgeschrieben und so gut wie möglich auf neuere Bauten angewendet. Dies ist aber nur mit großen Ungenauigkeiten möglich. Vor allem aber gibt es bei den Einheitswerten deutliche Abweichungen im Zeitablauf. Seit 1964 ist so manches Trendviertel unattraktiv geworden, während manche ehemalige Randbesiedlung mittlerweile zu den angesagten Stadtvierteln gehört. Deshalb ist es konsequent, dass das Bundesverfassungsgericht im Jahr 2018 die Grundsteuer als nicht verfassungsgemäß bewertet hat, da teilweise gleiche Immobilien (bezogen auf den heutigen Wert) ungleich besteuert werden können, je nach ursprünglichem Einheitswert.

Wichtiger für diesen Kontext ist jedoch, dass die Grundsteuer auch Fehlanreize setzt. Grundsätzlich werden nicht nur der Grund und Boden besteuert, sondern auch die Aufbauten. Wer ein Hochhaus baut, wird stärker besteuert als derjenige, der ein kleines Einfamilienhaus baut. Und: Wer ein leer stehendes Gebäude hat oder ein unbebautes Grundstück, muss noch weniger Steuern zahlen.

Ein Grundproblem des Wohnungsmangels und der geringen Verfügbarkeit von Bauland besteht darin, dass sich das Warten lohnt. Wer heute über Bauland in den Großstädten verfügt, kann mit Preissteigerungen von 10 bis über 15 % pro Jahr rechnen. Für diese Wertsteigerungen muss man nichts tun und sie sind sehr sicher, schließlich ist die Nachfrage hoch und es ist kaum absehbar, dass die Bautätigkeit schnell steigt. Eine solche sichere Rendite ist kaum mit alternativen Anlagen zu erzielen, weshalb die Baulandzurückhaltung sehr attraktiv ist. Genau hier kann eine Bodenwertsteuer ansetzen.

Die Bodenwertsteuer setzt ausschließlich am Wert des Grund und Bodens an. Diese Bemessungsgrundlage kann leicht auf Basis der Bodenrichtwerte, die flächendeckend von den Gutachterausschüssen auf Grundlage von Transaktionen ermittelt werden, bestimmt werden. Bodenrichtwerte können straßengenau ermittelt werden und sind auch von den Bürgern einsehbar, z. B. in Nordrhein-Westfalen kostenfrei online.

Eine Steuer auf den Bodenwert unabhängig von den Aufbauten bedeutet, dass leere Grundstücke ebenso besteuert werden wie ein Grundstück mit einem Hochhaus daneben. Damit werden große Anreize gesetzt, ein Grundstück schnell der Bebauung zuzuführen. Außerdem werden Anreize gesetzt, das Grundstück möglichst intensiv zu nutzen. Wichtig zu wissen ist dabei, dass Grundstücke vor allem dann an Wert gewinnen, wenn es Baurecht hat, Brachen oder landwirtschaftliche Flächen werden daher nach wie vor weniger besteuert.

Mit dem Verfassungsgerichtsurteil sollte man meinen, dass der Weg für eine Bodenwertsteuer geöffnet ist, da der Gesetzgeber bis Ende 2019 eine Reform beschließen muss. Für die Umsetzung gibt es dann eine Frist bis Ende 2024. Doch noch sind die Widerstände groß.

Zum einen werden Gerechtigkeitsargumente angeführt. So wird beispielsweise beklagt, dass eine Bodenwertsteuer eine alleinstehende Witwe in einem Einfamilienhaus deutlich stärker belasten würde als die jetzige Grundsteuer. Dies gilt aber auch nur dann, wenn sie ihr Haus in einer bevorzugten Lage hat, etwa im Zentrum einer Stadt. Auf dem Land, wo Grundstücke generell günstig sind, werden Belastungsverschiebungen sehr gering sein. Belastungsverschiebungen sind aber generell bei jeder Steuerreform zu erwarten und insbesondere dann, wenn die Bemessungsgrundlage so problematisch ist wie bei der aktuellen Grundsteuer. Zudem sind es oft sehr konstruierte Fälle, die in den Diskussionen genannt werden.

Zum anderen wird insgesamt eine deutlich höhere Besteuerung befürchtet. Musterrechnungen, bei denen die Bodenrichtwerte anstatt der historischen Einheitswerte für Immobilien in Hamburg angewendet wurden, zeigen teilweise Verzehnfachungen der Steuerlast an. So kann man aber natürlich nicht rechnen. Grundsätzlich sind sich alle Parteien einig, dass die Grundsteuerreform aufkommensneutral erfolgen soll, d. h. die Steuereinnahmen sollten nicht steigen. Wenn also die Bemessungsgrundlage der Steuer erhöht wird, müssen folglich auch die Hebesätze der Kommunen, die über den tatsächlichen Steuersatz entscheiden, angepasst werden. Es gibt also keinen Automatismus für höhere Steuern.

Allerdings gibt es in diesem Zusammenhang einen bedenkswerten Aspekt. Aus theoretischer Sicht ist die Bodenwertsteuer schließlich aus einem anderen Grund anderen Formen der Grundsteuer überlegen, denn sie entspricht nahezu der Idee der Äquivalenz. Auch Steuern müssen sich rechtfertigen lassen und ein Ansatz zur Erklärung einer Steuer ist der Äquivalenzgedanke, das heißt die Steuerzahlung stellt einen Gegenwert für die staatliche Leistung dar.

Der Bodenwert wird maßgeblich durch kommunale Leistungen geprägt. Gute Verkehrsanbindungen, gute Schulen und insgesamt eine gute Infrastruktur locken Unternehmen und Menschen an, woraufhin die Preise für Grund und Boden steigen. Trifft die Stadt dagegen Fehlentscheidungen, steigt die Kriminalität an oder aber die Qualität der Schulen sinkt, fallen auch die Bodenpreise, weil mehr Menschen wegziehen. Setzt die Steuer nun am Boden an, partizipiert die Stadt unmittelbar an ihren Leistungen, womit die Steuer nah am Äquivalenzgedanken liegt. Allerdings bedeutet dies bei steigenden Bodenwerten eben auch, dass die Bodenwertsteuer kontinuierlich steigt. Da außerdem die lokalen Bodenrichtwerte, je nach Zahl der Transaktionen, auch in kurzer Zeit stark steigen können, fürchten viele Haushalte und auch Politiker eine schnell ausufernde Besteuerung. Doch auch dies ist regelbar. So könnte man etwa Bodenrichtwerte stärker zusammenfassen und die jeweilige Kommune in Bodenrichtwertzonen einteilen, etwa von Zone 1 (einfache Lage) bis Zone 5 (sehr gute Lage). Durch diese Zusammenfassung von Bodenrichtwerten können sprunghafte Belastungsverschiebungen vermieden werden. Werden die durchschnittlichen Bodenrichtwerte dieser Zonen darüber hinaus nur etwa alle drei bis fünf Jahre für die Steuer erhoben, könnte auch die kontinuierliche Steuererhöhung vermieden werden. Die Stadt könnte dann jeweils auch entscheiden, ob sie die Hebesätze konstant lässt oder aber senkt. Hierbei ist zu berücksichtigen, dass auch heute schon die Grundsteuer trotz konstanter Bemessungsgrundlage steigt, schlichtweg weil die Kommunen ihre Hebsätze erhöhen.

Wichtig ist in diesem Kontext, dass die Bodenwertsteuer ebenso wie die Grundsteuer von den Mietern über die Nebekostenabrechnung bezahlt wird. Schließlich stellt die Steuer ein Nutzungsentgelt für die Verwendung des Bodens dar. Außerdem sichert die Zahlung der Steuer durch alle

Nutzer (Selbstnutzer und Mieter), dass der Widerstand gegen Steuererhöhungen hoch bleibt, die Kommunen also nicht einfach die Steuer immer weiter erhöhen können, weil sie nur von einer Minderheit bezahlt wird. Theoretisch können Eigentümer zwar die Steuer über die Miete auf die Mieter überwälzen, aber die Mietpreisregulierungen setzen hier enge Grenzen. Allerdings ist auch zu beachten, dass die Grundsteuer in Deutschland sehr niedrig ist und es sinnvoll wäre die Steuer moderat zu erhöhen, wenn damit andere Belastungen reduziert oder entfallen könnten (vgl. Abschn. 5.5). Nichtsdestotrotz würden gerade Mieter von der Bodenwertsteuer profitieren, denn bei Mehrfamilienhäusern verteilt sich die Steuerlast auf deutlich mehr Haushalte als bei einem Einfamilienhaus. Und wer eben sein Grundstück nicht bebaut oder sich ein Einfamilienhaus in guter Lage leistet, muss eben genauso viele Steuern zahlen wie andere, die das Grundstück mit einem Hochhaus bebauen, weil das Grundstück weniger intensiv genutzt wird. Das Potenzial für Erträge wäre aber vorhanden, nur entscheidet sich der Eigentümer für eine andere Nutzung.

> Die Bodenwertsteuer wäre daher eine wichtige Steuer, um Bauland zu mobilisieren und damit einen wichtigen Engpass im Wohnungsmarkt zu überwinden.

Alternativ werden zur Bodenwertsteuer Modelle diskutiert, die auf eine Flächenbesteuerung hinauslaufen. Dann spielt der Wert der Grundstücke keine Rolle mehr, sondern es wird nur entsprechend der Grundstücksgröße und der Größe der Aufbauten besteuert. Damit wäre die Steuerbemessungsgrundlage fixiert, doch es gäbe keinen Anreiz, Grundstücke intensiv zu nutzen. Hinzu kommt, dass Haushalte in Randlagen stärker belastet werden würden als solche im Zentrum, da Haushalte in Randlagen typischerweise größere Wohnungen und Grundstücke wählen, da die Preise eben niedriger sind. Damit würde die Steuer die Nachfrage zusätzlich in die bereits angespannten Zentren lenken. Es bleibt spannend, wie die Grundsteuer tatsächlich ausgestaltet wird.

5.2 Städte müssen auch nach oben wachsen

Wer einmal deutsche Großstädte mit internationalen Metropolen aus der Luft vergleicht, dem fällt eines mit Sicherheit auf: In deutschen Großstädten gibt es kaum Wolkenkratzer. Frankfurt ist dabei eine Ausnahme, doch auch in der Mainmetropole gibt es fast nur Bürotürme, aber keine vergleichbar hohen Wohnhochhäuser.

Bei beschränktem Platzangebot ist der Weg nach oben die natürliche Alternative. Städte wie Singapur oder New York wären ohne ihre Skyline kaum denkbar, schließlich ist der Grund und Boden knapp. Ein Ausdruck dieser Knappheit sind hohe Bodenpreise, die es wiederum attraktiver machen, in die Höhe zu gehen. Trotz steigender Bodenpreise werden in Deutschland jedoch kaum Hochhäuser gebaut.

Gerade Wohnhochhäuser haben in Deutschland einen schlechten Ruf. In den 1970er-Jahren wurden viele Wohnhochhochhäuser mit zehn oder mehr Etagen gebaut, als es eine starke Zuwanderung gab und einen großen Wohnungsmangel. Dabei wurden jedoch viele Fehler gemacht. So wurden Hochhäuser etwa ins Zentrum gebaut, wo sie nicht hinpassten. In meiner Heimatstadt Monheim steht ein Wohnhochhaus mitten in der Fußgängerzone, das dort architektonisch überhaupt nicht passt. Noch häufiger wurden aber Wohnhochhäuser an den Rand der Stadt gebaut, ohne einen vernünftigen Anschluss an den ÖPNV und ohne eine eigene Infrastruktur. So entstanden Problemviertel, mit denen sich die Städte noch heute plagen.

Auch die Trabantenstädte in der ehemaligen DDR mit ihren Plattenbauten haben das Image der Wohnhochhäuser in Deutschland ruiniert. Heute gelten gerade die Plattenbauten als trostloses Mahnmal der DDR Wohnungspolitik, wobei es aber doch eine überraschend große Zahl von Menschen gibt, die diese Wohnungen immer noch gerne bewohnen. Bis vor einigen Jahren wurde auch noch intensiv über den Abriss von Wohnhochhäuser diskutiert, sowohl in Ost als auch in West, erst mit dem aufkommenden Wohnungsmangel endeten diese Pläne, zumindest in den Großstädten.

In der Tat wurden in der Vergangenheit viele Fehler gemacht. Dennoch sollte man die Möglichkeiten des Wohnens in der Höhe nicht ignorieren. Es gibt inzwischen vielfältige Ideen, wie so etwas umgesetzt werden könnte. In Köln könnten mehrere Wolkenkratzer mit Wohnungen am Rhein entstehen, jeweils an den Enden der Stadt. Dort würde es keine Verschattungsprobleme geben und eine Anbindung an die Stadt wäre dennoch gewährleistet. Auch in vielen anderen Städten wären solche Lösungen denkbar. Werden solche Komplexe an der richtigen Stelle errichtet, können viele Wohnungen entstehen, die unterschiedliche Gruppen bedienen. Moderne Wohnhochhäuser bieten Luxusappartements in den oberen Etagen und günstigere Wohnungen unten. So wäre auch eine soziale Mischung gewährleistet. Darüber hinaus können solche Wolkenkratzer das Stadtbild bereichern, wie das Beispiel New York beweist.

Wohnhochhäuser können eine wichtige Ergänzung darstellen, den Wohnungsmangel auflösen können sie allerdings nicht. Zum einen, weil zu viele Wolkenkratzer dem Stadtbild mehr schaden als nutzen können und zum anderen, weil die Kosten solcher Gebäude sehr hoch sind.

Insbesondere ab der 9. Etage steigen die Kosten deutlich, weil zusätzliche Brandschutzvorkehrungen zu treffen sind, zum Beispiel abgetrennte Fluchttreppenhäuser.

Es wäre jedoch auch schon viel gewonnen, wenn bei anderen Mehrfamilienhäusern zusätzliche Etagen geplant werden. In den seltensten Fällen wird bis an die Hochhausgrenze von 22 m gebaut. Vielfach haben Mehrfamilienhäuser nur drei bis fünf Etagen. Gelingt es die Etagenzahl um durchschnittlich zwei zu erhöhen, könnten im Neubau bei Mehrfamilienhäusern rund 40 % mehr Wohnungen entstehen.

Wie groß das Potenzial in der Höhe ist, zeigt auch eine Studie des Pestel-Instituts. Untersucht wurde dabei, wie viele Wohnungen durch den Dachgeschossausbau bei Mehrfamilienhäusern gewonnen werden können. Insgesamt wurden 580.000 Mehrfamilienhäuser aus den 1950er- bis 1980er-Jahren in angespannten Wohnungsmärkten identifiziert, die für zusätzliche Ausbauten im Dachgeschoss infrage kommen. In diesen Mehrfamilienhäusern könnten 1,1 Mio. Wohnungen entstehen. Allein in Berlin sind es etwa 55.000, in Hamburg etwa 64.000 Wohnungen. Für diesen Wohnraum müsste kein zusätzliches Bauland ausgewiesen werden und die Baukosten würden deutlich unter dem bei vergleichbaren Neubauten liegen. Auch Dächer von Supermärkten oder anderen Gewerbeobjekten bieten sich tendenziell für Aufbauten an, in denen Wohnräume entstehen könnten. Erste Supermarktketten versuchen mittlerweile, dieses Potenzial zu nutzen.

Das Problem sind aber oft die Genehmigungen. Sowohl die Genehmigung von Wohnhochhäusern als auch von Aufstockungen ist schwierig und langwierig. Dies liegt am fehlenden Personal in den Ämtern (Abschn. 5.4), aber auch an den hohen Standards, die etwa an den Brandschutz gelegt werden. Insbesondere Vorhaben zum Dachgeschossausbau, auch in Einfamilienhäusern, sind schon oft an der

Feuerwehr gescheitert. Letztlich geht es um die Abwägung zwischen neuem Wohnraum und der Sicherheit. Natürlich ist Sicherheit ein hohes Gut, aber angesichts der Seltenheit eines Brandes und andererseits des akuten Bedarfes an Wohnraum sollten die Baugenehmigungen nicht nur anhand von Sicherheitserwägungen fallen. Auch an anderen Stellen wägen wir als Gesellschaft beispielsweise ab: So zeigt die Verkehrsforschung mittlerweile deutlich, dass Kreisverkehre Ampeln überlegen sind. Trotzdem werden Ampeln nur langsam ersetzt, weil die öffentlichen Mittel begrenzt sind. Entsprechend sollte man auch im privaten Bereich erlauben, dass nicht immer die höchste Sicherheit, sondern eben nur eine mittlere Sicherheit erreichbar ist. Dies gilt auch mit Blick auf kulturelle Aspekte. Natürlich sollten Kölner Dom oder Marienkirche nicht direkt verbaut werden. Andererseits ist die Forderung, dass diese Kirchen von überall direkt einsehbar sind, eine sehr starke Restriktion. Hier muss es immer auch darum gehen, die Interessen in einem vernünftigen Maße abzuwägen.

> Eine höhere Bebauung und intensivere Nutzung bestehender Gebäude bietet große Chancen, um den Wohnungsmangel zu mindern. Die Erfahrungen internationaler Metropolen zeigen, welche Potenziale eine höhere Bebauung bietet.

5.3 Die Großstädte brauchen neue Stadtviertel

Der Blick aus der Luft auf die deutschen Großstädte zeigt nicht nur den Mangel an Wolkenkratzern, sondern vor allem den großen Freiraum rund um die Städte. Überall sind Felder, Wiesen, Wald und auch dünn besiedelte Orte. Dies gilt für München ebenso wie für Köln oder Hamburg.

Neue Stadtviertel (Video mit Springer Nature More Media App ansehen.)

Die Stadtplanung hat sich lange Zeit auf das Thema Nachverdichtung konzentriert. Dies bedeutet, dass vor allem innerhalb der Stadtgrenzen neue Flächen entstehen sollen, die eine gute Anbindung an das Zentrum besitzen und die an die vorhandene Infrastruktur angebunden sind. Dies ist auch grundsätzlich richtig. Alte Güterbahnhöfe, nicht mehr gebrauchte Marktplätze, brachliegende Industriestandorte oder auch kaum genutzte Schrebergärten bieten sich an, um Wohnungsbau innerhalb der Stadtgrenzen zu ermöglichen. Allerdings gibt es zwei gravierende Probleme. Erstens gibt es nicht mehr so viele große Flächen, die genutzt werden können. Teilweise ist es auch für die Stadt nicht leicht, an diese Flächen zu kommen und die Eigentümer zum Verkauf zu überreden, teilweise sind die Flächen belastet oder es müssen kostspielige Abrissarbeiten durchgeführt werden. Zweitens, und dies ist gravierender, rufen größere Bauvorhaben oft Bürgerproteste hervor. Dies ist ein ernst zu nehmendes Thema, das bereits an anderer Stelle thematisiert wurde (Abschn. 4.1). Sicherlich ist es möglich, Bürger zu überzeugen. Oft fehlt es schlicht an politischem

Engagement für Bauprojekte, sprich Bürgermeister und Kommunalpolitiker müssen die Bürger von der Notwendigkeit und der Bedeutung der Bauvorhaben überzeugen. Dies sollten sie nicht allein der Verwaltung oder den Investoren überlassen. Doch der „Kampf" um Grundstücke ist zeitaufwendig und langwierig, und die Resultate im Hinblick auf den großen Baubedarf eher gering. Allein in Berlin wurden zwischen 2010 und 2016 über 60.000 Wohnungen zu wenig gebaut, in Städten wie München, Köln oder Hamburg sind es ebenfalls deutlich mehr als 10.000 Wohnungen. Ganze Kleinstädte müssen gebaut werden, und der Bedarf steigt noch weiter. Nachverdichtungen und höhere Bebauungen alleine werden daher nicht ausreichen, um den Wohnungsmangel zu überwinden. Benötigt werden daher eher neue Stadtviertel oder aber Entlastungsstädte.

Insbesondere Hamburg, Berlin und vor allem München brauchen neue Stadtviertel, aber auch Köln, Frankfurt oder Düsseldorf müssen wachsen. In allen diesen Städten ist die Bevölkerung stark gewachsen und alle Prognosen gehen von weiteren Zuwächsen bis mindestens 2030 aus. In Stuttgart wäre auch ein neues Stadtviertel wünschenswert, aber aufgrund der Kessellage ist dies schwierig. Hier wäre an eine Entlastungsstadt zu denken, die gut an Stuttgart angebunden ist und somit eine attraktive Wohnortalternative bietet.

In München ist der Wohnungsmarkt besonders angespannt, die Wohnungsknappheit hat schon längst auf die Umlandgemeinden ausgestrahlt. Mittlerweile liegt das Preisniveau im Landkreis Erding oder im Landkreis Miesbach bereits über dem Niveau von Frankfurt oder Düsseldorf. Auf der anderen Seite wundert man sich, wie wenig bebaut der Großraum München eigentlich ist. Gerade wenn man mit der S-Bahn vom Flughafen in die Stadt fährt, entdeckt man noch große Flächen, die über die S-Bahn auch gut an die Stadt angebunden sind. Sicherlich wäre es möglich, 10.000 Wohnungen oder mehr in der Nähe einer der S-Bahn Haltestellen zu bauen. Damit könnte der Münchener Wohnungsmarkt auf einen Schlag stark entlastet werden. Dass eine solche Lösung nicht zustande kommt, ebenso wie die Erweiterung von anderen Städten wie Köln oder Frankfurt um neue Stadtviertel, liegt vor allem an den föderalen Strukturen.

Um ein neues Stadtviertel zu bauen, braucht eine Stadt Flächen. Diese Flächen liegen aber in Umlandgemeinden, d. h. die Flächen müssten zunächst eingemeindet werden – hier ist der Widerstand aber groß, denn keine Gemeinde verzichtet freiwillig auf Flächen. Für die Umlandgemeinden sind die eigene Ausweisung von Bauland und die Anregung von Bauvorhaben im großen Stil hingegen unattraktiv. Würde man rund 10.000 Wohnungen zwischen Münchener Flughafen und Stadt bauen, entstünde eine eigene Kleinstadt, die ihrerseits auch Infrastruktur braucht. Schließlich bräuchte es eine neue Schulen, Kindergärten, Straßen, Energieleitungen, Abwassersysteme und vieles mehr. Zwar erzielt eine Gemeinde über die Ansiedlung neuer Bürger auch Einnahmen, aber in vielen Fällen sind die Kosten höher als die Erträge. Hinzu kommt der mögliche Widerstand der Bürger, die eine solch gravierende Veränderung ihrer Gemeinde fürchten. Und die Politik fürchtet zum Teil auch andere politische Einstellungen der zuziehenden „Städter". Grund genug also für viele Bürgermeister, solche Ideen weit wegzuschieben.

Dass es auch anders gehen kann, zeigen unsere niederländischen Nachbarn. Bereits in den 1970er-Jahren wurde dort die Entlastungsstadt Almere geplant, die nahe Amsterdam liegt. Diese Stadt, die auf einem trockengelegten Süßwassersee gebaut wurde, zählt heute bereits über 200.000 Einwohner und ist die siebtgrößte Stadt der Niederlande. Da auch in den Niederlanden die Städte weiterwachsen, vor allem Amsterdam und Rotterdam, und auch dort die Preise rasant steigen, werden weitere Großprojekte geplant. Ein Beispiel hierfür ist eine Entlastungsstadt auf dem alten Flughafengelände Valkenburg, etwa in der Mitte zwischen Amsterdam und Rotterdam. Dort solleen bald rund 5000 Wohnungen entstehen, zusätzlich auch Gewerbegebiete und Freizeit- und Einkaufsmöglichkeiten. Darüber hinaus soll es auch eine Bahnverbindung zu den Metropolen Amsterdam und Rotterdam geben, ebenso wie eine Schnellstraße für E-Bikes. Der ehemalige Flughafen Valkenburg soll nicht die einzige Entlastungsstadt bleiben. Insgesamt erwarten die Niederländer einen Bevölkerungszuwachs um rund eine Million Menschen bis 2035 und dafür werden Vorbereitungen getroffen.

Warum sind solche Projekte in den Niederlanden möglich, aber nicht bei uns? Ein wesentlicher Grund sind die Regierungsstrukturen. Stadtplanung ist in Deutschland in den Händen der Kommunen, zentrale Planungen sind eher die Ausnahme. Dies ist in Ländern wie den Niederlanden oder Großbritannien anders. Dort werden Flächenausweisungen zentral geplant. Das muss nicht immer ein Vorteil sein, aber um große Aufgaben zu lösen, ist es hilfreich, über Gemeindegrenze hinweg zu denken. Die regionale Planung sollte also verstärkt, zumindest aber sollten die Verhandlungen zwischen Umlandgemeinden von Vertretern der Bundesländer moderiert werden. Darüber hinaus bedarf es einer vernünftigen Aufteilung der Kosten. Gerade bei solchen Großprojekten bedarf es einer Unterstützung durch das Bundesland. Schließlich entlastet eine neue Stadt oder ein Stadtviertel nicht nur eine einzelne Stadt, sondern oft eine ganze Region. Eine Aufteilung der Kosten, wie dies über das Bundesland möglich wäre, erscheint daher angemessen.

Entscheidend für solche Vorhaben sind weniger die konkreten Instrumente, sondern eher die Vision und der Mut, größer zu denken. Es entsteht mitunter der Eindruck, dass Stadtplaner und Politiker nicht den Mut haben, solche großen Wohnprojekte anzugehen. Vielleicht braucht es noch etwas, bis die Erkenntnis reift, dass sich die demografische Lage in Deutschland wirklich geändert hat und gerade die Metropolen noch viele Jahre weiter wachsen werden. Vielleicht sind es aber auch die Erfahrungen der 1960er- und 1970er-Jahre, als man zahlreiche große Reihenhaussiedlungen gebaut hat, die heute nun wenig attraktiv sind. Doch von diesen Erfahrungen kann man lernen, und auch die Erfahrungen anderer Länder, wie den Niederlanden oder Österreich, können helfen. In Wien etwa sollen in den nächsten Jahren sechs neue Stadtquartiere entstehen, die Wohnraum für 20.000 Menschen bieten sollen. Diese neuen Wohnquartiere sollen sowohl durch Grünanlagen als auch durch Gewerbegebiete ergänzt werden. Sogar ein Wolkenkratzer mit einer Höhe von 100 m (aus Holz!) ist geplant.

Auf solchen Erfahrungen und Beispielen lässt sich aufbauen. Dabei ist auch zu bedenken, dass neue große Wohngebiete viele Chancen bieten. Neben der preislichen Entlastung bieten sie auch die Möglichkeit, die soziale Mischung zu bereichern. In neuen Wohngebieten können Wohnungen für Flüchtlinge neben Studenten-Appartements und Reihenhäusern für Familien entstehen. Durch eine kluge Verkehrsplanung können Belastungen durch Autos vermieden werden, wie dies in Wien in der Seestadt Aspern bereits umgesetzt ist. Dort gelang es, die Bahnverbindung direkt parallel zum Wohnunsbau zu errichten. Es können zudem Parks und andere Gemeinschaftsorte berücksichtigt werden, die ein Zusammenleben verschiedenster Gruppen erleichtern.

> Es bedarf des Muts und der Kreativität, um neue Stadtviertel entstehen zu lassen. Die Rahmenbedingungen für solche Großprojekte sind jedenfalls besser denn je, denn die geringen Zinsen und ebenso das große Investoreninteresse an Immobilien – und Infrastruktur – erleichtern die Finanzierung ungemein.

Erste Fortschritte sind auch in Deutschland bereits erkennbar, aber sie reichen nicht aus. Hamburg plant etwa neue Siedlungen auf bisher überwiegend landwirtschaftlich geprägten Flächen. In Oberbillwerder könnten einmal rund 5000 Wohnungen entstehen, in Billstedt-Öjendorf und in Fischbek noch einmal 2000 Wohnungen. Auch Berlin plant mit der Elisabeth-Aue im Norden von Berlin-Pankow einen neuen Stadtteil mit 5000 Wohnungen, auch wenn die Pläne von der neuen Landesregierung zunächst auf Eis gelegt worden sind. Hier zeigt sich aber auch, dass die Stadtstaaten als Bundesländer deutliche Planungsvorteile haben. Aber auch Freiburg gründet ein neues Stadtviertel, in Dietenbach soll Wohnraum für 11.500 Einwohner entstehen. Das Problem dieser Vorhaben ist nur, dass wahrscheinlich erst in den 2020er-Jahren gebaut wird. Planung dauert in Deutschland eben besonders lange.

5.4 Die Verwaltung muss schneller werden

Ein leitender Angestellter eines niederländischen Projektentwicklers hat mir einmal erzählt, dass in den Niederlanden bei Bauanträgen Folgendes gilt: Wenn man nach sechs Wochen nichts vom Amt gehört hat, darf man mit dem Bauen beginnen. Ich erzähle dies gerne in meinen Vorträgen, und meistens lachen die Zuhörer. Dies ist erstaunlich, denn eigentlich klingt dies nach einer vernünftigen Regel, die dem Bauen einen Vorrang einräumt. Doch das Lachen ist vor allem Ausdruck der Tatsache, dass die Realität in Deutschland ganz anders aussieht.

Nach einer Studie des Instituts für Wirtschaftspolitik an der Universität Köln beträgt die durchschnittliche Bearbeitungszeit für einen Bauantrag in Nordrhein-Westfalen 184 Tage. Dabei wurden von den Kollegen der Universität Köln nur solche Anträge ausgewertet, für die ein vereinfachtes Genehmigungsverfahren möglich ist, weil ein qualifizierter Bebauungsplan vorliegt. Solche vereinfachten Verfahren sind etwa möglich, wenn Grundstücke bereits erschlossen sind und einfache Vorhaben wie Reihenhäuser oder ein kleines Mehrfamilienhaus gebaut werden sollen. Für solche Verfahren gilt übrigens auch in NRW eine Normbearbeitungszeit von 6 Wochen. Tatsächlich wird dies in weniger als 5 % der Fälle eingehalten. 80 % der Fälle dauern länger als 12 Wochen, 20 % der Fälle länger als 9 Monate. Ausgehend von diesen Werten ist es leicht vorstellbar, dass komplexere Verfahren, wenn etwa noch kein Bebauungsplan vorliegt oder wenn größere und aufwendigere Mehrfamilienhäuser gebaut werden sollen, die Bearbeitungszeit deutlich verlängern.

Die langen Baugenehmigungszeiten verschärfen den Wohnungsmangel in den Großstädten. Dauert es länger, bis Bauvorhaben genehmigt werden, dauert es folgerichtig länger, bis Neubauten vermietet oder verkauft werden können. Hinzu kommt, dass die Preise weiter steigen, denn das Warten auf Genehmigungen sowie die Abstimmungen mit den Bauämtern kosten die Projektentwickler ebenso Zeit und damit Geld. Schließlich arbeiten die Unternehmen mit Zwischenfinanzierungen und müssen ihre Mitarbeiter auch dann bezahlen, wenn sie auf Entscheidungen warten müssen. Alle diese Kosten werden letztlich auf die Käufer der Neubauten übertragen.

Ein wesentlicher Grund für die immer längeren Genehmigungsverfahren ist die personelle Ausstattung der Bauämter. Dort gibt es einen festen Stamm an Mitarbeitern, der weitestgehend unabhängig von der Entwicklung im Markt ist. Wenn nun also der Immobilienmarkt boomt und mehr Anträge gestellt werden, bleibt die Zahl der Sachbearbeiter gleich, wodurch sich die Bearbeitungszeit verlängert. Oft ist die Situation jedoch noch kritischer, denn gerade in den 2000er-Jahren wurden die Kapazitäten teilweise deutlich zurückgefahren, viele Stellen wurden aus Kostengründen nicht mehr besetzt und fehlen nun besonders. Gerade für die Prüfung von Bauanträgen werden gut ausgebildete Ingenieure gebraucht, die aber in vielen Kommunen kaum noch vorhanden sind. Einige Städte, wie Köln oder Berlin, versuchen gegenzusteuern und wieder mehr Personal einzustellen. Ob dies gelingt, ist noch unklar. Denn es wurden in den letzten Jahren nicht nur viele Stellen nicht besetzt, sondern es steht auch eine große Pensionierungswelle an. 27 % der Bauingenieure im Staatsdienst sind älter als 55 Jahre. Angesichts der starken Baukonjunktur und der oftmals besseren Bezahlung in der Privatwirtschaft wird es schwer genug, einen weiteren Personalrückgang zu verhindern, ein Personalaufbau wird daher umso schwieriger sein. Selbst wenn neue Mitarbeiter eingestellt werden, wird es Jahre dauern, bis sich die Lage entspannt. Die Erfahrungen zeigen, dass die Einarbeitungszeit eines neuen Mitarbeiters im Bauamt etwa drei Jahre beträgt. Schließlich ist die Materie komplex, es müssen zahlreiche Vorschriften gelernt und ihre Auslegung durch Gerichte muss verstanden werden.

Ein anderes Problem werden Viele bestätigen können, die mit dem Bauamt zu tun haben. Die Mitarbeiter sind zwar meist freundlich und hilfsbereit, die grundsätzliche Haltung gegenüber Neubauprojekten ist jedoch eher ablehnend. Mit großer Akribie werden Fehler gesucht und Probleme identifiziert, die so manchen Bauherren abschrecken und zermürben. Die Fehlervermeidung ist das oberste Ziel der meisten Ämter, Schnelligkeit und Serviceorientierung müssen dahinter zurückstehen. Aus Sicht der Mitarbeiter ist dies verständlich. Jeder Fehler fällt auf sie zurück, während sie nicht von zusätzlichen Bauten profitieren. Aus Sicht des Immobilienmarktes wirkt dies wie eine Bremse für den Neubau und ist oftmals mit Zusatzkosten verbunden.

So berichten zahlreiche Projektentwickler davon, dass von ihnen immer mehr Gutachten eingefordert werden, etwa zum Schallschutz oder zu Umweltaspekten. Dafür entstehen direkte Kosten und es kostet Zeit, bis die Gutachten erstellt sind.

Selbstverständlich geht es nicht darum, dies komplett umzukrempeln. Es ist Hoheitsaufgabe der Bauämter, die Einhaltung der Standards und Auflagen zu prüfen. Aber genauso sollten sich die Bauämter als Dienstleister der Bauwirtschaft verstehen, die den Bauprozess begleiten und damit zu mehr Bautätigkeit beitragen. Anstatt sich wie ein Gegenspieler der Bauwirtschaft zu verhalten, könnten Ämter sich eher als Partner verstehen. Hilfreich wäre es zudem, Serviceziele zu setzen, die in die Bewertung der Mitarbeiter einfließen.

Die Idee aus den Niederlanden, nach sechs Wochen mit dem Bauen zu beginnen, sofern man vom Bauamt nichts hört, fußt gerade auf diesen Gedanken. Denn damit wird gesagt, dass grundsätzlich gebaut werden darf, es sei denn, es gibt Einwände. In Deutschland dagegen ist der Grundsatz ein anderer: Es darf grundsätzlich nicht gebaut werden, es sein denn, alle Vorschriften und Auflagen werden eingehalten. Das ist ein ganz wesentlicher Unterschied.

Um diese Haltung zu ändern, bedarf es größerer Anreize. Explizite Serviceziele können hier weiterhelfen, ebenso wie Mitarbeiter, die Praxiserfahrung haben. Vor allem aber braucht die kommunale Verwaltung ein deutliches Signal der Bürgermeister, dass der Bau unterstützt werden muss. Wohnungsbau muss wieder Chefsache sein, so wird es vielfach geäußert. Und dies stimmt auch. Nur wenn sich die Bürgermeister intern für den Wohnungsbau stark machen und nicht nur Fehler sanktionieren, sondern auch zu lange Genehmigungszeiten und zu viele Ablehnungen rügen, dürfte sich etwas ändern.

Ist die Baugenehmigung schließlich erteilt, ist die Privatwirtschaft am Zug und sollte zügig mit dem Bau beginnen. Tatsächlich dauert es vielfach jedoch lange, bis endlich mit dem Neubau begonnen wird. Viele Akteure im Baumarkt betrachten Baugenehmigungen – leider – als Geldanlage. Sie versuchen, die Baugenehmigung mit dem dazugehörigen Bauland mit großem Gewinn an Projektentwickler zu verkaufen. Aufgrund der gestiegenen Baulandpreise wissen sie, dass sich das Warten lohnt. Schließlich liegen die Wertzuwächse teilweise bei deutlich mehr als 10 % pro Jahr. Gerade in Berlin ist dies ein großes Thema, dort ist der Unterschied zwischen Baugenehmigungen und Bautätigkeit besonders groß. Im Durchschnitt der Jahre 2000 bis 2014 sind es gut 25 %, allein 2015 beträgt der Unterschied zwischen Baugenehmigungen und Baufertigstellungen mehr als 10.000 Wohnungen, 2016 waren es nur unwesentlich weniger.

Die Spekulation mit Baugenehmigungen könnte dabei recht einfach reduziert werden: Die Dauer der Baugenehmigung müsste zeitlich stärker befristet werden, zum Beispiel auf zwei oder sogar ein Jahr. Wird innerhalb des Jahres nicht mit dem Bau begonnen, verfällt die Baugenehmigung und muss neu beantragt werden. Dies würde es deutlich schwerer machen, Baugenehmigungen nur deswegen zu beantragen, um sie teuer weiter zu verkaufen. Die Spekulation mit Baugenehmigungen würde schnell erlahmen und die Zahl der Baugenehmigungen und der Bautätigkeit würden sich wieder angleichen.

> Angesichts des großen Baubedarfs darf keine Zeit vergeudet werden. Bauen muss schneller möglich sein und Genehmigungen müssen schneller umgesetzt werden. Durch die Setzung der richtigen Anreize und durch ein größeres politisches Engagement lassen sich diese Ziele relativ leicht und vor allem ohne große Kosten durchsetzen.

5.5 Überprüfung von Standards im Bau

Bauen ist teuer geworden. Maßgeblich hierfür sind nicht einmal die gestiegenen Arbeitskosten oder Materialkosten, sondern vor allem die Standards (Abschn. 4.2). Gerade die energetischen Standards sind stark gestiegen und haben die Neubaupreise deutlich erhöht. Die dadurch möglichen Energieeinsparungen reichen bei der in den letzten Jahren moderaten Energiepreisentwicklung aber nicht aus, diese Kosten zu kompensieren. Hierdurch wird der Neubau im Vergleich zu Altbauten unattraktiver, was sich letztlich auch auf die Bautätigkeit auswirkt. Auch die sonstigen Anforderungen sind gestiegen. Zu nennen ist etwa der Brandschutz, der deutlich verschärft worden ist, sowie der Schallschutz. Schätzungen zufolge ist der Wohnungsbau um rund 200 EUR/m^2 durch gestiegene technische Anforderungen seit 2000 teurer geworden. Bei einer Wohnung von 100 m^2 sind dies bereits 20.000 EUR. Insgesamt sind die Baukosten je Wohnung seit 2007 um 33 % gestiegen, eine 100 Quadratmeter Wohnung kostet damit im Jahr 2017 50.000 EUR mehr als noch vor 10 Jahren.

Die gestiegenen Kosten sind das eine. Aber es gibt noch eine andere Beobachtung, die auf eine sehr überspitzte Weise ein leitender Angestellter eines großen Facility Management-Unternehmens in einem persönlichen Gespräch zusammengefasst hat: „High Tech – Low Tech – Bau Tech".

Tatsächlich erscheint der Wohnungsbau als wenig innovativ und kreativ. Fast immer werden die gleichen Materialien verwendet, die Zuschnitte ähneln sich und die Gebäude unterscheiden sich kaum. Natürlich, es gibt auch Leuchtturmprojekte, aber in der Breite sind Unterschiede kaum erkennbar.

Beides gehört natürlich zusammen. Der Wohnungsbau gehört zu den am strengsten regulierten Produkten überhaupt. Über die Landesbauordnungen wird sehr genau festgelegt, wie gebaut werden muss und welche Anforderungen erfüllt werden müssen, über die Energiesparverordnung (ENEV) werden sehr genau die energetischen Anforderungen definiert, zum Beispiel im Hinblick auf die Dämmung. Solche detaillierten Vorgaben ermöglichen natürlich die Erreichung der gesetzten Ziele, mindern aber die Kreativität und auch die Kosteneinsparpotenziale. Aus der Umweltökonomie ist bekannt, dass Verbote und Auflagen zwar effektive Instrumente darstellen, sie aber eben innovative Lösungen behindern und mit deutlich höheren Kosten verbunden sind.

Dass es auch anders gehen kann, wurde gerade durch die starke Flüchtlingszuwanderung deutlich. Auf einmal wurden im großen Umfang Wohnungen gebraucht, und man musste schnell handeln. Auf vielen Kongressen und Tagungen wurden daraufhin Konzepte für einfache Wohnungen und Unterkünfte dargestellt. Dabei wurden etwa Wohnungen auf Leichtbeton-Basis vorgeschlagen, die darüber hinaus flexibel aufgeteilt werden konnten und so sowohl mehreren Singles als auch einer Familie dienen können. Auch mit Holz lassen sich komfortable und preisgünstige Wohnungen schaffen, auch kurzfristig. Zumeist endeten die Vorträge mit dem Hinweis, dass zwar hohe Standards, aber etwa bestimmte Anforderungen der ENEV nicht erreicht werden oder dass spezifische DIN-Normen nicht erfüllt werden können.

Für Ökonomen ist es schwierig, technische Entwicklungen, erreichbare Energiestandards oder Fragen des Brandschutzes zu diskutieren. Hier sind Spezialisten mit einem technischen Hintergrund gefragt. Ökonomen kennen sich aber gut mit Anreizen aus. Anreize bestimmen unser

Verhalten und unsere Motivation. Mitarbeiter, denen genau gesagt wird, wie sie eine Arbeit erledigen müssen und denen Abzüge bei einer Zuwiderhandlung drohen, werden dies auch umsetzen. Man kann aber kaum erwarten, dass sie diese Aufgaben besonders schnell erfüllen werden oder aber Ideen einbringen, wie etwas besser gelöst werden kann. Je restriktiver der Rahmen ist, desto eher wird ein Dienst nach Vorschrift durchgeführt. Gibt man den Mitarbeitern hingegen nur Ziele vor und beteiligt sie auch am Erfolg, ist die Motivation deutlich höher, nach besseren Wegen zu suchen und effizienter zu arbeiten.

Dies gilt auch für Unternehmen. Statt den Wohnungsbau bis in die Details zu regulieren, sollten eher Ziele vorgegeben werden. Gerade bei den Energiestandards bietet sich dies an. Statt Vorgaben über die Dämmung oder die Heiztechnik zu machen, sollte besser ein Ziel für den Energieverbrauch und den Kohlendioxid-Ausstoß vorgegeben werden. Wie diese Ziele erreicht werden, sollte dann den Unternehmen überlassen werden. Dies würde einen Innovationswettbewerb in Gang setzen, der auch zu einer Kostenreduktion beitragen würde.

Ein Problem ist dabei freilich, dass der Energieverbrauch der Gebäude in Deutschland immer noch nicht einheitlich erfasst wird. Es gibt auf der einen Seite den Verbrauchsausweis, der den Energieverbrauch anhand des Energiekonsums der Mieter oder Selbstnutzer bestimmt. Dies ist fehleranfällig, da der Verbrauch sehr stark von den Lebensgewohnheiten abhängt. Wohnungen, die von Studenten-WGs genutzt werden, haben oft einen sehr niedrigen Verbrauch, weil die Studenten zum Beispiel am Wochenende nach Hause fahren. Wird die gleiche Wohnung hingegen von einer Familie bewohnt, ist der Verbrauch deutlich höher. Der Bedarfsausweis stellt hingegen auf den theoretischen Verbrauch ab, der sich aufgrund der Gebäudequalität ergibt. Doch auch hier gibt es große Unterschiede, je nach verwendeter Software und Berechnungsmethode. Dass es in einem Land mit so großer Ingenieurkunst wie Deutschland keinen einheitlichen Energieausweis gibt, ist kaum zu verstehen. Natürlich haben Vermieter ein Interesse daran, die Kosten für Energieausweise gering zu halten, weshalb sie sich vehement für den Verbrauchsausweis eingesetzt haben. Der Gebäudesektor ist aber für rund ein Drittel aller Kohlendioxid-Emissionen in Deutschland verantwortlich und rund 40 % des Energieverbrauchs. Nur wenn Haushalte verlässlich den Energieverbrauch einschätzen können, werden sie den Energieverbrauch auch bei der Anmietung oder dem Kauf einer Wohnung berücksichtigen. Ein genauer und nach einheitlichen Standards erhobener Bedarfsausweis stellt daher eine Notwendigkeit dar. Bauherren müssen dann nachweisen, dass ihr geplantes Gebäude und auch das fertiggestellte Gebäude einen spezifischen Energieverbrauch nicht überschreiten. Dies würde gegenüber der heutigen ENEV eine gewaltige Vereinfachung darstellen.

Insgesamt sollten die Standards im Bau gründlich durchleuchtet werden. In den Niederlanden wurde das Baugesetzbuch grundlegend neu geschrieben und alle Verordnungen und Gesetze auf den Prüfstand gestellt. Viele Regelungen konnten gänzlich gestrichen, andere vereinfacht werden. Im Ergebnis konnte die Baukostendynamik erheblich gebremst werden, die Steigerung seit 2007 beträgt nur 6 %. Solch eine grundlegende Reform ist auch für Deutschland wünschenswert, zumal die Lage hier noch komplizierter ist als bei unseren Nachbarn. Schließlich hat in Deutschland jedes Bundesland noch seine eigene Landesbauordnung. Projektentwickler, die in mehreren Bundesländern tätig sind, müssen somit ihre Konzepte jeweils an die Landesbauordnung anpassen, was mit Zusatzkosten verbunden ist. Solche Regulierungen machen es auch schwer, Größenvorteile im Wohnungsbau wirklich auszuschöpfen. Der serielle Wohnungsbau, bei dem immer wieder die gleichen Wohnungen gebaut werden, kann so nur schwer umgesetzt werden, zumal wenn Standards immer wieder angepasst werden. Dabei könnten gerade über den seriellen Wohnungsbau Kostenreduktionen erreicht werden.

Ziele statt Vorgaben könnten erhebliche Innovationspotenziale und Kostensenkungen induzieren. Darüber hinaus müssen wir aber auch grundsätzlich über den Wohnungsbau angesichts der demografischen Entwicklung nachdenken.

Deutschland wächst derzeit sehr stark, maßgeblich hierfür ist vor allem die Zuwanderung. Doch es ist davon auszugehen, dass die Bevölkerung langfristig gesehen wieder kleiner wird. Die Geburtenrate liegt immer noch bei lediglich 1,5 Kindern pro Frau und die Zuwanderung wird sich nicht dauerhaft auf dem Niveau fortsetzen. Nach 2025 wird die Bevölkerung damit wieder kleiner, wie etwa die demografische Prognose meines ehemaligen Kollegen Phillip Deschermeier zeigt (Abb. 5.1). Schließlich zeigen die Erfahrungen,

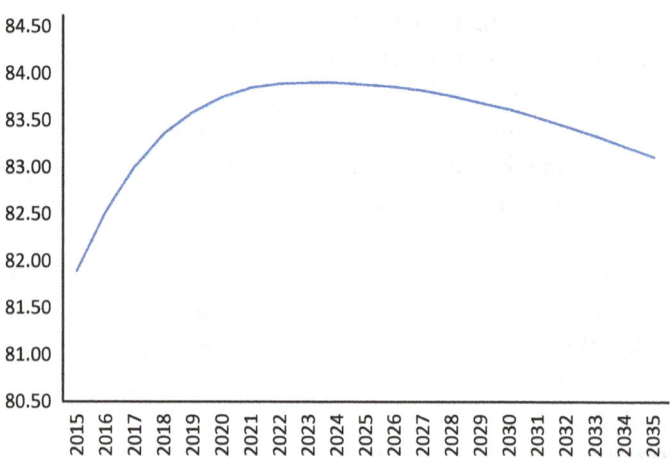

Abb. 5.1 Entwicklung der Bevölkerung in Deutschland. (Quelle: Institut der deutschen Wirtschaft)

dass rund 50 % der Flüchtlinge, die hier Asyl bekommen, in ihre Heimatländer zurückkehren, wenn die politische Lage es erlaubt. Dies ist auch wünschenswert für diese Länder, da gerade die jungen Menschen zum Wiederaufbau dringend benötigt werden. Es ist daher damit zu rechnen, dass viele der heute geplanten Wohnungen vielleicht nur einige Jahre genutzt werden. Dies gilt nicht nur für die Lage der Flüchtlinge, sondern auch für Studenten. Auch hier ist damit zu rechnen, dass der Höhepunkt der Studentenzahlen in den 2020er-Jahren erreicht wird, danach wird die Zahl der Studenten vielerorts rückläufig sein.

Der Wohnungsbedarf ist groß, wird möglicherweise aber nicht dauerhaft sein. In den Großstädten ist der Wohnungsbedarf so groß, dass selbst bei einer starken Ausweitung des Wohnungsbaus und einem Rückgang der Zuwanderung kein Leerstand entstehen würde. In vielen heute boomenden Mittelstädten könnte es dagegen in den 2020er-Jahren zu einem Preisrutsch kommen.

Gefragt sind daher Quartiere, die einen ordentlichen Wohnstandard bieten, die aber in 10 oder 15 Jahren auch wieder leicht vom Markt genommen und dann anderen Verwendungen zugeführt werden können. Bungalows aus Holz sind eine Option, weil gerade Holz wiederverwendbar ist. Aber auch andere Optionen sind möglich. Solche „temporären" Quartiere für Studenten, Flüchtlinge und alle anderen, die günstig wohnen wollen, können auch in neue Stadtquartiere der Großstädte integriert werden und vielleicht später einmal Platz für zusätzliche Parks oder andere Verwendungen freimachen.

Insgesamt müssen wir im Wohnungsbau mutiger und auch sparsamer werden. Zu lange wurde davon ausgegangen, dass wir Neubau nur noch brauchen, um Qualitätsverbesserungen zu erzielen. Tatsächlich brauchen wir aber gerade in den Großstädten auch quantitativ mehr Wohnraum, wenn auch eventuell nur temporär. Auch die Bauwirtschaft selbst muss sich auf diese neue Aufgabenstellung einstellen und ihre Produkte überdenken.

Eine komplette Reform der Baugesetzgebung ist wahrscheinlich ein zu großer Schritt für Bund und Länder. Was aber ein wichtiger erster Schritt wäre, ist die Einführung einer Experimentierklausel. Danach können Bauprojekte auf Antrag von den Standards abweichen, wenn die Behörden von einem Projekt überzeugt werden. Dies könnte Anreize schaffen, neue Wege und Konzepte auszuprobieren. Wichtig wäre es freilich, dass die Anforderungen an eine Umsetzung nicht zu hoch angesetzt werden. Die so erzielten Praxiserfahrungen könnten dann die Basis für eine Reform der Baugesetze und Verordnungen darstellen.

> Deutschland hat zu früheren Zeiten belegt, dass eine große Expansion des Wohnungsbestands zu günstigen Kosten möglich ist, ohne auf Qualität zu verzichten. Die in der Weimarer Republik geschaffenen Wohnquartiere wie die Gartenstädte oder die Bauhaussiedlungen sind heute noch begehrt, was ihre gute Qualität und Zeitlosigkeit unterstreicht. Solche Ansätze brauchen wir heute wieder. Hierzu bedarf es kreativer Architekten, guter Ingenieure und einer Politik und Verwaltung, die gute Ideen unterstützt und Hindernisse abbaut, anstatt neue Regulierungen des Wohnungsbaus voranzutreiben.

5.6 Auflagen der Kommunen reduzieren

Neben den allgemeinen Standards gehören auch kommunale Auflagen zu den wesentlichen Kostentreibern im Wohnungsbau. Nach der bereits schon erwähnten Studie von Walberg und Halstenberg sind die Baukosten durch kommunale Auflagen seit 2000 um über 80 EUR/m² gestiegen.

Kommunale Auflagen können sehr unterschiedlich sein. Ein besonderes Augenmerk wird im Folgenden auf Stellplatzverordnungen und Verpflichtungen innerhalb städtebaulicher Verträge gelegt.

Parkplatzknappheit ist ein akutes Problem in vielen Großstädten. Dies gilt gerade auch für Wohnviertel in Innenstadtlagen, wo viele Menschen einen Teil ihres Feierabends mit der Parkplatzsuche verbringen. Insofern ist es verständlich, dass Kommunen von Projektentwicklern verlangen, auch Parkplätze zu schaffen. Je nach Stadt müssen pro Wohnung ein oder sogar 1,5 Parkplätze pro Wohnung geschaffen werden. Stellplätze sind aber teuer und erhöhen den Kaufpreis deutlich. Schließlich müssen für Stellplätze Grundstücke bereitgestellt werden, die entsprechend der gestiegenen Baulandpreise sehr teuer sind. Außerdem müssen natürlich Pflasterarbeiten durchgeführt werden. Je nachdem kann ein Stellplatz zwischen 7000 und 11.000 EUR in einer Stadt wie etwa Darmstadt kosten, bei noch höheren Grundstückspreisen auch noch mehr. Noch teurer sind Tiefgaragenplätze, deren Kosten liegen zwischen 15.000 EUR und 20.000 EUR pro Parkplatz. Bei Baukosten von 200.000 EUR für eine Wohnung steigen die Kosten durch die Verpflichtung zur Bereitstellung eines PKW Stellplatzes also noch einmal um mindestens 3,5 % bis 10 % – und teilweise sogar noch mehr.

Die Erfahrungen der letzten Jahre zeigen, dass das Auto zumindest in der Großstadt an Bedeutung verliert. Gerade junge Menschen verzichten bewusst auf das Auto, um Kosten zu sparen aber auch, weil die Fortbewegung mit dem Auto in der Stadt oft langsamer ist als mit dem ÖPNV oder dem Fahrrad. Tatsächlich müssen viele Menschen aufgrund der höheren Wohnkosten in der Stadt sparen, und der Verzicht auf ein Auto (oder zumindest auf ein zweites Auto) ist aufgrund der kürzeren Wege und des besseren

ÖPNV naheliegend. Vor diesem Hintergrund sollte die Stellplatzordnung überdacht werden. Tatsächlich haben bereits Berlin und Hamburg die Regelungen deutlich flexibilisiert, für eine Großstadt wie München gilt aber nach wie vor die bayrische Regelung, wonach auf Stellplätze nicht verzichtet werden darf.

Eine Freiwilligkeit der Stellplatzordnung bedeutet nicht, dass die Projektentwickler auf Stellplätze oder Tiefgaragen automatisch verzichten. Vielmehr werden sie abwägen, ob die Stellplätze für die potenziellen Kunden wichtig sind. Der Verzicht auf die Stellplätze gibt den Projektentwicklern auch die Chance, alternative Konzepte anzubieten. Manche Projektentwickler haben bereits erfolgreich mit Carsharing-Modellen experimentiert, bei denen sich die Bewohner eines Mehrfamilienhauses ein oder mehrere Autos teilen. Auch die Bereitstellung von Ladeplätzen etwa für Elektrofahrräder wurde gut angenommen.

Während es bei Stellplätzen leichte Flexibilisierungen und damit Kosteneinsparungen gibt, steigen die Belastungen über städtebauliche Verträge tendenziell. Städtebauliche Verträge werden zwischen Investoren und der Stadt geschlossen und sind vor allem dann relevant, wenn ein Bebauungsplanverfahren initiiert wird. Ein Bebauungsplanverfahren ist notwendig, wenn auf einer Fläche noch kein Baurecht gegeben ist. Wird etwa eine bisherige Grünfläche oder eine Industriebrache oder andere Flächen dem Wohnungsbau zugeführt, müssen neben Wohnungen auch etwa Straßen gebaut werden oder aber andere Infrastrukturmaßnahmen umgesetzt werden. Im Rahmen der städtebaulichen Verträge wird dabei geregelt, welche Maßnahmen der Investor zu tragen hat. Für die Kostenübernahme gilt dabei der Angemessenheitsansatz.

Was aber bedeutet „angemessen"? Mittlerweile ist es in vielen Städten so, dass nicht nur Straßen und Spielplätze gebaut werden müssen, sondern auch Kindergärten und Schulen. Vielfach werden die Kosten für den Investor auf Basis der Wertsteigerung der Grundstücke festgelegt. So wird geprüft, welchen Wert die Grundstücke vor dem Bebauungsplan hatten und welchen Wert danach. Hierauf wird dann ein Prozentwert angesetzt, der die Kostenbeteiligung des Investors definiert. In Berlin sind dies aktuell 50 %, später einmal 60 %. In München verbleibt dem Investor sogar nur ein Drittel des Wertzuwachses. Dies können sehr große Summen sein, da die Wertsteigerungen oftmals erheblich sind.

Geht man etwa davon aus, dass auf einem Grundstück mit 5000 m^2 50 Wohnungen gebaut werden können, und nimmt man an, dass sich der Wert des Grundstücks durch die Erschließung, die Bebauung und die weitere Infrastruktur von 200 EUR auf 500 EUR verteuert, muss bei einem Satz von 50 % der Investor 750.000 EUR in die Infrastruktur investieren. Der Projektentwickler wird dies nicht selbst tragen, sondern er wird die Kostenbelastung an die Kunden weitergeben. Gerade in Ballungsgebieten mit geringem Angebot ist das möglich und bedeutet, dass jede Wohnung um 15.000 EUR teurer wird.

Für die Stadt ist das eine große Erleichterung. Ganz offen wird in den Leitlinien für städtebauliche Verträge in Berlin auch angeführt, dass die Stadt Berlin ohne solche Kostenbeteiligungen die notwendige Infrastruktur nicht stemmen könnte. Generell ist es auch nachvollziehbar, dass unmittelbar notwendige Infrastruktur von den Nutzern der Neubauimmobilien bezahlt wird, wie etwa die Zufahrtsstraßen und möglicherweise auch Grünanlagen. Die Finanzierung größerer Infrastruktur, wie Kindergärten oder Schulen, ist dagegen problematisch. Hiervon profitieren auch zahlreiche Haushalte außerhalb der Neubausiedlung. Die Käufer der Neubausiedlungen finanzieren diese mit.

Hinzu kommt, dass durch gestiegene Preise die Zahl der Familien, die sich solche Neubauwohnungen noch leisten können, deutlich kleiner wird.

Die hohe Belastung durch städtebauliche Verträge hat damit zwei wesentliche Probleme. Erstens führen die hohen Kosten dazu, dass der Neubau deutlich teurer wird und somit die Projektentwickler die Projektgrößen reduzieren, sprich weniger bauen. Schließlich können bei höheren Preisen tendenziell weniger Wohnungen verkauft werden. Außerdem richtet sich der Projektentwickler aufgrund der hohen Kosten ohnehin stärker an reichere Einkommensschichten, die den Neubau auch bezahlen können. Zweitens findet eine undurchsichtige Finanzierung öffentlicher Infrastruktur statt, bei der nicht sichergestellt ist, dass tatsächlich diejenigen mehr bezahlen, die auch eine höhere Leistungsfähigkeit haben. Es kann vorkommen, dass Rentner mit eher kleinen Einkommen von ihrem langjährig Ersparten eine Neubauwohnung bezahlen und somit Infrastruktur finanzieren, obwohl ihr Einkommen vielleicht kaum steuerpflichtig ist.

Das Grundproblem ist natürlich, dass die Städte nur sehr begrenzte finanzielle Mittel haben. Viele Städte sind hoch verschuldet und können sich tatsächlich keinen Ausbau der Infrastruktur leisten, was die Neigung zur Ausweisung neuer Baugebiete beschränkt. Trotz der sehr guten konjunkturellen Lage haben die Kassenkredite der Kommunen, die in etwa so zu bewerten sind wie Überziehungskredite bei Haushalten, im Jahr 2016 einen Wert von 43,2 Mrd. EUR erreicht. Mehr als die Hälfte davon entfällt auf die Gemeinden in Nordrhein-Westfalen, wo besonders viele Großstädte hoch verschuldet sind. Eine wichtige Ursache für diese Entwicklung sind die zusätzlichen Aufgaben der Kommunen, die nicht vom Bund und den Ländern ausreichend finanziert werden. Zu nennen ist etwa die Finanzierung der Kosten der Unterkunft für Grundsicherungsempfänger, für die

Kommunen verantwortlich sind, für die sie aber, gerade bei einem Anstieg der Kosten, nicht vollumfänglich kompensiert werden. Ähnlich sieht es aktuell bei der Integration von Flüchtlingen aus. Die Kommunen erhalten zwar Mittel vom Bund, doch viele Bürgermeister berichten, dass diese Mittel längst nicht ausreichen.

Die Zukunft des Wohnungsmarktes hängt somit eng mit der Entwicklung der kommunalen Finanzen zusammen. Wachstum lässt sich leichter realisieren, wenn die Städte in der Lage sind zu investieren. Doch nicht nur für wachsende Städte ist eine gesunde Finanzausstattung wichtig, bedeutsam sind die Kommunalfinanzen auch im Fall von Schrumpfung (Abschn. 7.3). Eine Verbesserung der Kommunalfinanzen ist daher dringend erforderlich.

Denkbar sind zahlreiche Maßnahmen, etwa mehr Zuweisungen, höhere Anteile an der Einkommenssteuer, Entlastungen durch Übernahme von Aufgaben durch die Länder oder den Bund und vieles mehr. Nun soll sich dieses Buch aber um den Immobilienmarkt drehen, daher liegt der Fokus auch auf alternativen Finanzierungen mit Immobilienbezug.

Eine Möglichkeit ist die höhere Besteuerung des Bodens über die Grundsteuer, am besten durch eine reformierte Grundsteuer im Sinne einer Bodenwertsteuer (Abschn. 5.1). Die Grundsteuer ist eine originäre Steuer der Kommunen, bei der sie auch Hebesatzrecht hat. Gerade eine Bodenwertsteuer knüpft an den Leistungen der Kommune an und bietet sich daher zur Finanzierung der Infrastruktur an. Eine Steuererhöhung löst keine Beifallsstürme aus, weil sie sowohl von allen Selbstnutzern als auch Mietern getragen werden muss. Im internationalen Vergleich liegt die Besteuerung von Immobilien jedoch deutlich unter dem Durchschnitt. Nach Daten der OECD beträgt das Aufkommen aus Grundsteuer, Grunderwerbsteuer und Erbschaftsteuer (auf Immobilienübertragungen) in Deutschland bei rund

0,9 % des BIP, im OECD Durchschnitt dagegen bei 1,8 % des BIP. Da die Grunderwerbsteuer eher sinken sollte, wäre auch aus dieser Sicht eine stärkere Erhöhung der Grundsteuer angemessen. Zudem würde eine höhere Grundsteuer auch dazu beitragen, kleinere Flächen zu nutzen, wodurch der Wohnungsmarkt ebenfalls entlastet würde.

Der zweite Vorschlag soll vor allem dazu dienen, Schulden abzubauen und dadurch Handlungsfähigkeit zu erlangen. In Zeiten niedriger Zinsen können Kommunen ihre Schulden umschichten und durch die Ablösung alter Kredite mit neuen Krediten Zinsen einsparen. Irgendwann wird die Belastung jedoch auch wieder steigen, möglicherweise nicht nur, weil das Zinsniveau deutlich steigt, sondern weil die Banken höhere Risikoprämien von hoch verschuldeten Kommunen verlangen. Noch ist es für Städte wie Duisburg und Offenbach relativ leicht, Kredite zu bekommen, der Markt für Kommunalfinanzierer dünnt aber langsam aus. Viele Banken stellen das wenig profitable Geschäft mit Kommunen ein, hinzu kommen Zusammenschlüsse im Bankensektor. Reduziert sich die Zahl der Kreditgeber, können diese höhere Zinsen verlangen, und sie werden gerade bei hoch verschuldeten Kommunen auf Risikoaufschläge drängen.

Eine Möglichkeit besteht darin, kommunale Wohnungen zu verkaufen. Die Stadt Dresden konnte mit dem Verkauf der WoBa im Jahr 2006 auf einen Schlag alle ihre Schulden abtragen und so Zinszahlungen einsparen, die sie für Schulsanierungen, den Kindergartenausbau oder andere Infrastrukturmaßnahmen einsetzen konnte. In der Öffentlichkeit ist der Verkauf kommunaler Wohnungsgesellschaften allerdings ein rotes Tuch, viele Bürgermeister meiden daher das Thema.

Der Widerstand gegen den Verkauf kommunaler Wohnungsgesellschaften ist in der Tat groß. Vielfach gibt es die Befürchtung, dass Bestände dann vernachlässigt und

Mieten erhöht werden. Tatsächlich wurden viele öffentliche Wohnungen bis Mitte der 2000er-Jahre an Beteiligungsgesellschaften verkauft, die nur kurzfristige Ziele hatten und die Bestände wieder schnell verkaufen wollten. Als dann Finanzierungen aufgrund der Finanzkrise nicht verlängert werden konnten, gerieten viele Gesellschaften tatsächlich in Schieflage und kümmerten sich nicht um die Weiterentwicklung der Bestände. Hieraus sind viele Vorurteile gegenüber Privatisierungen entstanden, jedoch handelt es sich um Einzelfälle. Gerade private Investoren haben grundsätzlich ein Interesse daran, ihre Bestände zu pflegen, denn ansonsten verlieren sie Mieter und können ihre Bestände nur mit hohen Abschlägen verkaufen. Die Lage hat sich außerdem grundlegend geändert. Heute suchen gerade eigenkapitalstarke Investoren große Wohnungsbestände, um diese langfristig zu halten. Oftmals sind die Investoren an der Börse gelistet und damit zu Transparenz verpflichtet. Die Beteiligungsgesellschaften haben sich hingegen weitestgehend aus dem Markt zurückgezogen.

Sollte der politische Widerstand dennoch zu groß sein, können auch Teilprivatisierungen ins Auge gefasst werden. Das heißt, entweder es wird ein Teil der Bestände verkauft oder es wird ein privater Investor als Teilhaber mit aufgenommen. In vielen Großstädten verfügt die öffentliche Hand über einen Anteil von 10 % und mehr des Wohnungsbestands. In Frankfurt sind es etwa fast 20 %, in Berlin und Hamburg jeweils knapp 15 % (Abb. 5.2). Würde dieser Anteil auf 5 % reduziert, könnten sich die Gesellschaften immer noch in die Stadtentwicklung einbringen und Haushalte mit besonderen Zugangsschwierigkeiten versorgen. Mit den Verkaufserlösen, die insbesondere im derzeitigen Marktumfeld sehr hoch wären, könnte der kommunale Haushalt saniert und die Zinsbelastung dauerhaft gesenkt werden. Angesichts des derzeitigen Wohnungsbooms und der sich abzeichnenden rückläufigen Konjunktur

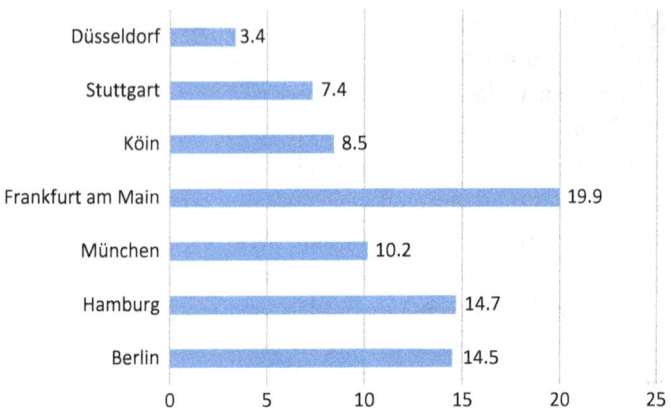

Abb. 5.2 Anteil der öffentlichen Wohnungsgesellschaften am jeweiligen Wohnungsbestand. (Quelle: Statistisches Bundesamt)

mit damit verbundenen Steuerrückgängen sowie der hohen kommunalen Verschuldung, wäre es fahrlässig, einen möglichen Verkauf nicht zumindest zu prüfen.

Die Kommunen haben es in der Hand, den Wohnungsmarkt zu entspannen. Ganz wesentlich ist die Ausweisung neuer Flächen, daneben bestimmen die Kommunen zu einem wesentlichen Teil über die Neubaukosten. Beispielhaft wurde hier die Stellplatzordnung genannt, die ein Kostentreiber sein kann. Andere Kostentreiber können besondere Auflagen hinsichtlich der Gestaltung der Fassaden, Dächer oder des Brand- und Schallschutzes sein. Daneben werden Kosten massiv durch Städtebauliche Verträge bestimmt. In der aktuellen Situation mit geringem Baulandangebot und einem hohen Interesse der Investoren an Projektentwicklungen sitzen die Städte am längeren Hebel und können die Konditionen diktieren. Investoren lassen sich darauf im Wettbewerb untereinander ein, auch weil sie wissen, dass es genügend Nachfrager gibt. Die Kostensteigerungen führen dazu, dass sich eher wohlhabende Menschen Neubauten leisten können. Diese Schieflage wird oft versucht dadurch zu heilen, dass ein Teil der neu geschaffenen Wohnungen Sozialwohnungen sein müssen. Der Bau von Sozialwohnungen ist allerdings selbst problematisch, weil die soziale Treffsicherheit äußerst gering ist (Abschn. 6.2). Hinzu kommt, dass Sozialwohnungen oft quer finanziert werden müssen durch die freifinanzierten Wohnungen, die dann entsprechend noch teurer werden. Besser ist es daher, die Kosten von vorneherein zu begrenzen und damit für alle Wohnungen erschwinglicher zu machen.

> Gefordert ist also mehr Augenmaß aufseiten der Kommunen. Möglichkeiten, die Infrastruktur auf alternative Weisen zu finanzieren, sind vorhanden.

5.7 Steuerliche Verbesserungen für den Neubau

In Abschn. 4.3 wurde erläutert, dass auch Steuern die Neubaukosten in die Höhe treiben. Insbesondere die zu geringen Abschreibungssätze und die Grunderwerbsteuer belasten den Neubau. Konsequenterweise sollten die Abschreibungssätze erhöht und die Grunderwerbsteuer gesenkt werden. Doch ganz einfach ist das nicht.

Die Erfahrungen mit Steuern und Immobilien sind beeindruckend. Um den Wohnungsbau in Ostdeutschland nach der Wiedervereinigung anzukurbeln, wurde eine Sonderabschreibung eingeführt. Damit konnte der Großteil der Kosten bereits innerhalb der ersten Jahre abgeschrieben werden – ein gewaltiger Anreiz. In der Folge kam es zu Investitionen, aber leider wurde zunehmend weniger auf die Wirtschaftlichkeit geschaut. Vielfach wurden in dieser Zeit Bauherren-Modelle aufgelegt, bei denen vor allem die Steuersparmöglichkeiten im Vordergrund standen. Die steuerlichen Vorteile aufgrund der Abschreibungen waren größer als die Mieteinnahmen, sodass die Anleger weniger Steuern zahlen musste. Die eigentliche Rendite sollte dann durch den Veräußerungsgewinn erzielt werden, denn nach zehn Jahren können Immobilien steuerfrei veräußert werden. Tatsächlich gab es jedoch keinen Veräußerungsgewinn, weil die Preise nicht stiegen, sondern fielen. Es wurde schlicht zu viel und weit über den Bedarf hinaus gebaut, weshalb es zu einer deutlichen Preiskorrektur kam. In Ostdeutschland gab es eine spekulative Blase, angetrieben von zu optimistischen Erwartungen – „blühende Landschaften", die der damalige Bundeskanzler Kohl versprochen hatte – und eben einer starken steuerlichen Subventionierung.

Aus diesem Grund ist eine temporäre Erhöhung der Abschreibungssätze – wie sie 2018 von der Bundesregierung beschlossen wurde, in der aktuellen Phase gefährlich, auch wenn eine Erhöhung des Abschreibungssatzes generell geboten erscheint. Solche steuerlichen Vorteile können noch mehr Investoren in den Markt treiben und vor allem solche, die insbesondere ihre steuerliche Belastung reduzieren möchten. Außerdem ist der Effekt sehr gering, solange das Bauland sehr knapp ist. In diesem Fall erhöht die Abschreibung einfach nur die Nachfrage nach Bauland, was zu weiteren Steigerungen der Baulandpreise führt.

Die Erhöhung der Abschreibungssätze auf 4 % ist eine Maßnahme, die im Falle einer wieder abflauenden Investorennachfrage, also wenn die Konjunktur ins Stottern gerät oder die Zinsen wieder kräftiger steigen, eingeführt werden sollten. Dann könnte die höhere Abschreibung zu einer Verstetigung des Neubaus beitragen.

Mitunter wird gefordert, die Abschreibungssätze nur in angespannten Wohnungsmärkten zu erhöhen. Dies ist jedoch steuersystematisch nicht begründbar. Der Wertverlust von Immobilien aufgrund ihrer Alterung ist unabhängig vom Standort. Auch in Hoyerswerda oder im Hochsauerlandkreis entwerten sich technische Anlagen oder auch die Gebäudehülle mit der gleichen Geschwindigkeit wie in Köln oder München. Entsprechend sollten die gleichen Regeln gelten. Hinter diesem Gedanken steht die Vermutung, dass der Wohnungsbau in München mehr Anreize als bspw. in Hoyerswerda braucht. Allerdings fehlt es in München nicht an finanziellen Anreizen, sondern an Investitionsmöglichkeiten. In Regionen mit fallenden oder stagnierenden Preisen wird dagegen auch eine leichte Erhöhung der Abschreibungen nicht zu einem Bauboom führen. Investoren prüfen genau, mit welchen Mieteinnahmen und Preissteigerungen sie rechnen können. Ist mit größeren Leerstandsrisiken zu rechnen, kann auch eine höhere Abschreibung dies nicht kompensieren. Allerdings setzen höhere Abschreibungen – am besten in Kombination mit der schon in Abschn. 4.3 erläuterten Buchwertfortschreibung – Anreize für den Ersatzneubau, also den Abriss und gleichzeitigen Neubau. Dies ist gerade auch für schrumpfende Regionen wichtig, um den demografischen Wandel zu meistern (Abbau von Leerständen) und gleichzeitig den Bestand zu verjüngen und zu verbessern. Denn nur als attraktive Wohnstandorte haben viele dieser Regionen eine Chance (Kap. 7).

Auch im Zusammenhang mit der Grunderwerbsteuer wird das Argument ins Feld geführt, die Steuer sollte nicht gesenkt werden, weil dies eine spekulativ getriebene Überhitzung auslösen könnte. Unbestreitbar sorgen hohe Transaktionskosten dafür, dass weniger gehandelt wird. Schließlich lohnt sich der Verkauf nur dann, wenn die Wertsteigerung über den gezahlten Transaktionskosten liegt. Je höher also die Steuer, desto weniger wahrscheinlich ist ein Verkauf. Damit sinkt der Anreiz, Immobilien nur wegen kurzfristig zu erwartender Wertsteigerungen zu kaufen. Der Nachteil ist allerdings, dass dies auch alle anderen trifft, also auch diejenigen, die ein Haus verkaufen und ein neues kaufen möchten, einfach weil sie den Job gewechselt haben oder aus anderen Gründen umziehen müssen oder möchten.

Um den Anreiz zur Spekulation zu nehmen, müssen die Sätze nicht zwangsläufig hoch sein. Denkbar wäre es auch, die Grunderwerbsteuer zu senken und ein zweites Mal zu besteuern, wenn die Immobilie innerhalb von fünf Jahren weiterveräußert wird. Damit wären schnelle Transaktionen unrentabel, langfristige Nutzer der Immobilien würden dagegen entlastet.

Eine weitere Idee ist es, die Grunderwerbsteuer dahin gehend umzugestalten, dass es eine Verrechnung mit der bereits gezahlten Grunderwerbsteuer für das Grundstück gibt, also eine Art Vorsteuerabzug. Gerade wenn mehrere Parteien beteiligt sind, kann sich die Grunderwerbsteuer schließlich deutlich erhöhen. Diesen Sachverhalt erläutert das folgende Beispiel.

> **Beispiel**
>
> Ein Projektentwickler kauft ein Grundstück für ein Reihenhaus für 50.000 EUR. Auf dieses Grundstück muss der Bauträger zum Beispiel in Nordrhein-Westfalen 6,5 % Steuern zahlen, also 3250 EUR. Anschließend baut der Projektentwickler auf dem Grundstück ein Reihenhaus für 200.000 EUR, wobei hier sein Gewinn bereits enthalten ist. Der Unternehmer wird nun dem Endkunden nicht nur die 50.000 EUR für das Grundstück und die 200.000 EUR für seine Bauleistung in Rechnung stellen, sondern natürlich auch die gezahlte Grunderwerbsteuer in Höhe von 3250 EUR, also insgesamt 253.250 EUR. Hierauf muss der Kunde dann eine Grunderwerbsteuer von 16.461,25 EUR zahlen. Damit muss für das Reihenhaus insgesamt eine Grunderwerbsteuer von 19.711,25 EUR gezahlt, gemessen am Immobilienwert also eine Steuerbelastung von rund 7,9 %. Teilweise gibt es weitere Zwischenerwerbe, etwa wenn die Kommune zunächst das Grundstück erwirbt, wodurch die Steuerbelastung weiter steigt.

Lösen ließe sich dieses Problem, wenn Kunden die bereits gezahlte Grunderwerbsteuer mit ihrer eigenen Zahllast verrechnen dürften. In dem genannten Fall würde der Projektentwickler dem Kunden mitteilen können, dass bereits 3250 EUR Grunderwerbsteuer gezahlt worden ist, der Kunde bräuchte dann „nur" noch 13.211,25 EUR zahlen. Da dies nur für Neubauten gilt, wäre der Effekt auf die Steuereinnahmen nur gering. Auf der anderen Seite würde aber eine strukturelle Benachteiligung des Neubaus durch Projektentwickler entfallen. Denn wer selbst ein Grundstück kauft und die Bauleistungen selber organisiert, muss in der Regel nur einmal Grunderwerbsteuer zahlen, und zwar auf das Grundstück.

Grundstücke selbst kaufen ist in der Regel nur in ländlichen oder peripheren Regionen möglich, wo Einfamilienhäuser gebaut werden können, während Mehrfamilienhäuser in der Regel durch Bauträger angeboten werden. Die aktuelle Besteuerung setzt also dort Anreize mehr zu bauen, wo der Bedarf gering ist bzw. die Steuer ist dort besonders hoch, wo mehr Immobilien gebraucht werden. Durch einen Vorsteuerabzug der Steuer auf den Grundstückskauf ließe sich dies zumindest mindern.

Beide Ansätze verbessern die Grunderwerbsteuer strukturell. Durch eine Steuerzahlung bei Verkauf innerhalb von fünf Jahren werden langfristige Nutzer der Immobilien entlastet, sofern der Steuersatz gesenkt würde, und durch die Verrechnung der Steuer mit der gezahlten Steuer auf den Grundstückskauf würde der Neubau entlastet werden. Beide Maßnahmen sind möglich, ohne dass es eine Reduktion des Steueraufkommens gibt.

Zusätzlich wäre es wünschenswert, wenn die Bundesländer die Grunderwerbsteuer insgesamt senken. Aktuell gibt es nur zwei Bundesländer, die die Grunderwerbsteuer seit der Föderalismusreform 2006 nicht erhöht haben: Bayern und Sachsen. In allen anderen Bundesländern ist der Satz seitdem deutlich gestiegen, teilweise wie in Nordrhein-Westfalen oder Berlin auf 6,5 %. Weitere Erhöhungen sind nicht ausgeschlossen. Seit 2010 sind die Einnahmen aus der Grunderwerbsteuer von insgesamt 5,3 Mrd. EUR auf nun 13,4 Mrd. EUR im Jahr 2017 gestiegen (Abb. 5.3). Allein zwischen 2015 und 2017 gab es ein Plus von 16 %. Und nach allen Prognosen werden sich die Einnahmen weiter erhöhen. Die Bundesländer profitieren natürlich von den gestiegenen Preisen, aber sie haben die Steuerlast natürlich auch selbst durch höhere Sätze deutlich erhöht.

Die Grunderwerbsteuer ist für die Bundesländer hoch attraktiv, weil die Einnahmen in der Berechnung des Länderfinanzausgleichs quasi keine Rolle spielen. Der Länderfinanzausgleich sorgt dafür, dass die Finanzausstattung der Länder relativ ähnlich ist, weil finanzstarke Bundesländer Einnahmen abgeben müssen und finanzarme Länder Zuweisungen bekommen. Grundsätzlich ist es daher so, dass die Bundesländer bei zusätzlichen Einnahmen weniger Mittel bekommen bzw. etwas abgeben müssen. Bei der Grunderwerbsteuer ist dies aber anders. Man fürchtete bei der Föderalismusreform, dass es einen so starken Wettbewerb geben könnte, dass die

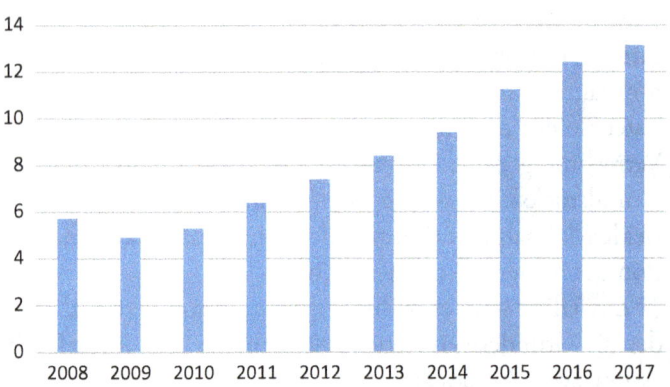

Abb. 5.3 Einnahmen aus der Grunderwerbsteuer in Mrd. Euro. (Quelle: Statistisches Bundesamt)

Sätze gegen Null tendieren. Daher nahm man die Grunderwerbsteuer aus der Berechnung des Finanzausgleichs de facto heraus, was zu dem umgekehrten Ergebnis geführt hat: Mehr und mehr Länder haben die Steuer erhöht, vor allem natürlich finanzschwache Bundesländer.

Mittlerweile ist es vielen Bundespolitikern – aller Parteien – bewusst, dass die Grunderwerbsteuer ein Problem ist und eigentlich gesenkt werden müsste. Auch im Bündnis für bezahlbaren Wohnraum gab es einen breiten Konsens, dass es Steuersenkungen geben müsste. Die Länder allerdings sind kaum bereit, auf diese Einnahmen zu verzichten. Denkbar ist es, dass Thema bei einer nächsten Reform des Finanzausgleichs aufzugreifen, aber eine daraus resultierende Reform wird noch Jahre auf sich warten lassen. Die Chancen auf eine Senkung sind daher derzeit eher theoretischer Natur.

Nichtsdestotrotz sollte auf die strukturellen Veränderungen bei der Grunderwerbsteuer gedrängt werden. Hier bietet auch das Ausland teilweise sehr interessante Ansätze. In Großbritannien etwa gibt es bei der Grunderwerbsteuer keinen einheitlichen Steuersatz, sondern es gibt einen Freibetrag und einen Stufentarif. Dies bedeutet, dass der Kauf von kleinen und günstigen Wohnungen oft steuerfrei, der Kauf von Villen in guten Lagen dagegen mit deutlich höheren Steuern verbunden ist. Durch solch eine Steuergestaltung könnte der Kauf von Wohneigentum durch Haushalte mit geringen und mittleren Einkommen erleichtert werden, ohne notwendigerweise auf Steuereinnahmen zu verzichten. Und es sollte noch ein weiteres Thema angegangen werden: Die Fälligkeit der Steuer.

Gerade für Haushalte, die Eigentum erwerben möchten, ist die Grunderwerbsteuer ein großes Problem. Schon in dem genannten Beispiel muss der Haushalt rund 16.000 EUR Grunderwerbsteuer zahlen. Vielfach ist es noch mehr, gerade in den Großstädten bei den aktuellen Preisen. Die Grunderwerbsteuer kann nicht finanziert werden, sondern sie muss aus dem gesparten Vermögen bezahlt werden. Hinzu kommen weitere Kosten wie Notarkosten, Grundbuchkosten, Maklerkosten und weitere Aufwendungen, etwa für den Umzug und neue Möbel. Zusätzlich erwarten auch die Banken eine Eigenkapitalquote von rund 20 % bei der Finanzierung. Kurzum: Wer kaufen möchte, braucht viel Kapital. Doch dieses haben nur wenige.

> Eine deutliche Entlastung könnte die zeitliche Streckung der Steuerschuld darstellen. Möglich wäre es, dass die Steuerzahlung über einen Zeitraum von zehn Jahren gestreckt wird und monatlich beglichen werden kann. Aufgrund der derzeitigen Niedrigzinsen könnten die Länder diese Streckung sogar zinslos anbieten.

Die Regelung würde den Kapitalbedarf der Haushalte deutlich senken und für die Bundesländer gäbe es keinen Steuerausfall. Damit könnten mehr Haushalte Wohneigentum erwerben, was ebenfalls ein wichtiger Baustein zur Senkung der Wohnkosten darstellt. Außerdem lassen viele Eigenheimerwerber Neubauten bauen, teilweise auch dort, wo Projektentwickler nicht hingehen. Schließlich reichen Eigenheimkäufern oft schon kleine Grundstücke, während Projektentwickler tendenziell größere Flächen benötigen, um mehrere Wohnungen oder Häuser zu bauen.

5.8 Bessere Vernetzung von wachsenden und schrumpfenden Städten

Große Städte müssen wachsen, das ist eine wichtige und nachvollziehbare Schlussfolgerung. Doch selbst wenn kräftig gebaut wird und die Vorschläge umgesetzt werden, wird nicht jeder zentral in einer Großstadt leben können. Schließlich ist das Raumangebot eng, trotz aller noch vorhandenen Nachverdichtungsmöglichkeiten und der Option, neue Stadtviertel zu bauen. Und es ist auch nicht sinnvoll, dass alle in den wenigen Großstädten und besonders begehrten Universitätsstädten leben. Eine Folge ist, dass in anderen Städten und Gemeinden, die oft in unmittelbarer Nähe liegen, Leerstände entstehen. Was also an der einen Stelle neu gebaut werden muss, wird woanders nicht mehr gebraucht und muss irgendwann abgerissen werden. Damit entstehen nicht nur hohe Kosten für den Neubau, sondern es wird auch volkswirtschaftliches Vermögen – die nicht mehr genutzten Gebäude – entwertet.

Ganz besonders augenscheinlich ist dies in Nordrhein-Westfalen. Die Städte Köln und Wuppertal trennt eine Autostrecke von etwa 50 km, zwischen Wuppertal und Düsseldorf sind es sogar nur rund 35 km. Noch näher zusammen liegen Düsseldorf und Duisburg. Demografisch und ökonomisch gesehen trennen Wuppertal und Duisburg und die beiden Rheinmetropolen jedoch Welten.

Wuppertal und Duisburg verlieren seit einigen Jahren kontinuierlich Bevölkerung, gerade auch an Köln und Düsseldorf. Eine Folge sind steigende Leerstände. 6,5 % der Wohnungen in Duisburg stehen leer, in Wuppertal sind es 5,5 %. In Köln und Düsseldorf sind es dagegen jeweils deutlich unter 2 %. Spiegelbildlich dazu liegen die Arbeitslosenquoten in Wuppertal und Duisburg rund 2 bis 4 Prozentpunkte über dem Niveau in Köln und Düsseldorf.

Ursächlich hierfür ist die Attraktivität der Großstädte. Köln und Düsseldorf ziehen mehr Unternehmen an, mehr junge und talentierte Menschen, weshalb in diesen Städten auch die Einkommen schneller steigen. Wuppertal und Duisburg gehören dagegen zu Städten, die aufgrund des Strukturwandels (Reduktion des Bergbaus, Verlust von Schwerindustrie an andere Länder) und des damit verbundenen starken Abbaus von Arbeitsplätzen sowohl finanzielle Mittel als auch eben Einwohner verloren haben. Über die Wirtschaftsförderung wurde lange versucht, die wirtschaftliche Aktivität in diesen und anderen Städten wieder anzuregen. Dies hat sich jedoch als sehr teuer und ineffektiv erwiesen. Letztlich gehen die Unternehmen dorthin, wo die qualifizierten Mitarbeiter und Kunden sind, und dies gilt im Besonderen für die florierenden Dienstleistungssektoren. Die Beschäftigungssituation und damit die Attraktivität vieler schrumpfender Städte werden sich nicht unmittelbar verbessern lassen. Denkbar ist es jedoch, dass Städte wie Wuppertal und Duisburg als Wohnstandorte wieder attraktiv werden. Zwar würden die Menschen dann weiterhin in Köln und Düsseldorf arbeiten, aber eben in Wuppertal oder Duisburg leben.

Einen gewichtigen Vorteil haben beide Städte – sowie viele andere Städte und Kommunen im Umland der Großstädte – nämlich deutlich geringere Wohnkosten. Durchschnittlich liegen die Neuvertragsmieten für Bestandswohnungen bei rund 9 bis 10 EUR/m^2 in Köln und Düsseldorf, in Duisburg und Wuppertal sind es dagegen eher 6 EUR bis 6,50 EUR. Eine 80 m^2 große Wohnung kostet in den Rheinmetropolen also rund 750 EUR im Monat, eine vergleichbare Wohnung in den anderen Städten dagegen nur rund 500 EUR. Im Jahr können allein in diesem Fall also rund 3000 EUR gespart werden. Allerdings entstehen noch Zusatzkosten durchs Pendeln. Dabei sind die Mobilitätskosten nicht nur bestimmt durch die reinen Fahrtkosten (Kosten für Benzin oder Bahntickets), sondern auch durch die Zeitkosten. Zeit ist ein kostbareres Gut und deshalb wird das Pendeln mit hohen Kosten bewertet, die über die reinen monetären Aspekte hinausgehen. Es spricht daher viel dafür, an den Mobilitätskosten anzusetzen, um mehr Menschen davon zu überzeugen, in Städte im Umland der Großstädte auszuweichen, um die Metropolen zu entlasten.

Naheliegend ist es, die Verkehrsinfrastruktur zu verbessern und insgesamt die Anbindung an die Rheinmetropolen zu optimieren. Besonders schnellere und zusätzliche Bahnverbindungen können die Entscheidungen deutlich verändern. So ist beispielsweise zu erwarten, dass der geplante Rhein-Ruhr-Express einen Wohnsitz im Ruhrgebiet deutlich attraktiver machen wird. Solche Bahnprojekte sind jedoch mit sehr hohen Kosten und mit einer langen Vorlaufzeit verbunden. So ist etwa beim RRX mit Kosten von mindestens 2 Mrd. EUR und einer Fertigstellung Mitte der 2020er-Jahre zu rechnen, womit die Fertigstellung insgesamt seit der Planung mehr als 15 Jahre dauern wird. Auf der anderen Seite ist eine Ausweitung der Bahntaktung aufgrund der Auslastung des Schienennetzes kaum mehr möglich.

Eine Alternative hierzu kann jedoch der Ausbau des Schnellbus-Systems darstellen. Seit der Marktliberalisierung ist das Schnellbus-System schnell gewachsen und es werden bereits zahlreiche Strecken angeboten. Allerdings werden Verbindungen von schrumpfenden Regionen wie Wuppertal nach Köln oder Düsseldorf nur sporadisch angeboten. Für die Stadt Wuppertal kann es sich daher lohnen, das Schnellbus-System zu subventionieren und damit mehr Verbindungen anbieten zu lassen. Auch Gutscheine für Jahrestickets für Zugezogene könnten auf Umzugswillige positiv wirken. Im Vergleich zu den hohen Kosten des Abrisses könnten sich auch umfangreichere Verbesserungen des Bus-Systems lohnen. Dabei sollten ggf. auch Busanbindungen an das Regionalbahnsystem oder die ICE-Strecken geprüft werden. Busse können das Pendeln deutlich erleichtern und über die Verknüpfung mit Bahnverbindungen auch die Pendelzeit verkürzen. Hinzu kommt, dass Bus- und Bahnfahrten als weniger belastend als die Autofahrt angesehen werden, weil man die Zeit eben nutzen kann, etwa zum Lesen, Arbeiten oder Ruhen. Wer hingegen die Verkehrssituation rund um Köln oder Düsseldorf kennt weiß, wie anstrengend der morgendliche und abendliche Weg durch den Stau sein kann.

Denkbar sind auch Umzugsprämien für diejenigen, die aus Wachstumsregionen in schrumpfende Städte und Gemeinden wie Wuppertal oder Duisburg und Umgebung ziehen. Vor dem Hintergrund der hohen gesellschaftlichen Kosten, die aus den Wanderungen in die Großstädte resultieren, ergibt sich ein Potenzial für die Zahlung von entsprechenden Prämien. Diese könnten entweder von den Städten selbst oder aber besser noch vom jeweiligen Bundesland gezahlt werden. Wichtig ist es dabei, dass nur solche Zuwanderer eine Prämie erhalten, die eine Wohnung oder ein Haus im Bestand mieten oder erwerben oder aber ein Gebäude abreißen und neu bauen lassen. Zusätzlicher Neubau sollte aufgrund der demografischen Perspektiven und des hohen Leerstands vermieden werden. Dies setzt natürlich die Erkenntnis voraus, dass es sich um ein Landesthema handelt, wenn nicht sogar ein nationales Thema. Bislang werden hohe Mieten zwar als ein größeres politisches Thema behandelt, dass dahinter aber Wanderungsentwicklungen stehen, die Probleme an anderer Stelle hervorrufen bzw. entstehen lassen, weil andere Regionen strukturschwach sind, wird kaum beachtet. Gesamtwirtschaftlich macht es aber eben Sinn, vorhandene Immobilien besser zu nutzen und dafür Anreize zu setzen, anstatt über Neubau und Abriss hohe Kosten zu induzieren.

Neben einer verbesserten Verkehrsanbindung und finanziellen Anreizen ist es darüber hinaus wichtig, dass sich eine Stadt wie Wuppertal oder Duisburg insbesondere um ihr Freizeitangebot bemüht. Als Wirtschaftsstandort kann Wuppertal kaum mit Köln und Düsseldorf konkurrieren, aber als Wohnstandort kann es mit gepflegten Parks, attraktiven Fahrradwegen und einem insgesamt großzügigen Raumangebot überzeugen. Hier sind beispielhaft für Wuppertal mit der Nordbahntrasse und dem Skulpturenpark von Tony Cragg wichtige Projekte angeschoben worden, das Potenzial der Wupper in der Stadt hingegen scheint noch nicht „gehoben" zu sein. Vorteilhaft ist es auch, wenn Lösungen für bereits länger leer stehende Firmen- und Wohngebäude gefunden werden. Hier haben sich zum Beispiel Ideenwettbewerbe in vielen ostdeutschen Städten bewährt. Viele Gebäude lassen sich beispielsweise für Jugendliche in Form von Skatehallen oder Proberäumen verwenden oder können für die Ausstellung von Künstlern genutzt werden. Der vorhandene Raum bietet viele Potenziale, die jedoch auch genutzt werden müssen.

Ganz wichtig ist es jedoch auch, in die Infrastruktur zu investieren. Viele Eltern scheuen etwa einen Wohnsitz in Duisburg, weil die Schulen keinen guten Ruf haben. Auch Kindergärten sind oft schlechter ausgestattet und in einem schlechten baulichen Zustand. Viele Städte haben das Problem, dass Zuweisungen aus dem kommunalen Finanzausgleich von der Einwohnerzahl abhängen. Sinkt die Einwohnerzahl aufgrund wegfallender Arbeitsplätze, fehlen nicht nur die Gewerbesteuereinnahmen und die Wirtschaftskraft der Erwerbstätigen, sondern eben auch die Zuweisungen. Die Kosten bleiben aber hoch, weil viele kommunale Leistungen, wie etwa Schulen, Straßenreinigung, Müllabfuhr und viele andere vor allem mit hohen fixen Kosten verbunden sind. Um die Städte wieder in der Breite attraktiver zu machen, bedarf es mehr finanzieller Mittel. Vielfach ist es so, dass Städte Leistungen erbringen müssen, etwa im Hinblick auf Wohnungskosten für Empfänger von Arbeitslosengeld II („Hartz IV") oder die Unterbringung von Flüchtlingen, für welche Mittel von Bund und Land nur zögerlich kommen oder ein Teil der Kosten letztlich die Stadt trägt. Die Folge sind oftmals Überschuldung und starke Einschnitte in die Infrastruktur, die wiederum mehr Menschen zum Umzug in die Großstädte bewegen. Daher ist auch ein Umdenken in der Finanzierung der Städte notwendig, um den Wohnungsmarkt wieder zu entspannen.

Ähnliche Konstellationen, d. h. die räumliche Nähe von wachsenden und schrumpfenden Städten wie in Duisburg, Wuppertal, Köln und Düsseldorf, lassen sich in vielen Bundesländern finden.

In Niedersachsen und Bremen schrumpfen etwa Bremerhaven und Delmenhorst, wohingegen Bremen und Oldenburg wachsen. Auch in Thüringen liegen schrumpfende Städte wie Apolda, Gotha und Sömmerda direkt neben den wachsenden Städten Jena, Weimar und Erfurt. Selbst in Bayern finden sich in der Nähe der wachsenden Region um Erlangen, Fürth und Nürnberg einige Städte die eher von Stagnation oder Schrumpfung geprägt sind, wie Bamberg, Bayreuth und das etwas weiter entfernt liegende Hof.

Diese Darstellung ist zwar recht grob, doch es wird deutlich, dass in der besseren Verknüpfung von schrumpfenden und wachsenden Regionen große Potenziale liegen und beide Regionen davon profitieren können. Schließlich ist in den jeweiligen Regionen der Wohnungsmarkt in einem Ungleichgewicht – entweder fehlt es an Mietern und Selbstnutzern oder aber an Wohnungen. Damit wird auch deutlich, dass der Wohnungsmarkt keineswegs ein klar abzugrenzender Markt ist, sondern vielmehr die Entwicklungen auf dem einen Markt eben auch Auswirkungen auf andere Märkte haben. Es gilt daher, den Blick zu weiten und Wohnungsmärkte wieder gesamthaft zu betrachten. Da aber vor allem Kommunen mit eigenen Interessen den Wohnungsmarkt steuern, ist dies nicht selbstverständlich. Daher ist es erforderlich, dass insbesondere die Bundesländer mehr Verantwortung für den Wohnungsmarkt übernehmen, etwa durch die Gewährung von Bleibeprämien und Umzugsprämien oder aber indem die Infrastruktur verbessert wird.

Am Anfang eines solchen Ansatzes steht jedoch zunächst einmal für jede dieser schrumpfenden Städte eine genauere

Analyse der Nachfragepotenziale, die für sie in den wachsenden Städten der Region bestehen. Hierbei könnten Befragungen unter Einpendlern und potenziellen Nachfragern in einem engeren Einzugsgebiet sowie unter jüngst Zugezogenen hilfreich sein. Auch ist eine Analyse der konkreten Verbesserungsmöglichkeiten bei der Verkehrsinfrastruktur sinnvoll.

> Wenn es gelingt, in betreffenden Regionen durch vergleichsweise „preiswerte" Maßnahmen wie Umzugs- oder Bleibeprämien, verbesserten Verkehrsangeboten für Pendler und ähnlichen Anreizen den leer stehenden Wohnraum wieder mit neuen Nutzern zu beleben und damit seinen Abriss und den Neubau von vergleichsweise teuren Wohnungen zu verhindern, so wird damit ein gesamtwirtschaftliches Problem gelöst.

5.9 Stärkung des Wohneigentums

In der Diskussion um die Entlastung von Haushalten in der gegenwärtigen Lage der Wohnungsmärkte liegt der Fokus oft einseitig auf dem Mietwohnungsmarkt. Dabei wird gerne übersehen, dass Wohneigentum aktuell und wohl auch die nächsten Jahre eine günstige Alternative darstellt.

Die Preise für Wohneigentum steigen zwar seit 2010 kräftig an, aber letztlich überkompensiert die Zinsentwicklung diesen Preisanstieg. Dies lässt sich mithilfe des Wohnnutzerkostenkonzepts zeigen, welches in Abschn. 2.2 diskutiert wurde. Die laufenden Kosten von Wohneigentümern – unter Berücksichtigung der Zinskosten, der entgangenen Erträge auf das Eigenkapital, der laufenden Instandsetzungs- und Abnutzungskosten sowie der Grundstückspreisentwicklung – liegen im Bundesdurchschnitt etwa 30 bis 40 % unter den Kosten der Mieter. Dies gilt auch für Städte wie Berlin,

Hamburg, Köln oder Frankfurt am Main. Selbst in Stuttgart und in München liegt der Vorteil noch bei über 20 %. Berechnungen zeigen, dass man heute in der Erwerbsphase für Zins und Tilgung sowie die Instandsetzung gleich oder sogar weniger als für eine vergleichbare Mietwohnung ausgegeben muss, im Alter dann aber eben lastenfrei leben kann. Die Wohneigentumsbildung wird den Haushalten damit geradezu geschenkt. Je nach Stadt und Region gilt dies auch dann, wenn die Zinsen in 10 Jahren wieder auf 4 % und mehr steigen, was aktuell aber eher unwahrscheinlich erscheint.

Neben dem reinen Kostenvorteil wäre die verstärkte Wohneigentumsbildung mit zwei weiteren Vorteilen verbunden. Erstens könnte damit die Vermögensbildung angeregt und folglich auch die Altersvorsorge gestärkt werden. Deutsche Haushalte verfügen im internationalen Vergleich über relativ geringe Vermögen, insbesondere auch aufgrund der geringen Wohneigentumsquote. Da außerdem das Rentenniveau abgesenkt wurde, die Verzinsung bei kapitalgedeckten Systemen wie Lebensversicherungen eher gering ist und die Erwerbsverläufe unstetiger geworden sind, werden viele Haushalte in der Zukunft nur geringe Renten erhalten. Ein bis zum Rentenalter abbezahltes Eigenheim kann dann eine essenzielle Ergänzung darstellen. Ein zweites Argument trifft insbesondere für die hier fokussierten Großstädte zu. Dort sind die Sorgen über Gentrifizierung, also die Verdrängung schwacher sozialer Schichten aus attraktiven Stadtvierteln, besonders groß. In vielerlei Hinsicht sind die Sorgen über die Gentrifizierung übertrieben, da zunächst eine gewollte Mischung der Einkommensschichten stattfindet, von der gerade auch sozial schwächere Schichten profitieren. Dies zeigen u. a. Studien für die USA. Trotz alledem wird es aber schwieriger, Mieten in begehrten Lagen zu bezahlen, insbesondere für Haushalte, die weniger dynamische Einkommenszuwächse haben.

5 Maßnahmen zur Verbesserung der …

Selbstnutzer entkoppeln sich jedoch von der allgemeinen Marktentwicklung und können de facto nicht mehr verdrängt werden. Die Wohneigentumsbildung ist daher deutlich effizienter und wirksamer als etwa Milieuschutzsatzungen, die aufgrund ihrer restriktiven Ausgestaltung die Gefahr beinhalten, dass nicht mehr ausreichend in die Bestände investiert wird (Abschn. 6.3).

Trotz dieser Vorteile stagniert die Wohneigentumsquote jedoch. Seit 2011 und der damit verbundenen Senkung der Zinsen gibt es kaum mehr Wohneigentümer, die Quote verharrt bei 45 % (Abb. 5.4). Nach einer Auswertung des Sozio-oekonomischen Panels, einer regelmäßigen und repräsentativen Befragung von Haushalten, konnten in den letzten Jahren nur ältere Haushalte und Haushalte mit hohem Einkommen mehr Wohneigentum bilden, bei allen anderen stagniert die Wohneigentumsbildung oder ist sogar rückläufig.

Der wesentliche Grund: Es fehlt an dem notwendigen Eigenkapital. Wer eine Immobilie erwirbt, muss rund 20 % Eigenkapital in die Finanzierung mit einbringen. Darüber hinaus fallen in erheblicher Weise Nebenkosten durch die

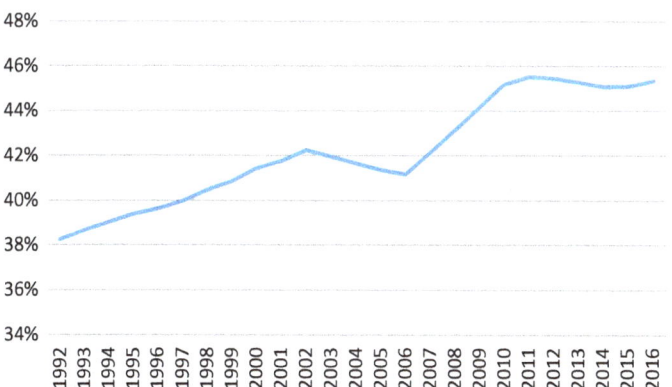

Abb. 5.4 Entwicklung der Wohneigentumsquote in Deutschland. (Quelle: Institut der deutschen Wirtschaft)

Grunderwerbsteuer, Grundbucheintragung, Notarkosten und ggf. Maklerkosten an, die sich auf über 10 % des Kaufpreises addieren können. Alles in allem braucht ein Haushalt also rund 30 % des Kaufpreises in liquiden Vermögenswerten, um eine Wohnung kaufen zu können. Bei einem Kaufpreis von 200.000 EUR sind dies bereits 60.000 EUR – zu viel für die meisten Mieter. Schließlich verfügen nur rund 10 % der Mieter über finanzielle Reserven in Höhe von 50.000 EUR, wie Daten des Sozio-oekonomischen Panels zeigen.

Viele Haushalte könnten somit ihre laufenden Wohnkosten senken und etwas für die Altersvorsorge tun, aber die hohen Kapitalanforderungen versperren den Weg. Daher lohnt es sich darüber nachzudenken, wie die Hemmnisse abgebaut werden können.

Nach dem Willen der Bundesregierung soll das Baukindergeld einen wesentlichen Beitrag leisten. Eine Familie mit zwei Kindern und einem Einkommen von weniger als 105.000 EUR erhält 24.000 EUR für den Kauf einer Wohnung oder eines Hauses, wobei der Betrag über einen Zeitraum von zehn Jahren ausgezahlt wird. Damit erhalten die Haushalte zusätzliches Eigenkapital, das sie in die Finanzierung des Immobilienkaufs einbringen können. Der Haken dabei ist allerdings, dass die Kosten für den Steuerzahler ungemein hoch sind. Bis 2021 werden sich die Kosten auf fast 4 Mrd. EUR summieren. Aus diesem Grund wurde beschlossen, das Baukindergeld bereits Ende 2021 wieder abzuschaffen. Auch die 2006 abgeschaffte Eigenheimzulage, bei der eine vierköpfige Familie bis zu 32.000 EUR bekam, wurde letztlich aufgrund ausufernder Kosten abgeschafft. Schließlich beliefen sich die jährlichen Kosten auf rund 8 Mrd. EUR pro Jahr. Einen alternativen Weg haben die USA und andere angelsächsischen Staaten gewählt, indem die Kreditstandards gesenkt wurden. Gerade in den USA konnten Haushalte mit geringem Einkommen auch Darlehen mit Beleihungsausläufen von 100 % erhalten, sodass auch ohne angespartes Kapital Eigentum erworben werden konnte. Außerdem wurde die anfängliche Zinsbelastung durch die Wahl variabler Darlehen reduziert. Dies war unter anderem über die Refinanzierung der lokalen Banken durch die halbstaatlichen Banken Fannie Mae und Freddie Mac möglich. Diese Strategie endete jedoch letztlich in der Überschuldung zahlreicher Haushalte, da die Zinserhöhungen Mitte der 2000er-Jahre zu einer Überforderung zahlreicher Haushalte führte, was bekannter Weise der Ausgangspunkt für die globale Finanzkrise ab 2007 war.

Gefragt ist damit eine Förderungspolitik, die sowohl eine finanzielle Belastung für den Steuerzahler als auch den Kreditnehmer begrenzt. Ein solches Modell könnte über staatlich garantierte Nachrangdarlehen ermöglicht werden. Gewährt der Staat in einem bestimmten Einkommensbereich garantierte Darlehen, könnten die Haushalte die Darlehen als Eigenkapitalersatz in die Finanzierung einbringen. Aufgrund der derzeit niedrigen Zinsen könnten die Haushalte trotz einer insgesamt hohen Fremdkapitalquote damit ihre Wohnkosten im Vergleich zur Miete reduzieren. Damit nun das Risiko des Zahlungsausfalls bzw. der Überschuldung reduziert wird, müsste auf hohe Tilgungssätze und lange Zinsbindungen gedrängt werden. Lange Zinsbindungen von 10 Jahren und mehr sind ohnehin in Deutschland üblich und anfängliche Tilgungssätze von 3 % sind aktuell ebenfalls weit verbreitet. Der Staat könnte zur Unterstützung der Tilgung auch das sozialpolitische Instrumentarium verwenden. So könnten etwa Mittel aus der sozialen Wohnraumförderung für die Tilgung der Kredite eingesetzt werden. Wird das Einkommen wie beim Wohngeld regelmäßig geprüft, könnte auch sichergestellt werden, dass tatsächlich nur Haushalte, die bedürftig sind, von der Förderung profitieren. Sinnvoll wäre es aber in jedem Fall, Anreize für eine schnelle Rückführung der Kredite zu setzen. Ähnlich wie beim BAföG könnten etwa schnelle Tilgungen mit

Nachlässen bei der Gesamtschuld honoriert werden. Bei Immobiliendarlehen könnte dies etwa bedeuten, dass der Staat bei zusätzlichen Tilgungen der Haushalte einen Tilgungszuschuss gewährt. Auf diese Weise hätten die Haushalte einen besonderen Anreiz, viel zu sparen.

Ein solches Programm wäre aufgrund der staatlichen Bonität nur mit sehr geringen Zinskosten verbunden und auch die Tilgungsnachlässe sind steuerbar. Natürlich werden die Gesamtkosten auch von der Zahl der Haushalte abhängen, die von den Nachrangdarlehen profitieren sollen. Zumindest sollte das Programm alle Haushalte umfassen, die einen Wohnberechtigungsschein erwerben können. Dies sind in vielen Städten rund 20 bis 25 % der Mieter. Denkbar ist aber auch eine Ausweitung der Unterstützung auf weitere Einkommensklassen, wobei über die Höhe des Nachrangdarlehens und die Tilgungsnachlässe auch Skalierungen möglich sind.

Einen weiteren Anknüpfungspunkt stellt die Grunderwerbsteuer dar. Die beste Lösung ist wie beschrieben eine Reduktion der Sätze für alle und der Übergang auf eine Nettobesteuerung. Sollte dies nicht gehen, sollte zumindest die Grunderwerbsteuer für Geringverdiener nach britischen Vorbild reduziert werden. Dies würde einkommensschwache Haushalte, die nur wenig sparen können, deutlich entlasten. Außerdem würde es vielen Haushalten helfen, wenn die Steuer in Raten bezahlt werden könnte, wobei auch eine Streckung über 10 Jahre möglich wäre. Damit würde der Kapitalbedarf erheblich sinken.

Eine weitere Stellschraube ist die Makler-Courtage. In den meisten Bundesländern teilen sich Käufer und Verkäufer die Courtage, dann müssen Käufer meistens 3,57 % des Kaufpreises bezahlen. In einigen Bundesländern, wie etwa Berlin, muss dagegen allein der Käufer die Courtage zahlen, dann sind es 7,14 % – bei einem Kaufpreis von 250.000 EUR also stolze 17.850 EUR. International gesehen ist es völlig unüblich, dass der Käufer die Courtage zahlt. Vielmehr gilt das so genannte Bestellerprinzip, nach dem derjenige den Makler bezahlt, der ihn beauftragt, also typischerweise der Verkäufer. Dem wird entgegengebracht, dass dies die Belastung nicht senken würde, da die Verkäufer die Kosten über den Verkaufspreis auf die Käufer überwälzen können. Dies ist nicht unplausibel, zumindest in angespannten Märkten. Aber selbst dann bliebe als Vorteil, dass die Käufer die Courtage als Bestandteil des Kaufpreises dann finanzieren könnten – bislang müssen sie die Courtage aus ihrem angesparten Kapital begleichen. Allerdings wäre zu erwarten, dass die Courtage insgesamt deutlich sinken würde. Schließlich kann der Verkäufer ganz anders mit dem Makler verhandeln als der Käufer. Wer eine bestimmte Immobilie kaufen möchte, ist in einer schlechten Verhandlungsposition, um einen Preisnachlass auf die Courtage zu erreichen. Der Verkäufer kann dagegen den Wettbewerb der Makler untereinander nutzen und damit die Leistung deutlich günstiger erhalten. Schon heute werben Makler in München offensiv damit, dass der Verkäufer faktisch keine Courtage zahlen muss, obwohl formal auch dort eine Aufteilung auf Käufer und Verkäufer vorgesehen ist. In den Niederlanden, wo das Bestellerprinzip schon lange gilt, liegt die Courtage typischerweise bei 1–2 % des Kaufpreises, in Dänemark teilweise sogar noch darunter. Der Übergang auf das Bestellerprinzip wäre damit eine einfache Möglichkeit, die Transaktionskosten zu senken.

Nicht zuletzt sollten auch Notarkosten und Grundbuchkosten unter die Lupe genommen werden. Vergleicht man Deutschland mit den Niederlanden, so fällt auf, dass sowohl Notarkosten als auch Grundbuchkosten in Deutschland deutlicher höher sind. In den Niederlanden sind die Notarkosten unabhängig vom Immobilienwert und es gibt anders als in Deutschland keine feste Gebührenordnung. Die Notarkosten liegen typischerweise zwischen 700 EUR und 1000 EUR, in Deutschland müssen dagegen zwischen 0,8 und 1,0 % des Immobilienwertes gezahlt werden. Bei einem Kaufpreis von 250.000 EUR sind dies schon 2500 EUR. In Großbritannien braucht man gar keinen Notar, dort übernehmen Rechtshelfer die Beurkundung und auch die Grundbucheintragung. Insgesamt zahlen deutsche Haushalte für Notar und Grundbucheintragung bei einem Immobilienwert von 250.000 EUR rund 3900 EUR, niederländische Haushalte etwa 1500 EUR und britische sogar nur 1150 EUR. Man muss nun nicht gleich Notare abschaffen oder das Notarwesen deregulieren, aber zumindest ist es fraglich, warum sowohl Notargebühren als auch Grundbuchkosten vom Immobilienwert abhängen. Damit profitieren Notare und Ämter von dem derzeitigen Immobilienboom zulasten der Wohnungskäufer. Einen erkennbaren zusätzlichen Aufwand gibt es durch die gestiegenen Immobilienpreise schließlich nicht. Dies gilt im Übrigen ja auch für Makler, die ohne ersichtlichen Mehraufwand vom Immobilienboom profitieren, weil ihre Vermittlungsgebühr vom Immobilienpreis abhängt.

> Angesichts der anhaltenden Niedrigzinspolitik bietet sich die große Chance, die Vermögensbildung vieler Menschen zu stärken und gleichzeitig damit ihre Wohnkosten zu verringern. Es ist daher notwendig, Hemmnisse abzubauen und insbesondere den Kapitalbedarf zu senken. Werden die Anreize hierfür richtig gesetzt, sind die Risiken sowohl für die Haushalte als auch für den Steuerzahler begrenzt.

5.10 Erhöhung und Dynamisierung des Wohngelds

Es ist nicht zu leugnen, dass viele der vorgeschlagenen Lösungen Zeit brauchen, bis sie wirken. Die Wohnkosten sind jedoch aktuell hoch und viele Haushalte stehen vor großen Problemen. Gerade Haushalte, die von der allgemeinen Einkommensentwicklung abgehängt sind, wie etwa Studenten, Haushalte, die sich mit Nebenjobs über Wasser halten oder auch Rentner, haben große Sorgen, Wohnraum in den Städten bezahlen zu können. Gerade für diese Haushalte gibt es jedoch bereits ein soziales Instrument, das bei richtigem Einsatz Abhilfe schaffen kann: das Wohngeld.

Es ist erstaunlich, dass das Wohngeld in der allgemeinen politischen Debatte nur eine untergeordnete Rolle spielt. Wahrscheinlich ist es der Tatsache geschuldet, dass der Empfängerkreis mit der Grundsicherungsreform 2005 deutlich kleiner geworden ist. Während früher alle Grundsicherungsempfänger Wohngeld bekamen, werden den Grundsicherungsempfängern seit 2005 die vollen Kosten des Wohnens erstattet, sofern diese als angemessen angesehen werden, was die Kommunen entscheiden. Wohngeld erhalten also nur die Haushalte, die zwischen der Grundsicherung und einem Einkommen stehen, dass als nicht mehr unterstützungsbedürftig angesehen wird. Im Jahr 2017 erhalten rund 590.000 Haushalte Wohngeld und durchschnittlich beträgt die Leistung knapp 160 EUR im Monat. Bundesregierung und Bundesländer zahlen aktuell rund 1,1 Mrd. EUR für das Wohngeld.

Das Wohngeld ist gerade so bemessen, dass die Haushalte nur 30 % ihres Nettoeinkommens für das Wohnen ausgeben müssen. Dabei können sowohl Selbstnutzer (Eigentümer) als auch Mieter vom Wohngeld profitieren. Allerdings werden die Zahlungen gekappt, wenn die Wohnkosten als unangemessen angesehen werden. Die Haushalte erhalten dann zwar weiterhin Wohngeld, aber die Miete wird nur bis einer bestimmten Grenze bezuschusst. Damit soll verhindert werden, dass die Haushalte ihren Wohnkonsum ausweiten, weil es Zuschüsse gibt.

Genau das ist ein wesentliches Problem des Wohngelds. Denn das Wohngeld wird nur etwa alle sieben

Jahre angepasst. Dies gilt sowohl für die Wohngeldhöhe als auch die Angemessenheitsgrenzen. Die letzte Anpassung erfolgte 2016 und war mit einem deutlichen Anstieg der Zahlungen verbunden, davor wurde das Wohngeld aber zuletzt 2009 angepasst. 2011 wurde das Wohngeld sogar de facto gesenkt, weil der Heizkostenzuschlag wieder abgeschafft wurde. In diesen sieben Jahren haben sich die Rahmenbedingungen des Wohnungsmarktes massiv verändert und natürlich sind vor allem die Mieten deutlich gestiegen. Mieter müssen wesentlich mehr zahlen und mitunter sind Mieten, die 2009 als besonders hoch angesehen wurden, mittlerweile üblich, werden aber nicht mehr bezuschusst. Während das Grundsicherungsniveau kontinuierlich steigt und sich den gestiegenen Lebenshaltungskosten anpasst, ist dies beim Wohngeld nur eingeschränkt der Fall. Eine Folge dieser Regelung ist, dass im Zeitablauf immer mehr Menschen vom Wohngeldbezug in die Grundsicherung fallen, weil ihr Einkommen in Kombination mit den Wohnkosten und dem Wohngeld nicht ausreicht, um den Lebensunterhalt zu bestreiten. Für den Zeitraum 2017 bis 2022 schätzen meine Kollegen Judith Niehues und Ralph Henger, dass die Zahl der Wohngeldempfänger von derzeit rund 600.000 auf 410.000 Haushalte zurückgehen wird. Spiegelbildlich werden die Ausgaben von heute 1,1 Mrd. EUR auf 730 Millionen EUR sinken (Abb. 5.5).

Dies ließe sich einfach lösen, indem die Mietobergrenzen beim Wohngeld dynamisiert werden. Steigen die Mieten in einer Stadt, sollten auch die Mietobergrenzen beim Wohngeld steigen. Liegen diese Daten nicht vor, sollten die Grenzen zumindest mit der allgemeinen Steigerung der Verbraucherpreise erhöht werden. Dies wäre ein Fortschritt, allerdings wäre dies in sehr angespannten Märkten wie Berlin oder München unzureichend, da die

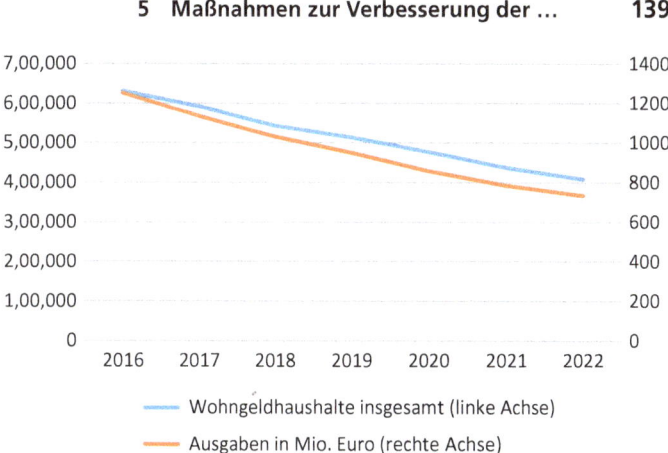

Abb. 5.5 Prognose der Entwicklung der Wohngeldausgaben. (Quelle: Institut der deutschen Wirtschaft)

Steigerungsrate der Mieten über dem der Verbraucherpreise liegt. Es spricht also viel dafür, dass die Städte eine gute Datenbasis haben, um den Wohnungsmarkt möglichst gut abbilden zu können.

Darüber hinaus wäre auch eine allgemeine Erhöhung des Wohngelds bedenkenswert. Aktuell endet der Bezug des Wohngelds zum Beispiel für eine vierköpfige Familien bei einem Bruttoeinkommen von unter 40.000 EUR. Haushalte mit einem solchen Einkommen haben aber in vielen Großstädten und begehrten Universitätsstädten Probleme, geeigneten Wohnraum zu bezahlen. Mit einer Erhöhung des Wohngelds um rund 500 Mio. EUR jährlich könnten die Einkommensgrenzen erweitert und die Lage vieler Haushalte entspannt werden. Finanziert werden könnte dies etwa durch eine Reduktion der Mittel in der sozialen Wohnraumförderung (Abschn. 6.2).

Gegen das Wohngeld wird häufig eingewandt, dass die Wohngeldzahlungen vor allem den Vermietern nutzen. Steigen die Wohngeldzahlungen, würden dies die Vermieter in den Mieten berücksichtigen und die Entlastung würde sich somit reduzieren. Ganz so einfach können Mieten jedoch nicht erhöht werden. Gerade für bestehende Mietverträge gibt es enge Grenzen für Mieterhöhungen, sodass Vermieter gar nicht auf Anpassungen im Wohngeld reagieren können. Anders sieht dies bei Neuvertragsmieten aus. Hier könnten die Vermieter theoretisch die höhere Zahlungsfähigkeit einpreisen, sofern etwa die Mietpreisbremse nicht gilt (Abschn. 6.1). Auch dies ist unwahrscheinlich, weil die Wohngeldempfänger nur einen kleinen Teil der Wohnungsnachfrager darstellen. Da es keine spezifischen Angebote für Wohngeldempfänger gibt und Vermieter sich einer breiten Nachfrage gegenübersehen, werden sie die Preise kaum anpassen können. Dies lässt sich auch empirisch belegen, wie das im Folgenden beschriebene Forschungsprojekt zeigte.

Für ein Forschungsprojekt mit dem damaligen Bau- und Verkehrsministerium haben wir geprüft, ob die Wohngelderhöhung 2009 einen Effekt auf unterschiedliche Wohnungsmärkte hatte. Dabei haben wir die Entwicklung der Angebotsmieten untersucht und ein besonderes Augenmerk auf solche Märkte gelegt, wo nicht nur mehr Haushalte Wohngeld bezogen haben, sondern wo auch die Wohngeldstufe verändert wurde. Über die Wohngeldstufe wird die zuschussfähige Höchstmiete für die Haushalte bestimmt. Wie sich zeigte, war ein unmittelbarer Effekt des Wohngelds auf die Angebotsmieten nicht feststellbar. Natürlich ist es nicht auszuschließen, dass es mittelfristige Effekte gibt, aber diese dürften klein sein. Generell haben jeder Transfer und jede Subvention gewisse Auswirkungen auf den Preis, da die Nachfrage erhöht wird. Umso genauer und treffsicherer die Zielgruppe einer Förderung jedoch definiert wird, umso geringer sind die Effekte auf das Preisniveau. Das Wohngeld ist in dieser Hinsicht als besonders vorbildlich einzustufen.

> Eine Dynamisierung und Erhöhung des Wohngelds wäre ein wichtiger Schritt, um die Wohnkostenbelastung von Geringverdienern auf ein angemessenes Niveau zu senken. Eine Wohnkostenbelastung von 30 % gilt vielfach als vertretbar und eine regelmäßige Anpassung der Leistungen würde dazu führen, dass diese Quote auch nicht – wie jetzt vielfach – im Zeitablauf steigt. Darüber hinaus sollte auch stärker auf das Wohngeld hingewiesen werden. Schätzungen meines Kollegen Ralph Henger gehen davon aus, dass deutlich mehr als 40 % der Anspruchsberechtigten kein Wohngeld beantragen. Ein Grund kann sein, dass die Beträge in Einzelfällen nur gering sind, aber ein anderer sicherlich auch, dass nur wenig Haushalte von dieser Leistung wissen.

Es ist ermutigend, dass eine Erhöhung des Wohngelds beim Wohngipfel der Bundesregierung zumindest anvisiert wurde. Wie diese Reform aber aussehen wird, und ob insbesondere die notwendige Dynamisierung eingeführt wird, lässt sich zum derzeitigen Zeitpunkt noch nicht absehen.

5.11 Steigende Wohnungspreise sind vermeidbar

In manchen Diskussionen hat man den Eindruck, dass steigende Preise unvermeidbar sind. Solange die Städte weiterwachsen, würden die Preise und Mieten eben weiter stark steigen, dies könne man nicht ändern. Stattdessen könnte man durch Umverteilungspolitik nur die Folgen abmildern – wobei aber viele dieser Maßnahmen die Lage eher verschlimmern, wie das nächste Kapitel zeigt (Kap. 6). Stark steigende Wohnkosten können aber eben vermieden werden, wenn es gelingt den Wohnungsbau anzuregen und wenn Alternativen geboten werden. Und dies ist möglich, wie die bisherige Diskussion gezeigt hat. Es gibt genug

Flächen für die Bebauung und es gibt auch genug Möglichkeiten, Kosten im Wohnungsbau und bei den Wohnkosten zu senken. Wir müssen es nur auch tun.

Manchmal hat man den Eindruck, dass Stadtplaner, Architekten, Politiker und vor allem Verwaltungen, aber auch viele andere, viel zu sehr in dem bestehenden Regelsystem und den Ortsgrenzen gefangen sind. Was wir aber brauchen, sind Visionen für unsere Städte. Es ist auch bedauerlich, dass das Wachstum der Städte vor allem problematisiert wird, anstatt über die Chancen zu reden. Großstädte bieten zahlreiche Möglichkeiten für Unternehmen, für die Kultur, für die Forschung und für jeden einzelnen Menschen. Auch die Umwelt kann gewinnen, wenn wir uns auf Städte als Lebensraum konzentrieren und das Land teilweise wieder freigeben. Städte müssen jedoch wachsen können, um sich zu entfalten. Dies muss nicht so problematisch erfolgen wie in den 1960er- oder 1970er-Jahren, als einfach graue Wohnblocks hochgezogen wurden. Heute lassen sich neue Viertel gestalten, die urbane Qualität haben und anschlussfähig sind an die Stadt. Vielfach würde es helfen, wenn die Städte eine Vision für die Zukunft entwickeln würden, bei der sie zunächst einmal frei denken. Diese Vision sollte dann auch mit der Wirtschaft und den Bürgern diskutiert werden, um ein gemeinsames Verständnis für die Stadt zu entwickeln. Dann ließe sich manches Projekt in Zukunft auch schneller durchführen.

> Das große Interesse der Investoren aufgrund historisch niedriger Zinsen sollte aktiv genutzt werden, um heute die Städte und die Infrastruktur zu modernisieren und zukunftsfähig zu machen. Hier sollte auch über neue Finanzierungswege nachgedacht werden, damit der Aufbau der Infrastruktur nicht den Wohnungsbau belastet. Denkbar sind etwa Öffentlich-Private Partnerschaften, zum Beispiel bei Schulsanierungen oder dem Bau neuer Straßenbahnen.

Die Situation ist in jeder Stadt anders und auch die Möglichkeiten sind unterschiedlich, aber jede wachsende Stadt muss sich heute damit auseinandersetzen, wie sie sich weiterentwickeln will und wie sie das Wohnraumangebot verbessern kann. Stattdessen wird aber verstärkt darüber nachgedacht, wie mit eigentlich antiquierten Instrumenten die Wohnkostenbelastung vermindert werden kann. Genau davon handelt das folgende Kap. 6.

Weiterführende Literatur

Die Bodenwertsteuer fußt auf den Gedanken von Henry George, eine umfassende Darstellung der Bodenwertsteuer als kommunale Steuer findet sich in der Dissertation meiner ehemaligen Kollegin Astrid Lemmer:

1. George H (1884) Fortschritt und Armuth. Eine Untersuchung über die Ursache der industriellen Krisen und der Zunahme der Armuth bei zunehmendem Reichthum. Staude, Berlin
2. Lemmer A (2004) Reform der Grundsteuer. Untersuchungen zur Wirtschaftspolitik, Bd 127. Institut für Wirtschaftspolitik an der Universität, Köln

Auch der bekannte Architekt Libeskind wirbt für Hochhäuser in deutschen Städten. Die Kollegen vom Pestel-Institut haben die Studie zum Dachgeschossausbau erstellt.

3. Groß K, Günter M, Tichelmann U (2015) Deutschland-Studie 2015 – Wohnraumpotentiale durch Aufstockung. http://www.twe.architektur.tu-darmstadt.de/media/architektur/fachgruppe_c/twe_1/publikationen_13/Deutschlandstudie2015_160229.pdf. Zugegriffen am 12.12.2016
4. Spiegel Online (2016) Baut höher, dann bleibt die Stadt bezahlbar. http://www.spiegel.de/wirtschaft/soziales/daniel-libeskind-warnt-vor-toten-innenstaedten-a-1119618.html. Zugegriffen am 12.12.2016

Informationen zu den Plänen für den ehemaligen Militärflughafen Valkenburg sowie den neuen Stadtvierteln in Wien, Berlin und Hamburg finden sich hier:

5. Project Locatie Valkenburg (2013) Masterplan Locatie Valkenburg. An Katwijk
6. Frankfurter Allgemeine Sonntagszeitung (2016) Die Gartenstadt der Zukunft. 19. August

Mehr zur Seestadt Aspern findet man hier:

7. Stadt Wien (2018) Aspern die Seestadt Wiens – Fortschreibung Masterplan. https://www.aspern-seestadt.at/jart/prj3/aspern/data/downloads/aspern_Fortschreibung_Masterplan_2018-02-01_1602399.pdf. Zugegriffen am 10.10.2018

Hier die Studie des Instituts für Wirtschaftspolitik zu der Dauer der Baugenehmigungen:

8. Arentz O et al (2016) Verzögerungen in Baugenehmigungsverfahren – Gründe, Folgen und Lösungen. BFW Landesverband Nordrhein-Westfalen (Hrsg), Düsseldorf

Zu den Baukosten in Deutschland und den Niederlanden finden sich hier weitere Hinweise:

9. Sagner, P, Voigtländer M (2018) Es geht auch günstiger: Vorbild Niederlande, IW-Kurzbericht 60/2018, Köln

Beispiele für kommunale Auflagen und deren Kosten finden sich beispielhaft in der folgenden Studie:

10. BFW Landesverband Bayern (2016) Kostentreiber in bayerischen Kommunen. BFW Landesverband Bayern, München

Warum sich die Privatisierung öffentlicher Wohnungsgesellschaften lohnt, erkläre ich u. a. hier:

11. Voigtländer M (2007) Die Privatisierung öffentlicher Wohnungen. Wirtschaftsdienst 87(11):748–753

Zur Möglichkeit der besseren Vernetzung von schrumpfenden und wachsenden Städten habe ich einen Beitrag mit meinem Kollegen Guido Spars von der Bergischen Universität Wuppertal veröffentlicht, der hier in sehr ähnlicher Form wiedergegeben wurde:

12. Spars G, Voigtländer M (2015) Divergierende Wohnungsmärkte in Deutschland. Wirtschaftsdienst 95(3):208–212. https://doi.org/10.1007/s10273-015-1807-x

Die Idee, warum Wohneigentum ein Instrument zur Senkung der Wohnkosten ist sowie die Daten zum Wohneigentum finden sich in diesen beiden Publikationen:

13. Voigtländer M, Hude M (2017) Trends in der Wohneigentumsbildung: Gutachten für die Schwäbisch Hall Stiftung bauen-leben-wohnen. IW-Gutachten, Köln
14. Niehues J, Voigtländer M (2016) Wohneigentumsquote – Geringe Dynamik in der Wohneigentumsbildung. IW-Kurzbericht Nr. 13, Köln

Zum Wohngeld und seiner sozialen Bedeutung sei auf diese Publikation verwiesen:

15. Clamor T, Henger R, Horschel N et al (2011) Das Wohngeld als Instrument zur sozialen Absicherung des Wohnens. Inf zur Raumentwickl 2011(9):535–544

6

Drei Irrwege der Wohnungspolitik

Wer bislang aufmerksam gelesen hat, wird bei den Lösungsansätzen die in der Politik meist genannten Instrumente möglicherweise vermisst haben: Die Mietpreisbremse und die soziale Wohnraumförderung.

Die Mietpreisbremse war ein wichtiges Thema des Wahlkampfes 2013, das die Bundeskanzlerin Angela Merkel geschickt aufgenommen hat. Damit nahm sie ihrem Kontrahenten und SPD-Kanzlerkandidaten Peer Steinbrück Wind aus den Segeln. In einer großen Koalition musste das Thema nun aber auch umgesetzt werden, und damit tun sich die Probleme auf, die im Folgenden diskutiert werden. Schließlich wäre es auch zu leicht, Preissteigerungen einfach per Federstrich zu verbieten, so leicht funktioniert Ökonomie leider nicht.

Auch die soziale Wohnraumförderung ist ein Klassiker der deutschen Wohnungspolitik. Immer wenn es einen Mangel an Wohnraum gibt, werden mehr Sozialwohnungen gefordert. Schließlich können damit gleich zwei Ziele auf einmal erreicht werden: Es wird mehr gebaut und die

Wohnkosten für ärmere Haushalte sinken. Leider greift aber die alte Tinbergen-Regel, wonach es für ein Ziel auch immer nur ein Instrument geben sollte. Wesentlich bei der Förderung von Sozialwohnungen ist aber, dass nicht unbedingt bedürftige Haushalte profitieren, was in Abschn. 6.2 diskutiert wird.

Darüber hinaus setzen Städte zunehmend auf den Milieuschutz, um Mieten in einzelnen Stadtvierteln zu moderieren und vor allem die Bewohner vor Gentrifizierung zu schützen. Doch wie bedrohlich ist eigentlich der Zuzug einkommensstärkerer Schichten? Was bedeutet es langfristig für ein Stadtviertel, wenn nur noch begrenzt in die Bestände investiert werden kann? Diese Fragen werden in Abschn. 6.3 diskutiert.

Das Kapitel ist mit dem Schlagwort „Irrwege" überschrieben. Denn die Politik setzt auf Instrumente, die sich bereits in der Vergangenheit nicht bewährt haben und die in Summe mehr Schaden als Nutzen anrichten können. Dies ist umso bedauerlicher, weil Deutschland im internationalen Vergleich in der Vergangenheit oft das Sinnbild für einen funktionierenden Mietwohnungsmarkt war und weil gerade im Wohnungsmarkt die Idee der sozialen Marktwirtschaft besonders gut umgesetzt war. Dies droht nun zu kippen, so das Fazit dieses Kapitels.

6.1 Die Mietpreisbremse

Der Mieterschutz ist in Deutschland sehr ausgeprägt und umfasste bislang sowohl Kündigungsschutzregeln als auch Kappungsgrenzen für Mieten in bestehenden Verträgen. Anders als in vielen anderen Ländern sind Mietverträge typischerweise unbefristet. Mieter können einen Mietvertrag jederzeit mit drei monatiger Kündigungsfrist beenden, bei Vermietern ist die Kündigungsfrist hingegen gestaffelt nach der Mietvertragsdauer. Ab einer Mietdauer von acht Jahren gilt eine Kündigungsfrist von neun Monaten. Kündigen darf der Vermieter dabei nur aus wichtigem Grund. Hierzu zählen etwa gravierende Mietrückstände, eine unzumutbare Nutzung des Mietobjektes (zulasten anderer Mieter) oder aber der Eigenbedarf des Vermieters. Generell sind die Anforderungen an Kündigungen sehr hoch. Außerdem werden Mieterhöhungen streng reguliert. Mieterhöhungen in bestehenden Verträgen sind grundsätzlich nur bis zur Höhe der ortsüblichen Vergleichsmiete möglich. Die ortsübliche Vergleichsmiete kann dabei entweder aus den Mietspiegeln entnommen werden oder durch ein Sachverständigengutachten bestimmt werden. Weiterhin ist auch eine Bestimmung der ortsüblichen Vergleichsmiete durch die Betrachtung von drei Vergleichsobjekten möglich. Sofern jedoch ein qualifizierter Mietspiegel vorliegt, ist diesem der Vorrang einzuräumen. Neben der Begrenzung auf die ortsübliche Vergleichsmiete gilt als weitere Einschränkung auch die Kappungsgrenze. Demnach darf die Miete maximal um 20 % innerhalb von drei Jahren steigen. In angespannten Wohnungsmärkten ist die Grenze sogar auf 15 % in vier Jahren gesenkt worden. Alternativ zu den genannten Erhöhungsmöglichkeiten kann auch eine Indexmiete (Anknüpfung an dem Verbraucherpreisindex) oder eine Staffelmiete vereinbart werden. Schließlich sind auch Mieterhöhungen bei Modernisierungen möglich. In diesem Fall dürfen 8 % der reinen Modernisierungskosten (Modernisierungskosten abzüglich von Instandsetzungen) auf die Jahresmiete umgelegt werden, allerdings nur bis zu maximal 3 Euro pro Quadratmeter. Bis Mitte 2018 betrug die Modernisierungsumlage sogar 11 %.

Neuvertragsmieten bzw. Wiedervertragsmieten wurden bislang kaum reguliert. Zwar gibt es im Bürgerlichen Gesetzbuch einen Wucherparagrafen, aber in der Praxis spielte dieser kaum eine Rolle. Dies ändert sich nun mit der

Einführung der Mietpreisbremse. Hiernach ist vorgesehen, dass bei Wiedervertragsmieten der Mietpreis maximal 10 % über der ortsüblichen Vergleichsmiete liegen darf. Liegt die Miete bereits heute höher, muss sie nicht abgesenkt werden. Von der Mietpreisbremse gibt es zwei wichtige Ausnahmen. Erstens sind alle Gebäude, die nach dem 01.10.2014 errichtet wurden ausgenommen, d. h. bei Neubauten kann die Miete weiterhin frei zwischen den Vermietern und Mietern verhandelt werden. Zweitens gilt die Mietpreisbremse bei dem ersten Vertrag nach einer umfangreichen Modernisierung nicht. Als umfangreiche Modernisierung gelten dabei Maßnahmen, die mit Investitionskosten in Höhe von rund 30 % des Kaufpreises verbunden sind. Über die Einführung der Mietpreisbremse entscheiden die Bundesländer. Sie sind gehalten, die Mietpreisbremse in angespannten Wohnungsmärkten einzuführen, wobei es hierfür keine einheitliche Definition gibt. Bislang haben neben den Stadtstaaten Hamburg und Berlin auch Nordrhein-Westfalen und Bayern die Mietpreisbremse eingeführt. In beiden Flächenländern gilt die Mietpreisbremse für den Großteil der Städte.

> Da sich die Anfangsmiete künftig an der ortsüblichen Vergleichsmiete orientiert, erhält diese Größe und damit verbunden der Mietspiegel eine größere Bedeutung. Entscheidend für die Wirkung der Mietpreisbremse ist somit, wie gut der Mietspiegel den Markt abbildet.

Mietspiegel dienen der Ableitung ortsüblicher Vergleichsmieten pro Quadratmeter für Mietwohnungen, wobei bestimmte Kriterien zu berücksichtigen sind. Hierzu zählen neben der Größe der Wohnung auch deren Ausstattung und Beschaffenheit sowie die jeweilige Lage. Bei der Ausgestaltung wird zwischen einfachen und qualifizierten Mietspiegeln unterschieden. Während einfache Mietspiegel für ihre Gültigkeit lediglich „eine Übersicht über die ortsübliche

Vergleichsmiete" wiedergeben sollen, die „von der Gemeinde oder von Interessenvertretern der Vermieter und der Mieter gemeinsam erstellt oder anerkannt worden ist", gelten für den qualifizierten Mietspiegel Zusatzanforderungen. Dieser muss zusätzlich „nach anerkannten wissenschaftlichen Grundsätzen erstellt", alle zwei Jahre angepasst und alle vier Jahre neu erstellt werden.

Aufgrund des breiten Spielraums bei der Erstellung von Mietspiegeln können die Verfahren zu deren Ermittlung mitunter stark von Kommune zu Kommune variieren. Beispielhaft wurden bislang durch das IW die inserierten Mieten für Köln und Berlin mit den jeweiligen Mietspiegelmieten verglichen. Köln ist dabei ein Beispiel für einen Markt mit einem einfachen Mietspiegel, Berlin dagegen ein Beispiel für einen qualifizierten Mietspiegel. Nach dieser Untersuchung lagen in Berlin rund 60 % der Angebotsmieten bereits mindestens 10 % über der ortsüblichen Vergleichsmiete, in Köln waren es 43 %.

In Berlin liegen im Besonderen kleine Wohnungen in guten Lagen preislich über den Vorgaben des Mietspiegels, wie Abb. 6.1 zeigt. Bei kleinen Wohnungen in guten Lagen sind es 98 %, also fast alle Wohnungen. In Köln sind dagegen auch einfache Lagen besonders betroffen. Ein genauerer Blick auf die Märkte zeigt, dass besonders in solchen Teilmärkten die Abweichungen besonders groß sind, in denen die Dynamik sehr stark ist. Gerade in Berlin wurden viele kleine Wohnungen in Innenstadtlagen von Zugezogenen nachgefragt, sodass es hier stärkere Mietpreissteigerungen gab. In Köln wurden hingegen einige Stadtviertel aufgewertet und attraktiver für Haushalte der Mittel- und Oberschicht, sodass es dort besonders große Abweichungen gibt. Die Mietspiegel, in die Daten der letzten 4 Jahre eingehen und bei denen keine Berücksichtigung zeitlicher Dynamik vorgenommen wird, geben kein aktuelles Bild des Marktes wider und

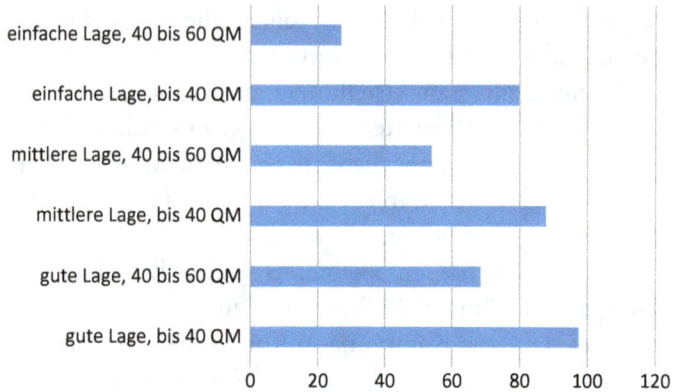

Abb. 6.1 Anteil der Mietinserate in Berlin im Jahr 2015, die über dem Schwellenwert der Mietpreisbremse liegen. (Quelle: Deschermeier et al. 2014)

unterschätzen daher insbesondere in dynamischen Märkten die tatsächlichen Mietpreise. Für weite Teile der beiden betrachteten Städten wirkt die Mietpreisbremse daher wie ein Mietstopp. Wer bereits heute einen Mietpreis oberhalb der ortsüblichen Vergleichsmiete vereinbart hat, wird auf Jahre keine Mietpreiserhöhung durchführen können, andere können ihre Mieten nicht mehr an das Marktniveau anpassen.

Dies gilt keineswegs nur für Köln und Berlin. Auswertungen von F + B, einem Unternehmen für Immobilienmarktanalysen, das sowohl Angebotsmieten auswertet als auch Mietspiegel erstellt, zeigen die Differenz zwischen der Angebotsmiete und der durchschnittlichen Mietspiegelmiete deutlich auf. In Berlin ist diese Differenz mit 17 % zwar besonders hoch, aber auch in München und Hamburg beträgt die Differenz deutlich mehr als 10 %. In Köln ist die Differenz bezogen auf die betrachteten Großstädte verhältnismäßig moderat, aber dennoch ist die Betroffenheit von der Mietpreisbremse relativ groß, wie die Auswertung von meinen Kollegen und mir zeigt. Lediglich in den großen Ruhrgebietsmetropolen sowie insgesamt in weniger angespannten Märkten ist die Differenz weniger groß.

Besonders betroffen von der Mietpreisbremse dürften vor allem Kleinvermieter sein. Kleinvermieter bieten durchschnittlich zu höheren Mieten an als große Wohnungsgesellschaften oder Genossenschaften. Durchschnittlich beträgt der Preisaufschlag gegenüber großen Wohnungsgesellschaften etwa 10 % in Großstädten in Nordrhein-Westfalen. Dies ist vor allem auf unterschiedliche Mietanpassungen zurückzuführen. Typischerweise erhöhen private Kleinvermieter die Miete nach Vertragsabschluss nicht mehr. Zum einen, weil Kleinvermieter keinen Ärger mit dem Mieter wünschen, zum anderen, weil die Mieterhöhungsmöglichkeiten nach dem Mietspiegel auch für viele Vermieter intransparent sind. Daher entscheiden sich die meisten dafür, mit einer höheren Anfangsmiete zu starten und dafür eben nicht zu erhöhen bzw. erst dann, wenn ein neuer Mieter einzieht. Professionelle Vermieter erhöhen dagegen kontinuierlich.

Alles in allem bedeutet dies, dass die Mietpreisbremse in weiten Teilen der Großstädte wie ein Mietstopp auf Bestandsgebäude wirkt und hiervon vor allem Kleinvermieter betroffen sind, die typischerweise Wohnungen in kleineren Mehrfamilienhäusern anbieten. Erfahrungen aus anderen Ländern legen nahe, dass sich die Folgen solcher Mietpreisregulierungen vor allem auf die Bestände, das Mietangebot und die Mietermobilität beziehen. Schließlich werden die Vermieter nicht einfach so weitermachen, sondern sie werden reagieren – genauso wie auch die Mieter.

Für Investitionen in Wohnungen sieht die Mietpreisbremse grundsätzlich eine Ausnahme vor. Bei umfassenden Sanierungen kann die erste Miete wieder frei festgelegt werden. Eine Modernisierung ist umfassend, wenn sie einen solchen Umfang aufweist, dass eine Gleichstellung mit Neubauten gerechtfertigt erscheint. Das ist in der Regel gegeben, wenn die Investition etwa ein Drittel des für eine vergleichbare Neubauwohnung erforderlichen Aufwands erreicht. Konkret bedeutet dies, dass ein Investor, der eine leere Bestandswohnung umfassend saniert, die Miete unabhängig vom Mietspiegel mit dem neuen Mieter verhandeln kann. Bei einem Mieterwechsel gilt dann aber wieder die Mietpreisbremse. Investiert der Vermieter in eine Wohnung mit einem bestehenden Mietvertrag, kann er nach wie vor 8 % der reinen Modernisierungskosten auf die Jahresmiete überwälzen.

Die Anreizwirkung dieser Ausnahme ist komplex, ebenso wie die Konsequenzen dieser Regulierung für die Bestandsinvestitionen. Grundsätzlich steht der Vermieter einer leer stehenden Wohnung damit vor der Wahl, die Wohnung entweder umfassend zu modernisieren oder aber gar nicht zu modernisieren bzw. nur das Notwendigste zu tun. Umfassende Modernisierungen unterhalb der Grenze von einem Drittel der Neubaukosten können schließlich nur in Mietsteigerungen münden, wenn die Mietspiegel dies auch erlauben. Angesichts der großen Diskrepanz von Markt- und Mietspiegelmieten ist dies aber nicht zu erwarten. Der Investor muss nun überlegen, ob er die Miete nach der Modernisierung so hoch setzen kann, dass sich die Modernisierung rentiert und er für fehlende Mietpreissteigerungen in der Zukunft entschädigt wird. Dies hängt letztlich von einigen Voraussetzungen ab.

Erstens muss die Nachfrage nach hochwertigen Wohnungen generell hoch sein. Dies dürfte in den meisten Städten mit einer Mietpreisbremse der Fall sein. Zweitens müssen die Lage der Wohnung und das Umfeld zu einer deutlichen Qualitätsverbesserung der Wohnung passen. Anderenfalls wird die Vermietung relativ schwierig. Und drittens muss der Vermieter abwägen, ob sich die Aufwertung und die damit verbundenen Risiken auch dann lohnen, wenn er die Wohnung auch mit einem einfachen Standard problemlos vermieten kann.

Generell ist der Bedarf an einfachen Wohnungen in den Großstädten sehr hoch, sodass die Weitervermietung ohne Modernisierung vielfach eine einfache Alternative darstellen wird. Anders gewendet, nur wenn die Vermietungschancen als tatsächlich schlecht angesehen werden oder aber wenn die künftigen Gewinne aus der modernisierten Wohnung – trotz Konstanz der Erstmiete nach Modernisierung – deutlich über den bisherigen Gewinnen liegen, wird der Vermieter die Modernisierung durchführen.

Im Kern gilt dies auch für laufende Instandsetzungen und kleinere Modernisierungen. Die Erfahrungen aus anderen Ländern zeigen, dass bei regulierten Mieten die Vermieter die Wohnungen schlechter instand halten und weniger investieren. Schließlich wird der Aufwand hierfür nicht mehr durch die laufenden Mieten vollständig abgegolten, d. h. bei fallenden Renditen aufgrund der Mietpreisbremse werden die Vermieter versuchen, Kosten zu sparen. In der Konsequenz sinkt dann die Qualität der Bestände auf das durch die Mietpreisregulierung vorgegebene Niveau. Eine Studie für New York zeigt etwa, dass die Wahrscheinlichkeit für mangelnde Instandsetzung bei regulierten Mietpreisen 9 % höher ist als bei unregulierten Mieten. Dass die Instandsetzung nicht noch weiter zurückgefahren wird hängt wahrscheinlich damit zusammen, dass gerade Kleinvermieter nicht nur an der Maximierung ihrer Rendite interessiert sind, sondern u. a. auch die Zufriedenheit ihrer Mieter und die Substanzerhaltung der Immobilie berücksichtigen. Nichtsdestotrotz ist mit rückläufigen Investitionen in die Bestände zu rechnen.

Neben der Reduktion der Bestandsinvestitionen in die eigenen Immobilien steht es Vermietern natürlich auch offen, die Wohnung zu verkaufen. Letztlich bestimmt sich der Wert einer Immobilie aus den abgezinsten Nettomieteinnahmen einer Immobilie. Wird die Immobilie weiter vermietet und ist die Mietpreisbremse bindend, sinkt der Wert der Immobilie für den Vermieter, weil die Mieten nicht einmal mit der Inflation steigen. Kann der Vermieter jedoch an eine Gruppe verkaufen, für die die Mietpreisbremse nicht gilt, kann er den ursprünglichen Wert erzielen. Bei dieser Gruppe handelt es sich um Selbstnutzer, für die sich der Wert einer Immobilie aus der gesparten Miete ergibt.

Tatsächlich wird die Mietpreisbremse dazu führen, dass es im Markt einen größer werdenden Nachfrageüberschuss gibt. Liegt die regulierte Miete unter dem markträumenden Niveau, zieht dies mehr Nachfrager an, denen die Stadt bisher möglicherweise zu teuer war, die nun aber ihre Chance suchen. Auf der anderen Seite führt es aber auch dazu, dass weniger Wohnungen im Mietwohnungsmarkt angeboten werden. Für Vermieter stellt der Verkauf an Selbstnutzer eine wichtige Alternativstrategie dar, da so die Regulierung vermieden werden kann und die Nachfrage aufgrund der Restriktionen im Mietwohnungsmarkt sehr hoch ist. Damit wird der Mietwohnungsmarkt im Zeitablauf deutlich kleiner, was den Zugang zum Wohnungsmarkt erschwert.

Dass dies keine Theorie ist, zeigen die Erfahrungen im Vereinigten Königreich oder in Spanien. In beiden Ländern haben sich die Vermieter zu einem großen Teil aus dem Markt durch Verkauf an Selbstnutzer zurückgezogen, da bei den vorliegenden Mietpreisregulierungen die Vermietung unattraktiv wurde. In Spanien durften die Mieten in den 1960er- und 1970er-Jahren nicht erhöht werden, und auch bei Modernisierungen gab es keine Mietsteigerungsmöglichkeit. Entsprechend verkauften die Vermieter massenhaft Wohnungen an Mieter, weshalb Spanien heute eine Wohneigentumsquote von über 80 % aufweist. Im Vereinigten Königreich wurde zumindest in den 1960er- und 70er-Jahren über Eingriffe in das Mietrecht das Angebot an Mietwohnungen dezimiert. Nachdem die Mieten bis 1957 eingefroren und danach zunächst schrittweise freigegeben wurden, führte die Labour-Regierung im Jahr 1965 das System der „fair rents" ein. Hiernach sollten die Mieten von unabhängigen „rent officers", die in der Regel keine Fachausbildung hatten, so bestimmt werden, als wenn auf dem Mietwohnungsmarkt keine Knappheit vorliegen würde. Die Folge war, dass die Mieten teilweise 50 % unter dem Marktpreisniveau lagen. Die „fair rent"-Regelung führte aber nicht nur dazu, dass der Mietwohnungsmarkt insgesamt kleiner wurde, sondern auch zur Änderung des Vermietens. Schließlich galten die Mietpreisrestriktionen zunächst nur für unmöblierte Wohnungen, erst im Jahr 1974 wurden auch möblierte Wohnungen in die Regelungen miteinbezogen. Viele Vermieter versuchten daher, ihre Wohnungen möbliert zu vermieten oder die Wohnungen als Ferienwohnungen zu deklarieren, um den Restriktionen zu entgehen. Dass sie dabei sehr erfolgreich waren, zeigt die Tatsache, dass 1980, als die Regelungen für möblierte Wohnungen wieder aufgegeben wurden, der Anteil der Ferienwohnungen und möblierten Zimmern an allen bestehenden Mietverträgen etwa 50 % ausmachte.

Insgesamt ist in beiden Ländern infolge der Regulierung der Mietpreise die Eigentumsquote gestiegen. Ähnliches ist auch in Deutschland zu erwarten. Dies ist zunächst einmal nicht bedenklich, zumal die Eigentumsquote gering ist und es wie erläutert gute Gründe für das Wohneigentum gibt (Abschn. 5.9). Allerdings erfolgt die Wohneigentumsbildung aus dem falschen Grund, und zwar weil Vermieter aus dem Markt gedrängt werden. Ziehen sich Vermieter erst einmal aus dem Markt zurück, kommen sie nicht wieder. Die Erfahrungen in Großbritannien zeigen, dass es selbst mit üppigen Steuervorteilen schwierig ist, Kleinvermieter zurückzugewinnen. Die Verkleinerung des Mietangebotes würde den Wohnungsmarkt deutlich schwächen und verstärkt dazu führen, dass auch in Deutschland mehr und mehr Haushalte Eigentum erwerben müssen, auch wenn sie die Risiken kaum tragen können.

Dies ist schließlich ein weiterer und vielleicht der wichtigste Einwand gegen die Mietpreisbremse: Sie nützt nicht den Geringverdienern und Sozialschwachen, sondern sie schadet eher. Sinken die Mieten durch die Mietpreisbremse, wird sich die Nachfrage erhöhen. Auch Haushalte, die ansonsten vielleicht in das Umland ausgewichen wären, werden ihr Glück versuchen, eine Wohnung in der Stadt zu mieten. Damit sieht sich der Vermieter einer steigenden Zahl von Nachfragern gegenüber. Er kann daher noch mehr als heute auswählen, und im Zweifelsfall wird er eher bonitätsstarke und ruhige bzw. vermutlich umgängliche Mieter auswählen. Das ist im Zweifelsfall eher das deutsche Doppelverdiener-Akademikerpaar als die ausländische Großfamilie. Damit profitieren von der Mietsenkung vornehmlich Haushalte, die keine Hilfe brauchen. Weil es darüber hinaus so schwierig ist, eine Wohnung zu bekommen, werden die Haushalte kaum noch ausziehen. Dies verengt den Markt noch weiter. Wer eine Wohnung hat und wer sich im Markt auskennt und über gute Netzwerke verfügt, wird auch zukünftig Mietwohnungen finden und von den geringeren Mietpreisen profitieren. Wer hingegen zuzieht, wird es schwerer haben, eine Wohnung zu finden. Gerade Wien, wo es seit vielen Jahrzehnten starke Mietpreisregulierungen gibt, ist ein Markt, in dem die Mobilität der Mieter sehr eingeschränkt ist. Typisch für solche Märkte ist u. a., dass ältere Paare oder Singles sehr große Wohnungen mieten, während Familien keinen Wohnraum finden. Schließlich ist der Wechsel in eine kleinere Wohnung für ältere Menschen oft nur mit einem Preisaufschlag möglich.

> Die Mietpreisbremse ist also schädlich und sollte am besten nicht umgesetzt werden. Dies liegt vor allem daran, dass die Mietspiegel keine realistische Ausgangsbasis darstellen und die Mietpreisbremse daher wie ein Mietstopp wirkt. Sollte die Bezugsdauer der Mietspiegel tatsächlich wie geplant auf sechs oder acht Jahre erweitert werden, würde sich dieser Effekt sogar noch verstärken. Besser wäre es, genau anders rum zu agieren und den Mietspiegel auf eine aktuelle Basis zu stellen. Dies wäre auch möglich, und sogar zu geringeren Kosten als die heutigen Mietspiegel, da schließlich umfangreiche Daten zu Mieten bereits vorliegen.

Der überwiegende Teil der Wohnungen wird mittlerweile über Immobilienportale wie z. B. ImmobilienScout24 oder Immowelt inseriert. Umfangreiche Daten zu den Objekten, der Qualität, der Ausstattung und der Miete sind also digital verfügbar. Gegen solche Angebotsdaten wird häufig eingewendet, dass sie verzerrt sein könnten, da manche Angebote keinen Mieter finden oder es bei Vertragsabschluss noch Änderungen der Miete gibt. Dies ließe sich durch eine verpflichtende Benachrichtigung über den erfolgreichen Abschluss von Mietverträgen durch Mieter und Vermieter lösen. Dieser Auskunftspflicht könnten die Vertragsparteien dann mithilfe der Immobilienportale nachkommen. Bei erfolgreichem Vertragsabschluss zeigt der Vermieter dies mit einem Klick dem Immobilienportal an. Zusätzlich bedarf es nur der Daten des künftigen Mieters einschließlich idealerweise dessen E-Mail-Adresse. Diese Daten werden an die Stadt übermittelt, die dann ihrerseits den Mieter elektronisch um Bestätigung der Daten bittet. All dies ist mit nur geringem Aufwand verbunden, bietet der Stadt damit aber schnell eine umfangreiche Datenbank zum Mietwohnungsmarkt, die rechtlich abgesichert ist. Auch Anpassungen der Mieten im Zeitablauf könnten auf diese Art mit nur wenigen Klicks der Stadt angezeigt werden.

Gespräche etwa mit ImmobilienScout24 zeigen, dass solche Lösungen unterstützt werden würden. Letztlich könnte dieses Verfahren auch den Weg für einen digitalen Mietvertrag ebnen. Sollte die E-Mail-Adresse nicht zur Verfügung gestellt werden, besteht immer noch die Möglichkeit, die Mieter schriftlich um Bestätigung der Angaben zu bitten.

Die aktuellen Daten zum Mietwohnungsmarkt könnten dann von der Stadt oder gegebenenfalls den Statistischen Ämtern ausgewertet werden. Mithilfe moderner ökonometrischer Verfahren könnten Preisindizes erstellt werden, die nicht nur eine genaue Bestimmung der Mieten nach den verschiedenen Charakteristika bieten, sondern sogar eine Einzelbewertung bestimmter Objekte bereitstellen könnten. So wäre es denkbar ein Tool zur Verfügung zu stellen, dass eine Empfehlung der Miete (mit entsprechenden Bandbreiten) entsprechend bestimmter Eigenschaften liefert. Dies könnte sowohl Vermietern als auch Mietern helfen. Außerdem könnten so regelmäßig aktuelle Lagekarten und Miettabellen angeboten werden.

Ein solches Vorgehen bietet zumindest drei gewichtige Vorteile:

- Erstens erhalten Vermieter und Mieter eine sehr genaue Auskunft über die aktuelle Lage des Mietwohnungsmarktes. Verlässliche und aktuelle Daten zu Mieten in einzelnen Stadtteilen helfen, die Lage am Wohnungsmarkt zu entspannen, da die Mieter dann eher in bisher günstigere Stadtviertel ziehen. Suggerieren die Mietspiegel dagegen auch in begehrten Stadtvierteln niedrige ortsübliche Vergleichsmieten, zieht es die Mieter eher dort hin.
- Zweitens wird damit verhindert, dass die Mietpreisbremse zu einem Mietstopp wird, mit den gezeigten Problemen. Bei dem vorgeschlagenen modernen Mietspiegel könnte eine Mietpreisbremse jedoch Sinn machen. Dem Vermieter könnte direkt angezeigt werden, dass seine

Miete 10 % über der Miete vergleichbarer Objekte liegt. Es bedarf also keiner Anzeige des Mieters mehr. Und es würden tatsächlich nur die Vermieter belangt werden, die es mit ihrer Mietforderung übertreiben.
- Drittens würden die Städte erhebliche Kosten sparen. Die Datenerhebung durch Interviews wie bei den heutigen qualifizierten Mietspiegeln kann teilweise sehr hohe Kosten verursachen. Der Aufbau einer Datenbank würde vielleicht zunächst mehrere Hunderttausend Euro kosten, die Aktualisierung wäre dann aber sehr günstig möglich. Vor allem könnten auch die Statistischen Ämter Skaleneffekte erzielen, wenn die Daten zentral für mehrere Städte oder sogar alle Kreise und Kommunen ausgewertet werden würden. Ein weiterer Vorteil wäre, dass über diese Mietdaten auch angemessene Miethöhen für Grundsicherungsempfänger bestimmt werden könnten.

Moderne Mietspiegel auf Basis umfangreicher Daten könnten allen Beteiligten im Wohnungsmarkt einen Mehrwert bieten und dies auch noch zu geringeren Kosten als heutige Mietspiegel. Eine Auskunftspflicht für Mieter und Vermieter erscheint zunächst als starker Eingriff, jedoch könnte die Einführung von Übergangsfristen insbesondere älteren Vermietern helfen, dieser Regelung nachzukommen. Selbst wenn zunächst nur eine Datenerhebung auf freiwilliger Basis erfolgen würde, könnte schnell eine sehr umfangreiche Datenbank über neu abgeschlossene Mietverhältnisse aufgebaut werden. Auch für die Anpassung der heutigen Mietspiegel an die Marktwerte könnten Übergänge gefunden werden, beispielsweise indem man die jährliche Steigerung der ortsüblichen Vergleichsmiete begrenzt. So könnten plötzliche Mietanpassungen vermieden werden. Angesichts der großen gesellschaftlichen Bedeutung des Mietwohnungsmarktes und der großen Vorteile aktueller und realistischer

Mietspiegel erscheint es zumutbar, dass Vermieter und Mieter über wenige Klicks die Konditionen ihres Mietvertrages der Stadt gegenüber bestätigen.

> Statt Mieten zu kappen und formal zu verbieten, was nicht sein darf (steigende Mieten), könnte ein aktueller und realistischer Mietspiegel in Kombination mit der Mietpreisbremse tatsächlich sinnvoll sein. Schließlich kann es durchaus Fälle geben, in denen sich Vermieter den Nachfrageüberhang im Markt zunutze machen und Mieten noch deutlich über dem Marktniveau verlangen – und ggf. auch Mieter finden, die etwa unter Handlungsdruck stehen. In diesen Fällen könnte die Mietpreisbremse helfen, aber dies sind eher Ausnahmen. Preisanstiege zu verbieten hat noch nie die gewünschten Effekte gehabt. Besser ist es, die Ursachen der Preisanstiege anzugehen, also den Mangel an Wohnungen.

6.2 Die soziale Wohnraumförderung

Die soziale Wohnraumförderung gilt bei vielen Bürgern und Politikern als Mittel der Wahl, um bezahlbaren Wohnraum für Geringverdiener zu schaffen. Ein Grund hierfür ist sicherlich in der Geschichte der Bundesrepublik Deutschland zu finden. Als nach dem Zweiten Weltkrieg erheblicher Wohnungsmangel herrschte, gelang es vor allem durch den sozialen Wohnungsbau, die Verhältnisse schnell zu verbessern. Das Grundprinzip ist dabei über die Jahrzehnte gleich geblieben: Bauherren erhalten für den Bau von Wohnungen Förderungen, dafür müssen sie die Wohnungen für die Dauer der Belegungsbindung zu Mieten unterhalb des Marktniveaus anbieten. Als besonders erfolgreich erwies sich dabei einerseits, dass das Programm sowohl öffentlichen Investoren wie Kommunen und kommunalen Wohnungsgesellschaften offenstand als auch privaten Investoren. Zum anderen war die Qualität der Wohnungen so gut, dass sie von vielen Menschen akzeptiert wurden. Anders als in

Großbritannien oder Frankreich sind Mieter von Sozialwohnungen nicht stigmatisiert, sodass der soziale Wohnungsbau nicht automatisch mit der Entstehung von Problemvierteln einhergegangen ist. Da Sozialwohnungen nach der Belegungsbindung von 20, 25 oder auch mehr Jahren wieder in den regulären Wohnungsmarkt übergegangen sind, also die Mieten wieder an das Marktniveau angepasst werden konnten, entstand direkt eine breite Basis für die Entstehung eines privaten Wohnungsmarktes.

Im Rückblick werden zwei Dinge oft vergessen: Erstens war das Programm sehr teuer. Grundsätzlich durften die Vermieter von ihren Mietern im Rahmen des sozialen Wohnungsbaus nur die Kostenmiete verlangen. Die Baukosten konnten die Investoren über Zuschüsse und verbilligte Kredite günstig finanzieren, sodass es nur wenig Anreize gab, günstig zu bauen. Auch in der Bewirtschaftung waren die Kosten oft höher als im privaten Markt, bedingt durch die Förderungen konnte aber trotzdem unter Marktniveau angeboten werden. Zweitens war der soziale Wohnungsbau damals vor allem deswegen erforderlich, weil es kaum private Kapitalmärkte gab. In den Anfangsjahren der Bundesrepublik gab es kaum privates Kapital und auch Kredite konnten kaum vergeben werden. Daher war es tatsächlich erforderlich, dass der Staat massiv investierte und die privaten Investoren unterstützte.

Heute sieht die Situation anders aus. Konsequenterweise wurde die Förderung daher seit den 1980er-Jahren immer weiter gesenkt und auch auf die Länder übertragen, da die Wohnungsmärkte sehr unterschiedlich sind. Entsprechend wurde der Fokus erweitert und der Begriff der sozialen Wohnraumförderung gewählt. Neben dem Bau von Sozialwohnungen für Mieter fällt unter die soziale Wohnraumförderung auch der Bau von Sozialwohnungen für Eigentümer, der Kauf von Belegungsrechten, die energetische Sanierung von Sozialwohnungen, der altengerechte Umbau von Wohnungen und seit kurzem auch der Bau von Flüchtlingsunterkünften. Die soziale Wohnraumförderung ist zwar Ländersache, aber der Bund gewährt weiter eine Kompensation, die nun kräftig aufgestockt werden soll.

Schließlich erlebt der soziale Wohnungsbau eine politische Renaissance. Angesichts der angespannten Lage in den Wohnungsmärkten der Großstädte sucht die Bundesregierung nach Ansätzen, um die Lage zu entspannen. Dabei soll im Besonderen die soziale Wohnraumförderung wieder gestärkt werden. Die Programmmittel des Bundes sind jährlich 518 Mio. EUR auf über 2 Mrd. EUR pro Jahr erhöht worden, gegebenenfalls künftig sogar auf 2,5 Mrd. EUR. Ergänzt werden diese Mittel in den einzelnen Bundesländern durch Landesmittel. Besonders NRW ist sehr aktiv und investiert rund 600 Mio. EUR an eigenen Mitteln in die soziale Wohnraumförderung. Hinzu kommen teilweise Zuschüsse der Kommunen in Form einer vergünstigten Baulandbereitstellung. Trotz zahlreicher Anpassungen über die Jahre sind die Prinzipien der Förderung immer noch die gleichen, wobei allerdings keine Kostenmiete mehr bestimmt wird. Mit der sozialen Wohnraumförderung erhalten Investoren vergünstigte Kredite oder Zuschüsse, sofern sie Wohnungen bauen, die bestimmte Mieten für einen festgelegten Zeitraum (Belegungsbindung) nicht überschreiten. Anders als früher werden diese Mieter im Vorfeld ausgehandelt, womit es mehr Anreize gibt, die Kosten zu begrenzen. Vermietet werden darf nur an Mieter, die einen Wohnberechtigungsschein vorweisen. In den Fokus ist der Bau von Sozialwohnungen vor allem dadurch gerückt, weil damit scheinbar zwei Probleme auf einmal gelöst werden können: Zum einen soll mehr gebaut werden, und zum anderen sollen Haushalte mit geringen Einkommen günstigen Wohnraum nutzen können. Das Instrument soll also sozialpolitisch, aber auch baukonjunkturell wirken.

Wie in Kap. 4 ausführlich dargestellt beruht der mangelnde Wohnungsbau vor allem auf einem Mangel an Bauland, aber kaum auf einem Mangel an Investoren oder Kapital. Angesichts der niedrigen Zinsen und der hohen Preise besteht vielmehr großes Interesse, in den Wohnungsbau zu investieren.

In der aktuellen Wohnungsmarktlage in den Großstädten steht also einer hohen Nachfrage von Bauinvestoren ein geringes Angebot an bebaubaren Flächen gegenüber. Wird nun die Nachfrage nach Bauflächen über eine finanzielle Aufstockung der sozialen Wohnraumförderung weiter gefördert, ändert dies nichts am verfügbaren Bauland. Schließlich hat der Grundstücksmarkt trotz der immer weiter gestiegenen Rentabilität von Bauinvestitionen bislang nicht reagiert. Da jedoch die Zahlungsbereitschaft steigt, dürfte bei einem starren Angebot der Preis des Baulands weiter steigen. Dies wiederum birgt die Gefahr, dass noch mehr Flächen aus spekulativen Gründen zurückgehalten werden. Schließlich stellt Bauland derzeit eine rentable Anlage dar, bei der Wertsteigerungen von mehr als 10 % pro Jahr realisierbar sind. Eine Erhöhung der sozialen Wohnraumförderung trägt daher allenfalls bedingt zu einer Ausweitung der Bautätigkeit bei. Dabei muss auch berücksichtigt werden, dass im Jahr 2015 gerade einmal 12.000 Sozialwohnungen in Deutschland gebaut wurden. Selbst bei einer deutlichen Ausweitung der Förderung ist daher mit keiner substanziellen Steigerung der Bautätigkeit zu rechnen. Hinzu kommt, dass der Bau von Sozialwohnungen primär den Bau von frei finanzierten Wohnungen verdrängen wird, weil das Bauland nur einmal genutzt werden kann.

Die mangelnde baukonjunkturelle Wirkung ist aber nicht der Hauptkritikpunkt. Weitaus problematischer ist, dass Sozialwohnungen nur bedingt denen zugute kommt, die sie benötigen. Mit der sozialen Wohnraumförderung soll Haushalten mit geringen Einkommen Zugang zu günstigem

Wohnraum verschafft werden. Seit jeher gibt es aber eine intensive Debatte über die Treffsicherheit der sozialen Wohnraumförderung. Schließlich dürfen Haushalte auch dann in den Wohnungen leben bleiben, wenn sich ihre Einkommenssituation verbessert hat. Gleichzeitig gibt es aber genügend Fälle, in denen Haushalte mit sehr geringem Einkommen keine Sozialwohnung finden. Eine Fehlbelegungsabgabe, wie sie in Hessen eingeführt wurde, löst dieses Problem nur teilweise, weil sie nur in wenigen Fällen bewirken wird, dass Haushalte die Wohnungen freigeben. In der Regel müssen Haushalte bei einer Fehlbelegungsabgabe die Differenz zwischen der ortsüblichen Vergleichsmiete und der Sozialmiete zahlen. Da in vielen Großstädten die ortsübliche Vergleichsmiete deutlich unter dem Marktniveau liegt, bleibt die Wohnung dann trotzdem attraktiv. Um die Treffsicherheit der sozialen Wohnraumförderung zu untersuchen, können Daten des Sozio-oekonomischen Panels (SOEP) ausgewertet werden. Das SOEP ist eine jährliche und umfangreiche Befragung von Haushalten, durchgeführt vom Deutschen Institut für Wirtschaftsforschung.

Als arm gelten nach einer häufig verwendeten Definition Haushalte, die über ein Netto-Einkommen verfügen, dass weniger als 60 % des Durchschnitts (konkret: Median) beträgt. Dieser Wert lag im Jahr 2013 bei 944 EUR für einen Ein-Personen Haushalt. Insgesamt liegt das Einkommen von 16,5 % aller Haushalte unterhalb dieses Niveaus. Dies entspricht knapp 6,6 Mio. Haushalten. Dem stehen, je nach Schätzung, etwa 1 Mio. bis 1,5 Mio. Sozialwohnungen gegenüber. Je nach Schätzung hat somit nur jeder vierte bis sechste Haushalt mit geringem Einkommen die Chance, eine Sozialwohnung zu nutzen. Tatsächlich ist der Versorgungsgrad bedürftiger Haushalte jedoch deutlich schlechter (Abb. 6.2).

Nur knapp 46 % der Haushalte in Sozialwohnungen liegen mit ihrem Einkommen unterhalb der Armutsgrenze.

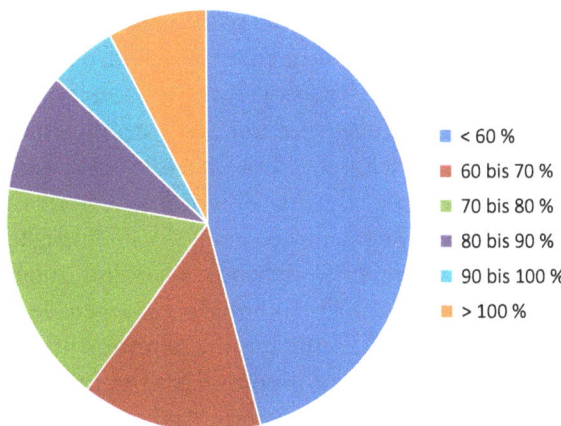

Abb. 6.2 Einkommensverteilung der Mieter von Sozialwohnungen (Einkommen in Prozent des Median-Einkommens)

Gemessen an dem Bedürftigkeitskriterium beträgt die Fehlbelegungsquote damit rund 54 %. Weitere 14,6 % der Haushalte liegen zwischen 60 und 70 % des Median-Einkommens, 7,7 % verfügen sogar über ein Einkommen oberhalb des Bundesdurchschnitts. Im Mittel beträgt das Äquivalenzeinkommen der Haushalte in Sozialwohnungen 1043 EUR, der Höchstwert eines Haushalts, der eine Sozialwohnung angemietet hat, liegt im SOEP bei einem Nettoeinkommen von über 5900 EUR pro Monat.

Ein wesentlicher Grund für die hohe Fehlbelegung lässt sich bei Betrachtung des Erwerbsstatus der Nutzer der Sozialwohnungen erkennen, besonders wenn dabei auch die Personen oberhalb der Armutsgrenze betrachtet werden. Der Großteil der Nutzer der Sozialwohnungen ist nicht erwerbstätig. Viele Haushalte sind Rentner. Daneben sind auch Bezieher von Grundsicherung und ALG II nicht erwerbstätig. Unter den Fehlbelegern ist der Anteil der Nicht-Erwerbstätigen mit knapp 44 % deutlich geringer als unter allen Nutzern der Sozialwohnungen. Dies spricht dafür, dass ein Teil der Haushalte zunächst arbeitslos ist, in eine Sozialwohnung zieht und später aufgrund einer Arbeitsaufnahme die Armutsgrenze überschreitet. Entsprechend ist der Anteil der voll Erwerbstätigen unter den Haushalten über der Armutsgrenze mit 35 % deutlich höher als in der gesamten Stichprobe. Dass überdies Haushalte, die einen Wehrdienst oder ein Freiwilliges Soziales oder Ökologisches Jahr leisten, schnell wieder aus der Bedürftigkeit herausfallen, ist wenig überraschend. Dies sind zusammen aber fast 5 % der Haushalte in Sozialwohnungen.

Viele Haushalte sind nur temporär unterstützungsbedürftig und können ihre Einkommenssituation durch einen neuen Arbeitsplatz verbessern. Anders als in anderen Sozialsystemen endet in der sozialen Wohnraumförderung damit aber nicht die Förderung. Da es aufgrund der hohen Qualität der geförderten Wohnungen attraktiv bleibt, dort weiterhin zu wohnen, ist die Fehlbelegung entsprechend hoch. Dies kann, wie bereits erläutert, auch eine Fehlbelegungsabgabe kaum verhindern, da die Höhe der Abgabe in der Regel nicht ausreichen wird, die Kosten eines Umzugs zu übertreffen. Der Staat nimmt zwar Geld ein, der Bau von neuen Sozialwohnungen kann hiervon aber nur teilweise finanziert werden. Dies gilt auch für die Modelle mit einkommensabhängigen Mieten, wie sie in Berlin oder Bayern Anwendung finden. Und es bleibt dabei: Letztlich müssen zwei Sozialwohnungen bereitgestellt werden, um einen bedürftigen Haushalt zu unterstützen.

Es ist daher besser, bedürftige Haushalte mit Wohngeld zu unterstützen als über verbilligte Mieten. Unter Ökonomen ist es auch weitgehend unstrittig, dass eine Subjektförderung, also ein Transfer an Personen, einer Objektförderung wie der sozialen Wohnraumförderung, überlegen ist. Allerdings gibt es noch ein anderes Argument für die soziale Wohnraumförderung, dass hier nicht verschwiegen werden soll. Neben einem Zahlungsproblem haben einige Haushalte

6 Drei Irrwege der Wohnungspolitik

auch ein Zugangsproblem zum Wohnungsmarkt. Einige Gruppen haben bei Vermietern schlechte Karten, teils aus Vorurteilen, teils weil sie als zu laut gelten oder auch weil Probleme mit anderen Mietern befürchtet werden. Dies gilt, in unterschiedlichen Ausprägungen, für Haftentlassene, für Drogenabhängige, für Ausländer oder zum Beispiel für Großfamilien. Die soziale Wohnraumförderung kann hier helfen, da die Zahl der Menschen mit Wohnberechtigungsschein begrenzt ist und so die Chance für diese Gruppen steigt, eine Wohnung zu bekommen. Tatsächlich zeigt auch die Statistik, dass die Zahl der Menschen mit Migrationshintergrund und die Zahl der Großfamilien in Sozialwohnungen überproportional groß sind. Allerdings gibt es keine Gewähr, dass besonders diese Gruppen, und darunter auch die mit besonders großen Zugangsschwierigkeiten, zum Zug kommen. Die Zahl der Menschen mit Wohnberechtigungsschein ist schließlich deutlich größer als die Zahl der Sozialwohnungen. Teilweise wird der Wohnberechtigungsschein auch sehr großzügig gewährt, in Berlin etwa erhalten rund 25 % aller Mieter einen Zugang zu Sozialwohnungen. Daher gibt es für eine Sozialwohnung sehr viele Bewerber und es ist nicht auszuschließen, dass auch die Vermieter von Sozialwohnungen eher an unproblematischere Mieter die Wohnungen vergeben. Dies ist nicht nur nachvollziehbar, sondern auch teilweise sinnvoll, damit in manchen Wohnblocks eine gesunde Mischung erhalten bleibt.

> Dies ist ein strukturelles Problem der sozialen Wohnraumförderung: Wird auf soziale Treffsicherheit geachtet, kann das Ziel einer sozialen Durchmischung gefährdet werden und es können Problemviertel entstehen. Wird hingegen breiter gemischt, erhalten viele Haushalte eine finanzielle Unterstützung (über verbilligte Mieten), die sie eigentlich nicht brauchen. Anderen hingegen, die dringender auf Unterstützung angewiesen, kann dann nicht mehr geholfen werden.

Der Widerspruch lässt sich jedoch auflösen, wenn das Belegungsrecht von der finanziellen Förderung getrennt wird. Und dies ist auch bereits möglich, denn Städte und Kommunen können Belegungsrechte separat von Vermietern erwerben. Konkret bedeutet dies, dass der Vermieter eine Entschädigung dafür erhält, dass nicht der Vermieter selbst, sondern die Stadt einen Mieter bestimmt, zum Beispiel auf Basis einer Notfallkartei. Denkbar ist auch, dem Vermieter eine Auswahl von drei Mietern zu geben. Der große Vorteil dieser Lösung ist, dass die Belegungsrechte breit gestreut werden können. Und eine finanzielle Förderung kann immer noch über die Grundsicherung (ALG II) oder über das Wohngeld gewährt werden.

Gegen das Konzept der separaten Belegungsrechte wird häufig eingewandt, die Kosten hierfür wären sehr hoch. Insbesondere in boomenden Märkten würden es sich die Vermieter teuer bezahlen lassen, dass Auswahlrecht abzugeben. Tatsächlich dürfte es in der aktuellen Phase des Immobilienmarktes schwierig sein, in München oder Hamburg ein Belegungsrecht zu erwerben. Allerdings gibt es auch in diesen Städten Viertel, wo es keine Vollvermietung gibt und wo Vermieter bereit sein werden, mit der Stadt zu kooperieren.

In Belgien hat man gute Erfahrungen mit der Versteigerung von Belegungsrechten gemacht. Die jeweiligen Städte laden Vermieter zu solchen Auktionen ein und diejenigen, die zu den geringsten Preisen das Auswahlrecht abgeben, kommen zum Zug. Leider wurden solche Modelle bislang in Deutschland kaum erprobt. Hinzu kommt, dass die Städte auch mit ihren eigenen Wohnungsunternehmen zusammenarbeiten können, die Belegungsrechte abgeben können. Es sollte allerdings ohnehin selbstverständlich sein, dass die kommunalen Gesellschaften besonders sozialschwachen Haushalten helfen, denn dies ist Teil ihrer gesellschaftlichen Verantwortung. Sofern die Städte ihre Gesellschaften verkaufen, können sie sich im Verkaufsprozess die Belegungsrechte sichern. Die Stadt Dresden zum Beispiel hat sich bei dem Verkauf der Woba 7000 Belegungsrechte gesichert.

Bei diesen Überlegungen sollte auch berücksichtigt werden, dass die Zahl der Haushalte mit Zugangsproblemen nicht besonders groß ist. Gerade weil es eine sehr differenzierte Anbieterstruktur im deutschen Wohnungsmarkt gibt, mit zahlreichen Kleinvermietern, Genossenschaften und großen Wohnungsunternehmen, und weil die Mietzahlungen von Grundsicherungsempfängern übernommen werden, haben nur wenige sozialschwache Haushalte ein Zugangsproblem. Möglicherweise gibt es aufgrund der großen Zahl von Flüchtlingen in den nächsten Jahren einen Mehrbedarf an Belegungsrechten, aber hier kann eine intensivere Kooperation mit kommunalen und privaten Wohnungsgesellschaften helfen. Viele große private Wohnungsgesellschaften kooperieren bereits erfolgreich mit den Städten. Entscheidend ist aber, dass auch tatsächlich genug Wohnraum gebaut wird, und dabei ist der Bau von Sozialwohnungen nicht das Mittel der Wahl.

Die bisherige Strategie des langsamen Auslaufens der sozialen Wohnraumförderung war also richtig. Die vorhandenen Mittel sollten zur Sanierung der Bestände – um sie altengerecht zu gestalten und energetisch zu modernisieren – sowie für den Kauf von Belegungsrechten verwendet werden. Außerdem könnten die Mittel auch zur Unterstützung des Eigentumserwerbs sozialschwacher Personen verwendet werden. Politisch gesehen ist der Bau von Sozialwohnungen jedoch sehr attraktiv, da hiermit scheinbar eine einfache Lösung für ein ansonsten komplexes Problem gefunden wurde.

Die Diskussion geht sogar noch weiter. Die Mittel für die soziale Wohnraumförderung sollen nicht nur aufgestockt werden, sondern es wird auch über eine Neuauflage der Wohnungsgemeinnützigkeit nachgedacht. Dies war zum

Beispiel ein Thema im Wahlkampf um das Berliner Abgeordnetenhaus. Die Wohnungsgemeinnützigkeit stellt die soziale Wohnraumförderung letztlich auf eine sehr breite Basis. Nicht einzelne Gebäude, sondern ganze Wohnungsunternehmen sollen demnach nur noch an Menschen mit Wohnungsberechtigungsschein vermieten. Außerdem sollen die Mieten unter dem Marktniveau nach festen Vorgaben festgesetzt werden. Im Gegenzug werden die Unternehmen von allen Steuern befreit. Überschüssige Mittel sollen für den Wohnungsbau eingesetzt werden. Die Wohnungsgemeinnützigkeit wurde Ende 1989 abgeschafft, unter anderem aufgrund des Skandals um die Neue Heimat. Damals hatten Manager des Gewerkschaftsunternehmens über Tochterfirmen erhebliche Summen veruntreut. Dies war sicherlich ein extremer Fall, verdeutlicht aber ein erhebliches Governance-Problem: Gemeinnützige Unternehmen stehen nicht im Wettbewerb, weshalb es häufig Kontrollprobleme gibt. Entweder sie erzielen Überschüsse, die in üppige Verwaltungsstrukturen fließen oder sie sind unterfinanziert und müssen etwa an der Bewirtschaftung sparen. Der zweite Punkt galt für die meisten gemeinnützigen Wohnungsunternehmen, die nach der Abschaffung des Steuerstatus einen großen Investitionsstau hatten – ein Grund übrigens für die zahlreichen Verkäufe der Gesellschaften in den letzten 20 Jahren. Die Qualität der Bestände leidet, sind aufgrund der niedrigen Mieten für viele Haushalte aber alternativlos. Diese Kombination findet sich auch in französischen Vorstädten („Banlieues"), weshalb dort oft Problemviertel entstanden sind. Dies sollte in Deutschland tunlichst vermieden werden. Gerade angesichts der schwierigen Haushaltslage vieler Städte in Deutschland, die kaum in der Lage wären, ihre dann wieder gemeinnützigen Wohnungsgesellschaften zu unterstützen, wäre mit einer deutlichen Verschlechterung der Qualität der Bestände zu rechnen, da bei Mieten unter Marktniveau Überschüsse unwahrscheinlich sind.

Die Objektförderung, sei es in Form der sozialen Wohnraumförderung oder in Form der Wohnungsgemeinnützigkeit, weist zahlreiche Probleme auf. Vor allem der Zielkonflikt zwischen der sozialen Treffsicherheit und dem Ziel der sozialen Durchmischung lässt sich nicht befriedigend auflösen. Es gilt die alte Tinbergen-Regel: Jedes Ziel sollte mit nur einem Instrument verfolgt werden. Bezogen auf den Wohnungsmarkt bedeutet dies, dass Zahlungs- und Zugangsprobleme über Wohngeld und Belegungsrechte gelöst und der Wohnungsbau vor allem über die Bereitstellung von mehr Bauland und die Senkung der Baukosten gestärkt werden sollte.

6.3 Die Milieuschutzsatzungen

Ein neueres Instrument der kommunalen Wohnungspolitik ist die sogenannte Milieuschutzsatzung oder auch soziale Erhaltungsverordnung. Mit der Milieuschutzsatzung kann die Kommune für bestimmte Stadtviertel oder Bezirke besondere Auflagen erteilen, was etwa Umbauten oder Sanierungen betrifft. Typisch ist, dass etwa Luxusmodernisierungen verboten werden können, was sehr unterschiedlich definiert werden kann. In Berlin etwa wurde auch der Einbau von Balkonen oder von Einbauküchen untersagt, teilweise selbst der Einbau hängender Toiletten im Neubau. Das Ziel dieser Maßnahmen besteht darin, die soziale Struktur in einem Stadtviertel zu erhalten. Außerdem sollen die Milieuschutzsatzungen mietpreisdämpfend wirken, indem eben Aufwertungen untersagt werden und so das Mietpreisniveau gering bleiben kann. Milieuschutzsatzungen gibt es mittlerweile in einer Vielzahl von Städten. Besonders massiv wird das Instrument in Berlin eingesetzt, aber auch in Hamburg oder München gibt es Stadtteile mit Milieuschutz.

Der Milieuschutz stellt ebenso wie der Denkmalschutz einen starken Eingriff in die Eigentumsfreiheit der Vermieter dar. Der Eigentümer kann nicht mehr nach seinem

Ermessen in das Gebäude investieren und muss gegebenenfalls auch einen Standard akzeptieren, der nicht seinen Ansprüchen genügt. Damit könnte sich der Eigentümer gegebenenfalls noch anfreunden, solange auskömmliche Mieteinnahmen erzielt werden. Interessant wird aber nun das Zusammenspiel aus Mietpreisbremse und Milieuschutz. Die ortsübliche Vergleichsmiete in solchen Milieuschutzgebieten ist typischerweise sehr niedrig und entspricht, wenn die Nachfrage steigt, in der Regel nicht mehr den Marktpreisen. Nicht umsonst zeigen sich gerade in Milieuschutzgebieten wie Neukölln in Berlin besonders deutliche Unterschiede zwischen der ortsüblichen Vergleichsmiete und der Marktmiete. Der Vermieter muss sich also in solchen Stadtvierteln darauf einstellen, dass er entweder eine Miete deutlich unter dem Marktniveau nehmen muss oder aber die Miete zumindest für die nächsten Jahre eingefroren wird.

Die Auswirkungen eines solchen Mietstopps wurden in Abschn. 6.1 ausführlich dargestellt. Gilt der Milieuschutz, sind die Reaktionsmöglichkeiten jedoch deutlich stärker eingeschränkt. So kann die Mietpreisbremse außer Kraft gesetzt werden, wenn das Gebäude umfassend saniert wird – dies kann die Stadt in Milieuschutzgebieten aber verbieten. Außerdem könnte sich der Vermieter unter diesen Bedingungen dazu entschließen, die Wohnung an Selbstnutzer zu verkaufen – auch dies kann aber die Stadt in Milieuschutzgebieten untersagen. Tatsächlich war nach Einführung der ersten Milieuschutzsatzungen in Berlin beobachtbar, dass die Zahl der Verkaufsangebote deutlich gestiegen ist, während die Zahl der Mietangebote sank. Daraufhin hat die Stadt Berlin auch die Umwandlung in Eigentumswohnungen grundsätzlich untersagt, nur in wenigen Ausnahmefällen, etwa bei sozialen Härten, kann davon abgewichen werden.

So ärgerlich und einschneidend dies für den Vermieter ist, desto erfreulicher ist dies auf den ersten Blick für den Mieter, denn in dieser Kombination kann die Miete tatsächlich kaum steigen. Zu früh sollten sich Mieter jedoch nicht freuen, denn Vermieter werden unter solchen Restriktionen dann vor allem eines machen: nichts. Dies bedeutet, nicht nur nicht zu modernisieren, sondern typischerweise auch keine Instandsetzung mehr vorzunehmen. Schließlich lohnt es sich nicht mehr, Geld in die Immobilie zu stecken, sodass Ausgaben auf ein Minimum beschränkt werden. Damit sinkt die Qualität der Bestände im Zeitablauf deutlich, sodass irgendwann tatsächlich nur noch Menschen ohne Alternativen diese Wohnungen anmieten. Insofern bleibt das „Milieu" vorhanden, allerdings wird die Lebensqualität in dem Viertel Stück für Stück schlechter. Solche Prozesse laufen langfristig, noch sind die Gesetze und Verordnungen zu jung, um diese Auswirkungen zu sehen. Doch in ein paar Jahren und bei strenger Auslegung der Gesetze werden aus den aufstrebenden Szenevierteln dann schnell wieder Problemviertel.

Auch ohne die Kombination mit der Mietpreisbremse ist der Gedanke der Milieuschutzsatzung falsch. Mit der sozialen Erhaltungsverordnung soll die soziale Struktur in einem Stadtviertel konserviert werden. Dort wo heute überwiegend einkommensschwache Haushalte wie Studenten, Arbeiter oder Migranten leben, sollen auch zukünftig diese Gruppen leben. Eine Gentrifizierung, also eine Verdrängung in andere Stadtviertel, soll vermieden werden. In Diskussionsrunden um die Gentrifizierung stelle ich immer wieder fest, dass über dieses Ziel gar nicht mehr diskutiert wird. Gentrifizierung ist ein Problem. Punkt. Teilweise wird noch darauf verwiesen, dass es schlimme Erfahrungen aus dem Ausland gibt, wo einkommensschwache Schichten in Vororte verdrängt worden sind und Problemviertel entstanden, und dies müsse man in Deutschland dringend vermeiden. Doch so einfach ist es nicht.

Typischerweise entsteht Gentrifizierung dadurch, dass erste Pioniere in Stadtviertel ziehen, die bisher von der

Mittel- und Oberschicht gemieden wurden. Dies können Künstler sein oder andere Kreative, die in diesen Vierteln günstige Ausstellungsräume, Werkstätten oder Wohnungen finden. Dies macht das Viertel interessant, sodass schnell beispielsweise Studenten folgen oder auch alleinstehende Erwerbstätige, die oftmals beginnen, Wohnungen aufzuwerten. Mit der Zeit folgen Familien und Mitglieder der Oberschicht. Dies bedeutet für das Viertel eine zunächst erfreuliche Veränderung, denn neue soziale Gruppen beleben den Stadtteil. Oft handelt es sich um Menschen, die sich für ein Viertel engagieren und beispielsweise um Grünflächen bemühen oder sich sozial einsetzen. Letztlich passiert auch das, was immer wieder gefordert wird: Es kommt zu einer sozialen Durchmischung.

Studien für die USA belegen, dass die Bewohner des Stadtviertels von der Aufwertung des Viertels profitieren. Die Umsätze der lokalen Einzelhändler steigen, es entstehen neue Jobs, Schulen und Kindergärten profitieren von einem stärkeren Elternengagement (und zusätzlichen Förderbeträgen), das Umfeld wird aufgewertet und die Kriminalität geht zurück. Soziale Durchmischung soll sich auch gerade auf sozialschwache Gruppen positiv auswirken. Stadtviertel im Gentrifizierungsprozess entsprechen daher in vielerlei Hinsicht dem Idealbild einer durchmischten Stadt.

Die Angst ist nun aber, dass es zu einer vollständigen Verdrängung der einkommensärmeren Schicht kommt. Dies sind letztlich die Negativbeispiele aus anderen Ländern. Doch ein solches Resultat ist wenig wahrscheinlich. Wer in Deutschland einen Mietvertrag hat, kann nur unter sehr restriktiven Bedingungen gekündigt werden. Grundsätzlich verliert nur der seine Wohnung, der keine Miete mehr zahlt (und dies längerfristig), die Wohnung zweckentfremdet oder schädigt oder aus Eigenbedarf. In all diesen Fällen prüfen die Gerichte sehr kritisch und oft müssen Kündigungen zurückgezogen werden. Mieterhöhungen in bestehenden Verträgen sind stark eingeschränkt. Die Miete darf zwar um 20 % innerhalb von drei Jahren erhöht werden, jedoch nur dann, wenn die ortsübliche Vergleichsmiete noch nicht erreicht ist. Lediglich Modernisierungen können genutzt werden, um die Miete deutlich zu erhöhen. Bei Modernisierungen dürfen 11 % der Modernisierungskosten auf die Jahresmiete überwälzt werden. Allerdings darf der Mieter der Modernisierung in der Regel widersprechen. Eine wesentliche Ausnahme sind energetische Modernisierungen, für die seit der letzten Mietrechtsnovelle eine Duldungspflicht besteht. Hiermit sollte die energetische Sanierung gefördert werden, allerdings wurde diese Regelung tatsächlich teilweise genutzt, um Mieter zu wechseln. Spätestens mit der nächsten Novelle wird die Duldungspflicht daher wieder eingeschränkt.

Wer in einem Mietverhältnis steht, kann somit bleiben und wird weiter in dem Viertel zu einer Miete leben können, von der neu Zugezogene nur träumen können. Die Aufwertung des Viertels ist für diese Haushalte also allenfalls mit geringen Wohnkostenanstiegen verbunden, weil im Zeitablauf die ortsübliche Vergleichsmiete steigt. Gleichzeitig erfährt das Viertel aber eine Aufwertung, von der alle profitieren. Wer dagegen auszieht und eine neue Wohnung im Viertel sucht, konkurriert mit allen anderen – und kann sich mitunter die Mieten nicht mehr leisten und muss woanders hinziehen.

Aus individueller Sicht ist dies problematisch, keine Frage. Die gewohnte Umgebung zu verlassen und möglicherweise weiter weg von Freunden und Arbeit zu ziehen, ist immer schmerzlich. Aber aus gesellschaftlicher Sicht stellt sich die Frage, ob man hier intervenieren sollte. Soll man Aufwertungen und Verbesserungen in einem Viertel stoppen oder begrenzen, um den Stamm-Einwohnern zu ermöglichen, auch zukünftig leichter umzuziehen? Dies erscheint fragwürdig, denn auch in anderen Bereichen lassen wir Strukturwandel zu. Den Verlust der guten Tante-Emma-Läden beklagen wir, aber letztlich bieten größere Supermärkte mehr Auswahl zu günstigeren Preisen. Der Strukturwandel wird von Investitionen begleitet, die Fortschritt erst möglich machen. Stoppt man diese Investitionen und versucht den Status quo zu konservieren, stellt man letztlich alle schlechter.

Hinter dem Milieuschutz steht aber noch ein anderer Gedanke, der auch in vielen Demonstrationen zu hohen Mieten zum Ausdruck gebracht wird: „Wir haben ein Recht auf Stadt". Vielfach stehen Viertel in zentralen Lagen unter Milieuschutz. Solche Lagen sind zunehmend begehrt, wie in Abschn. 3.1 erläutert wird. Die Wege zur Arbeit, Kultur und Einkauf sind kurz, was für viele Menschen ein entscheidendes Kriterium ist. Entsprechend steigt die Nachfrage besonders stark, was eben auch die Mieten treibt. Viele der Stamm-Einwohner erwarten nun, dass sie auch künftig dort zu geringen Preisen leben können. Individuell ist dies nachvollziehbar, doch warum sollte die Gesellschaft dies unterstützen, also den einen Bürger, der dort schon länger lebt, gegenüber dem anderen Bürger, der neu hinzuziehen möchte, bevorzugen? Dies müsste mit gesellschaftlichen Vorteilen begründet werden, und die Vorteile müssten auch gewichtiger sein als die Kosten. Die Kosten lassen sich relativ klar benennen: Entgangene Investitionen, entgangene Steuereinnahmen über gestiegene Mieten und Grundstückspreise, entgangene Arbeitsplätze, insgesamt eine geringere wirtschaftliche Aktivität. Gesellschaftliche Vorteile daraus, dass die Einwohnerstruktur gleich bleibt, sind dagegen kaum zu benennen. Zumal es auch gar nicht so einfach ist, die angestammte Einwohnerstruktur zu identifizieren: Sind es die Studenten und Künstler, die vor einigen Jahren in die heutigen Milieuschutzgebiete gezogen sind? Sind es die Gastarbeiter, die in den 1960er- bis 1980er-Jahren dort hingezogen sind oder aber die Ur-Berliner oder Ur-Kölner, die dort leben?

Es muss der Gesellschaft klar sein, dass es mit Kosten verbunden ist, sozialschwache Schichten in begehrten Lagen zu halten. Dies ist auch bei der sozialen Wohnraumförderung offensichtlich: Sozialwohnungen in München Schwabing oder in Berlin-Mitte müssen deutlich stärker subventioniert werden als in der Peripherie. Schließlich sind die Grundstückspreise entsprechend höher. Dass es auch für einkommensärmere Schichten attraktiv ist dort zu leben, ist einsichtig. Doch in vielen Diskussionen um Stadtpolitik habe ich noch kein überzeugendes Argument gehört, warum dies auch für die Gesellschaft wichtig ist.

Als einziges Argument wird meist vorgebracht, dass durch die Verdrängung soziale Brennpunkte entstehen können. Dies gilt aber nur dann, wenn es für die Mieter keine vernünftigen Alternativen zu den zentralen Lagen gibt. In Paris, das häufig als Negativbeispiel angeführt wird, gibt es am Stadtrand zahlreiche Sozialwohnungen, die unterfinanziert und in einem entsprechend schlechten Zustand sind. Dort zieht nur der hin, der keine Alternative hat, wodurch Problemviertel entstehen. In Deutschland ist die Situation aber eine andere. Werden die Angemessenheitsgrenzen nicht zu eng gesteckt, haben auch Grundsicherungsempfänger eine breite Auswahl im Wohnungsmarkt. Haushalte mit etwas höheren Einkommen erhalten über das Wohngeld die Möglichkeit, ihre Wahlmöglichkeiten im Wohnungsmarkt zu erhalten. Entscheidend ist letztlich, dass die Städte versuchen, alle Stadtviertel attraktiv zu halten. Es darf nicht sein, dass Schulen in bestimmten Stadtvierteln abrutschen und gemieden werden oder dass die Kriminalität in einzelnen Stadtvierteln überproportional ansteigt. Das Ziel der Kommunalpolitik muss letztlich darin bestehen, gerade die außenstehenden Stadtviertel zu fördern und zu unterstützen – möglicherweise auch über Gelder, die man in den Innenlagen einnimmt, etwa über Einnahmen aus Grundstücksverkäufen. Gelingt es, die

Stadtviertel zu stabilisieren, ziehen dort auch Haushalte der Mittel- oder Oberschicht hin. Nicht jeder Haushalt möchte den Großteil des Einkommens für eine zentrale Lage ausgeben, auch Haushalte mit höherem Einkommen haben teilweise andere Prioritäten. Vielen reicht es, wenn sie mit Bus und Bahn schnell ins Zentrum pendeln können und wenn die Nahversorgung gesichert ist. Damit schließt sich der Kreis: Die Stadt muss so attraktiv sein, dass immer wieder neue Stadtviertel gentrifiziert werden, es also einen kontinuierlichen Zustrom von Menschen mit Einkommen oberhalb des Einkommensniveaus im jeweiligen Stadtviertel gibt. So wird die Stadt insgesamt attraktiv und aufgewertet, ohne dass es zu negativen Folgen für die Gesellschaft kommt, wenn einzelne Haushalte ein Stadtviertel verlassen müssen.

Es ist also ein gutes Zeichen, wenn Haushalte mit höherem Einkommen in Stadtviertel mit durchschnittlich niedrigerem Einkommen ziehen. Dies ist der bessere Weg der sozialen Durchmischung. Oft wird hingegen versucht, sozialschwache Haushalte dort anzusiedeln, wo die Einkommen deutlich höher sind. Dies ist für die Gesellschaft mit hohen Subventionskosten oder entgangenen Einnahmen verbunden, die letztlich kaum begründet werden können.

> Zusammengefasst bedeutet dies, dass der Milieuschutz in die falsche Richtung führt. Statt Strukturen zu konservieren und Investitionen zu unterbinden, sollte auch in Städten der Strukturwandel zugelassen werden. Wichtig ist es nicht, bestimmte Haushalte in bestimmten Vierteln zu halten, sondern zu verhindern, dass einzelne Stadtviertel abrutschen. Zugegeben, dies ist keine leichte Aufgabe, zumal viele Städte unterfinanziert sind. Der Milieuschutz und die damit entgangenen Einnahmen tragen jedoch kaum dazu bei, dass Stadtviertel attraktiv bleiben. Im Gegenteil, gerade in Kombination mit der Mietpreisbremse können gerade die heute begehrten Viertel langfristig abrutschen.

6.4 Wohnungspolitik am Scheideweg

Der deutsche Wohnungsmarkt, insbesondere der Mietwohnungsmarkt, gilt international als vorbildlich. In keinem anderen Land gibt es ein derartig großes, privat finanziertes und auch preisgünstiges Mietwohnungsangebot wie in Deutschland. Auch Haushalte mit höherem Einkommen greifen auf Mietwohnungen zurück, was für die Qualität der Bestände spricht. Haushalte mit geringem Einkommen finden ein verlässliches Angebot vor, bei dem die Mietpreise weitestgehend konstant bleiben und oftmals sogar hinter der Verbraucherpreisentwicklung zurückfallen. Viele internationale Forscher und andere Wohnungsmarktexperten interessieren sich seit einigen Jahren besonders für den deutschen Wohnungsmarkt, weil auch in anderen Ländern versucht wird, den Mietwohnungsmarkt aufzubauen. Nach den Erfahrungen der Finanzkrise möchte man vermeiden, dass sich Haushalte übermäßig verschulden, weshalb man als Alternative zum Wohneigentum das Mietwohnungsangebot stärken möchte.

In Deutschland ist es gelungen, eine feine Balance zwischen dem Schutzbedürfnis der Mieter und den Renditeinteressen der Vermieter zu wahren. Mieter werden in bestehenden Verträgen geschützt, sie können kaum gekündigt und die Mieten nur moderat gesteigert werden. Vermieter auf der anderen Seite haben immer wieder die Möglichkeit gehabt, bei neuen Verträgen Marktmieten zu erzielen. Diese Balance hat dazu beigetragen, dass das Mieten gesellschaftlich akzeptiert ist und immer wieder neue Anbieter in den Markt eingetreten sind und damit das Angebot bereichert und die Mieten moderiert haben. Hervorzuheben sind insbesondere die knapp 4 Mio. privaten Vermieter, die nur nebenberuflich Wohnungen vermieten. Diese Gruppe, zu der u. a. Handwerker, Anwälte, Apotheker, Lehrer und Rentner gehören, bietet in Deutschland rund 15 Mio. Wohnungen an – und damit deutlich mehr als etwa private, kommunale oder genossenschaftliche Wohnungsgesellschaften. Gerade durch private Kleinvermieter entsteht ein breit gefächertes Angebot, das den Mietwohnungsmarkt so attraktiv macht. Regulierungen und Rechtsunsicherheiten sind aber gerade für diese Gruppe besonders problematisch. Ohnehin ist das Mietrecht komplex geworden und kaum noch durchschaubar. Mit den neuen Regulierungen wie der Mietpreisbremse und den Milieuschutzsatzungen wird es noch schwieriger, und weitere Einschnitte, etwa bei Eigenbedarfskündigungen, werden diskutiert. All dies drückt sich negativ auf die Rendite aus, ganz abgesehen davon steigt der zeitliche Aufwand, was für Kleinvermieter ebenfalls gewichtig ist.

Es besteht die große Gefahr, dass diese Gruppe zunehmend aus dem Markt gedrängt wird. Aktuell lassen sich Wohnungen gut an Selbstnutzer verkaufen und es ist anzunehmen, dass schon jetzt jedes Jahr die Zahl der Kleinvermieter sinkt. Der Bedarf an Mietwohnungen bleibt jedoch groß und steigt eher. Kein Wunder also, dass der Ruf nach Sozialwohnungen und kommunalen Wohnungsangeboten zunimmt. Wenn es Private nicht schaffen, soll es eben der Staat richten.

Das Traurige ist, dass viele Länder und teilweise auch Deutschland schon erlebt haben, dass dies der falsche Weg ist. Viele Länder, wie etwa Spanien, Großbritannien oder auch die Niederlande, sind den Weg aus scharfer Regulierung und zunehmender staatlicher Wohnungsversorgung gegangen. Doch dies erweist sich gesellschaftlich als kostspielig. Erstens, weil viele Bestände zunächst nur unzureichend bewirtschaftet werden und qualitativ verlieren. Zweitens, weil der Staat viel Geld in die Hand nehmen muss, um Wohnungen bauen zu lassen und zu bewirtschaften.

Staaten haben aber nur wenig Geld und vernachlässigen die Bestände. In vielen Ländern ist der Sozialwohnungsbaubestand in einem sehr schlechten Zustand, weil es an Mitteln für Instandsetzungen und Modernisierungen fehlt. Für Deutschland sei an die Zeit vor 1989 erinnert, als viele Wohnungsunternehmen gemeinnützig waren und bei regulierten Mieten kaum Mittel für Modernisierungen hatten. Für die kommunalen Wohnungsunternehmen war es ein Segen, dass sie seit 1990 wie private Anbieter handeln konnten, und auch die Mieten an das Marktniveau anpassen konnten. Nur so waren Modernisierungen finanzierbar. Verlangt man nun aber mehr Engagement von kommunalen Unternehmen, etwa in Form preisgünstigen Neubaus oder einer generellen Zurückhaltung bei Mieten, kann dies schnell zu einer Überforderung führen. Nur wenige Kommunen sind finanziell in der Lage ihre Wohnungsgesellschaften finanziell zu unterstützen, sodass es wieder schnell zu einer Vernachlässigung der Bestände kommen kann.

Die letzten 60 Jahre haben eindrucksvoll gezeigt, dass man sich nicht gegen den Markt stellen kann, sondern die Marktkräfte nutzen muss und dort, wo es nötig ist, die Marktergebnisse durch marktkonforme Instrumente, wie das Wohngeld und die Belegungsrechte, korrigieren muss. Die deutsche Wohnungspolitik hat das über einen langen Zeitraum sehr gut gemacht, doch nun droht die Wohnungspolitik die Fehler anderer Länder zu kopieren. Gerade die Erfahrungen aus Großbritannien zeigten eindrucksvoll, wie schwer es ist einmal verlorene Vermieter wieder zu gewinnen. Fehlt das Vertrauen in langfristig gute Rahmenbedingungen, helfen oft auch steuerliche Anreize wenig, um Investoren zu gewinnen.

Doch warum wird dieser Weg beschritten, obwohl es viele negative Erfahrungen gibt? Eine mögliche Antwort darauf ist der Föderalismus. Viele der wichtigen Maßnahmen müssen vor Ort in den Kommunen umgesetzt werden, wie etwa die Baulandausweisung. Bauordnungen werden in den Ländern erstellt, ebenso wie die Grunderwerbsteuersätze von den Ländern beschlossen werden. Dennoch schauen die Bürger auf die Bundesregierung und verlangen eine Lösung für steigende Wohnkosten. Der Bund kann aber nur in einigen wenigen Fällen etwas tun, u. a. beim Mietrecht und dem sozialen Wohnungsbau. Beide Ansätze bieten scheinbar einfache Lösungen: Mietsteigerungen werden begrenzt und neue günstige Wohnungen gebaut. Wer dies politisch fordert, geht kaum Risiken ein, denn dass diese Politik nicht funktioniert, wird man erst in vielen Jahren sehen. Wie so viele Politikfelder ist auch die Wohnungspolitik anfällig für Populismus – umso wichtiger ist es, die Anreizwirkungen, die messbaren Auswirkungen und internationale Erfahrungen immer wieder zu erläutern.

Weiterführende Literatur

Hintergrundinformationen zur Mietpreisbremse:

1. Deschermeier P, Haas H, Hude M et al (2014) Die Folgen der Mietpreisbremse – Eine Analyse am Beispiel der Wohnungsmärkte in Köln und Berlin. IW policy paper, Köln

Die internationalen Erfahrungen sind hier ausführlich dargestellt:

2. Turner B, Malpezzi S (2003) A review of empirical evidence on the costs and benefits of rent control. Swed Econ Policy Rev 10:11–56

Über die Probleme der sozialen Wohnraumförderung:

3. Voigtländer M, Schier M (2016) Soziale Wohnraumförderung auf dem Prüfstand. IW-Trends 43(1):21–35

Zum Milieuschutz gibt es bislang eher wenig Literatur, hier gibt es noch großen Forschungsbedarf. Die folgende Studie beschreibt die eher positiven Erfahrungen mit dem Phänomen Gentrifizierung:

4. Cortright J, Mahmoudi D (2014) Lost in place: why the persistence and spread of concentrated poverty – not gentrification – is our biggest urban challenge. City Observatory, Portland

Wer mehr über die langfristigen Erfahrungen mit der Wohnungspolitik erfahren möchte, sollte folgendes Buch meines Doktorvaters Johann Eekhoff lesen:

5. Eekhoff J (2002) Wohnungspolitik, 2. Aufl. Mohr Siebeck, Tübingen

7
Wann geht es zurück aufs Land?

Spricht man mit Investoren über die demografischen Perspektiven, kommt immer irgendwann die Frage: „Wann geht es wieder zurück aufs Land?" Freilich ist dies für Investoren eine äußerst wichtige Angelegenheit, denn wer frühzeitig Trends erkennt, kann viel Geld verdienen. Wer also heute schon weiß, dass bestimmte Regionen einmal sehr nachgefragt werden, sollte sich dort frühzeitig Grundstücke sichern. Umgekehrt stellt dies manche Neubauinvestition infrage, wenn sich die Nachfrage umkehren sollte. Doch ist diese Frage nicht nur für Investoren wichtig, sondern für die ganze Gesellschaft. Wenn der Zuzug in den Ballungsgebieten nur ein temporäres Phänomen ist, wird sich der Wohnungsmarkt zumindest mittelfristig ganz von selbst regulieren und die Nachfrage wird sich gleichmäßiger auf die gesamte Fläche Deutschlands verteilen. Wenn sich dagegen die Nachfrage auch in Zukunft auf die Städte und ihr näheres Umland konzentriert, sind die hier beschriebenen Ansätze umso wichtiger. Dann bleibt die Ermöglichung von Bauen in den Großstädten ein Dauerthema. Auf der anderen Seite stellt sich dann aber auch die Frage, wie es mit dem Land weitergeht. Welche Zukunft haben Regionen, in denen die Nachfrage dauerhaft sinkt?

Im Folgenden soll versucht werden, diese Fragen zu beantworten. Wie bei allen Prognosen und Einschätzungen, die langfristige Entwicklungen abbilden sollen, ist die Unsicherheit groß. Doch zumindest lässt sich eine fundierte Einschätzung geben. Auf Basis dieser Einschätzung können gesellschaftliche Folgen und Herausforderungen abgeleitet werden.

7.1 Geht es bereits zurück aufs Land?

Ende August 2016 titelte das Magazin „Der Spiegel" bereits „Stadt, Land, Flucht". Das erste Mal seit 20 Jahren zogen mehr Deutsche aus den Großstädten als in die Großstädte. Dargestellt wurde in dem Artikel u. a., dass Menschen aus Hamburg wieder in die Umlandgemeinden gezogen sind, wie etwa Pinneberg oder Schneverdingen. Die Statistik ist in der Tat auf den ersten Blick überraschend und zu Recht wird die Frage gestellt, ob dies das Ende der Urbansierungswelle ist. Betrachtet man aber die Statistik genauer, wird zunächst einmal deutlich, dass die Zahl der Menschen, die in die Städte ziehen, immer noch deutlich größer ist als die Zahl der Abwanderer. Zwar weisen deutsche Haushalte in manchen Großstädten einen leicht negativen Wanderungssaldo auf, Haushalte mit Migrationshintergrund zieht es aber nach wie vor in die Städte. Dies lässt sich anhand von

7 Wann geht es zurück aufs Land?

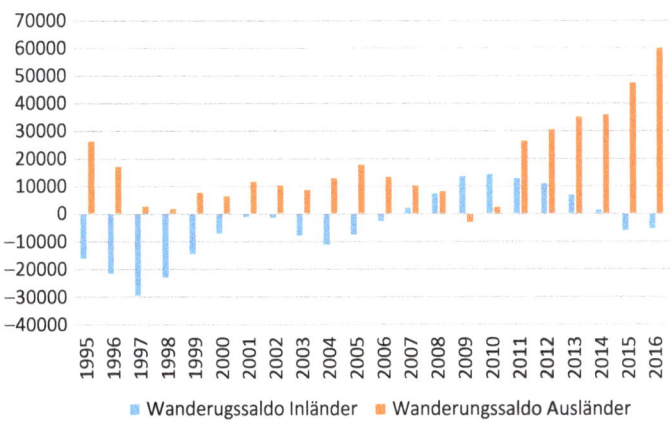

Abb. 7.1 Entwicklung der Zu- und Abwanderung nach Berlin. (Quelle: Statistisches Bundesamt)

Berlin eindrücklich zeigen und bestätigt sich mit Blick auf Hamburg, München oder andere Großstädte (Abb. 7.1).

In Berlin ist der Wanderungssaldo, also der Unterschied zwischen Zuwanderern und Abwanderungen, bei Betrachtung nur deutscher Haushalte seit 2015 leicht negativ. Im Jahr 2014 betrug der Saldo noch 1200 Menschen, 2009 bis 2012 waren es jeweils mehr als 10.000 Menschen. Bei den ausländischen Haushalten ist der Saldo aber immer noch sehr groß, er betrug 2016 fast 60.000 Menschen. Nach vorläufigen Zahlen liegt der Saldo mit dem Ausland im Jahr 2017 bei 36.000 Menschen, was zwar einen Rückgang bedeutet, aber womit die Wanderung aus dem Ausland nach Berlin immer noch auf einem sehr hohen Niveau ist. Für den Berliner Wohnungsmarkt bedeutet dies zunächst, dass es kaum Entspannung gibt. Nach wie vor wächst die Stadt in der Größenordnung einer mittelgroßen Stadt, die Nachfrage bleibt also hoch. Dennoch könnte man meinen, dass der Trend sich dreht und die deutschen Haushalte Vorreiter sind – so wie die Zuwanderung nach

Berlin zunächst vor allem durch deutsche Haushalte getragen wurde.

Tatsächlich kann der geringere Zuzug bzw. der Wegzug der deutschen Haushalte in einigen Großstädten vor allem auf den Mangel an Neubau zurückgeführt werden. In Berlin werden nur rund 15.000 Wohnungen pro Jahr gebaut, gebraucht werden rund 25.000 Wohnungen. Auch die Leerstandsreserven sind mittlerweile aufgebraucht. Es wird also immer schwieriger, eine Wohnung zu finden, ein Teil der Wohnungssuchenden muss zwangsläufig ins Umland ausweichen. Und wenn man etwas findet, ist es sehr teuer, was ebenfalls die Suche nach Alternativen fördert. Dass gerade Ausländer weiterhin in die Städte ziehen aber bei Deutschen erste Reaktionen zu sehen sind, hängt mit den familiären Voraussetzungen zusammen. Viele Ausländer ziehen nach Deutschland, weil sie hier einen Job gefunden haben, eben bevorzugt in den Großstädten. Die meisten kommen zumindest zunächst alleine und suchen vor allem in der Nähe des Arbeitsplatzes. Dabei sind sie in Regel nicht wählerisch und suchen möglichst nach kleinen Wohnungen oder auch Wohngemeinschaften. Schließlich warten viele die Probezeit ab oder sehen ihre Beschäftigung (oder Ausbildung) eher als zeitlich begrenzt an. Auch bei den Deutschen gibt es viele junge Menschen, die es weiter in die Stadt zieht, allein nach Berlin sind 2016 über 80.000 Menschen mit deutschem Pass zugezogen. Allerdings ziehen mittlerweile eben noch mehr wieder weg, weil es nur ein unbefriedigendes Wohnungsangebot gibt. Dies gilt insbesondere für junge Familien. Nach wie vor wünschen sich viele junge Familien, in der Stadt zu bleiben, aber dies ist zunehmend schwieriger. Deshalb sucht man in den Umlandgemeinden und versucht Standorte zu finden, die gut an die Stadt angebunden sind.

7 Wann geht es zurück aufs Land?

> Die Entscheidung, aus der Stadt zu ziehen, ist demnach keine Entscheidung gegen die Stadt oder eine Entscheidung für mehr Landleben, sondern sie ist primär eine Reaktion auf das unzureichende Angebot in der Stadt. Wird mehr in der Stadt gebaut, wird dies weiterhin nachgefragt. Demnach handelt es sich keineswegs um das Ende der Urbanisierungswelle, sondern, auch wenn es paradox klingt, um eine Folge der Urbansierungswelle.

Forscher der Bergischen Universität Wuppertal haben überdies herausgearbeitet, dass es einen nachweisbaren Zusammenhang zwischen der Kaufpreisentwicklung und den Wanderungen gibt: Je schneller die Preise steigen, desto eher ziehen die Menschen weg. Sie ziehen aber eben nicht gänzlich aufs Land oder in weiter weg gelegene schrumpfende Städte, sondern ins Umland der Großstädte.

Wenn man so will, folgen die Großstädte damit einer Entwicklung, die München schon lange kennt. In München sind die Preise schon lange höher gewesen als anderswo und schneller gestiegen. Daher haben sich seit jeher mehr Menschen im Umland angesiedelt. Ingolstadt, Augsburg oder auch Landshut gehören damit zum festen Einzugsgebiet für München. Da über die Jahre immer mehr Menschen ausweichen mussten und auch in den Umlandgemeinden wenig gebaut wurde, sind auch die Preise im Umland immer weiter gestiegen. Heute ist das Umland von München beispielsweise viel teurer als das Wohnen in den Rheinmetropolen Köln oder Düsseldorf. Letztlich verschieben sich durch die Ausweichreaktion nur die Stadtgrenzen, auch wenn dies natürlich nichts an den offiziellen Stadtgrenzen ändert. Ähnliches ist in London oder Paris zu beobachten: Auch wenn die Menschen gerne zentral wohnen möchten, müssen sie doch teilweise Wege von zwei Stunden (einfache Strecke!) akzeptieren, weil die Wohnkosten sonst schlicht zu hoch sind. Aktuell ist von einer Gegenbewegung, einem gewollten „Raus aus der Stadt", also wenig feststellbar. Vielmehr sind wir auf dem Weg, uns den Wohnungsmärkten anderer Länder mit starken Metropolen anzugleichen.

7.2 Stadt versus Land: die mittelfristige Perspektive

Wie sieht es mittelfristig in den nächsten fünf bis zehn Jahren aus, wird der Trend in die Stadt anhalten? Dies ist derzeit ein viel diskutiertes Thema, gerade auch vor dem Hintergrund neuer Technologien.

Ein gravierendes Problem ländlicher Räume ist die unzureichende digitale Infrastruktur. Internetverbindungen sind typischerweise langsam, Breitbandnetze, Glasfasernetze oder auch der Mobilfunkstandard 4G sind in vielen ländlichen Regionen noch Fremdwörter. Dies ist ein gravierender Attraktivitätsnachteil, denn für viele Menschen sind schnelle Datennetze mittlerweile eine Selbstverständlichkeit, für viele Unternehmen eine Grundvoraussetzung. Dieser Nachteil wird sich jedoch zunehmend vermindern. Die Bundesregierung plant umfangreiche Investitionen in die Datenautobahnen, die in einigen Jahren Früchte tragen werden. Auch private Investitionen werden getätigt und mit der Verbesserung des Angebots von Internetverbindungen per Satellit wird auch der ländliche Raum in einigen Jahren flächendeckend über schnelle Internetverbindungen verfügen.

Ein weiterer wesentlicher Nachteil ist die Mobilität. Der ländliche Raum ist nur unzureichend an den öffentlichen Personennahverkehr angeschlossen. Bahnen fahren nur selten oder gar nicht, schnelle ICE-Verbindungen gibt es kaum. Daher sind die Menschen auf den Individualverkehr angewiesen. Das Fahren mit dem Auto wird aber zunehmend als Nachteil empfunden, da es letztlich vergeudete Zeit ist. Man kann zwar mittlerweile bequem telefonieren, aber weder lesen, spielen, arbeiten oder ausruhen ist möglich, wie das bei Zügen oder Bussen der Fall ist. Jedenfalls noch nicht, denn zukünftig wird es wohl selbstfahrende Automobile geben, möglicherweise sogar ohne Lenkrad, d. h. ohne Eingriffsmöglichkeit des Fahrers. Viele Unternehmen der Automobilbranche sowie große IT-Unternehmen wie Google oder Apple arbeiten an dieser Zukunft mit Hochdruck. Noch klingt es wie Science-Fiction, dass wir in vielleicht fünf Jahren in selbstfahrende Automobile einsteigen. Schon in einigen Jahren wird es selbstfahrende Lkws geben und die Übertragung auf den Personenverkehr wird kurz danach erfolgen. Fahren werden diese Automobile natürlich mit Strom, der u. a. durch Solarmodule auf dem Dach selbst erstellt werden kann.

Man kann sich leicht ausmalen, dass dies die Entscheidungssituation verändern wird. Sich „fahren zu lassen" ist deutlich angenehmer als selbst zu fahren. Man kann die Zeit nutzen und schon einmal arbeiten oder noch entspannen. Auch um Parkplätze muss man sich in der Zukunft wahrscheinlich keine großen Sorgen mehr machen, das Auto sucht sich selbst einen. Und aufgeladen wird der Wagen abends durch den vom Einfamilienhaus zusätzlich produzierten Strom. Die Unternehmensberatung Bain sieht schon eine neue Ökonomie vor sich, in der Distanzen kaum noch eine Rolle spielen und sich die Menschen wieder gleichmäßiger über den Raum verteilen.

Es ist sicherlich zu erwarten, dass sich die Wohnortwahl durch die neuen Technologien entspannt. Mehr Menschen als bisher werden sich dort niederlassen, wo es besonders schön ist, vielleicht an Seen, an Bergen oder am Meer. Doch diese Standorte sind auch heute schon attraktiv, insbesondere, wenn sie nah an Metropolen wie Hamburg oder

München liegen. Der Chiemsee oder der Starnberger See werden vielleicht noch attraktiver, aber werden auch mehr Menschen an die Mecklenburger Seenplatte oder in die Eifel ziehen?

Die neue Mobilität und die besseren Datenverbindungen schaffen zunächst einmal keinen Vorteil, sondern sie mindern lediglich einen Nachteil. Die Internetverbindungen in den Großstädten werden immer noch besser sein und es kostet auch mit selbstfahrenden Autos Zeit zu pendeln. Vor allem aber ändert es nichts daran, dass die wesentliche wirtschaftliche Aktivität weiterhin in den Städten und insbesondere den Großstädten stattfindet. Wissensbasierte Dienstleistungen, die der wesentliche Wohlstandsmotor sind, bedingen eine Nähe zum Kunden und zu gut ausgebildeten Fachkräften. Beides findet sich in den Großstädten. Natürlich wird es künftig noch mehr Video-Konferenzen geben und noch mehr Telearbeit, aber alle Erfahrungen zeigen bisher, dass der persönliche Kontakt nicht ersetzt werden kann. Es macht also auch künftig Sinn, dort zu leben, wo viele andere leben, denn dies macht es u. a. leichter, einen neuen Job zu finden und höhere Einkommen zu erzielen. Die großen Metropolen tragen weltweit erheblich zum Wohlstand der Länder bei. Lediglich Berlin stellt eine Ausnahme dar, holt aber mittlerweile kräftig auf.

Hinter der Idee, Technologie könnte die Entscheidung zwischen Stadt und Land ändern, steht auch die Vorstellung, dass sich die Entscheidungsmuster zyklisch ändern. Eine Generation bevorzugt die Stadt, die nächste das Land usw. Tatsächlich stimmt dies jedoch so nicht. Zwar gibt es immer wieder eine Entscheidung zwischen der Stadt und dem Umland, das Land in dem Sinne, dass die Menschen sich deutlich von der Stadt wegbewegen, hat damit aber nichts zu tun. Wanderungen ins Umland stellen letztlich einen Kompromiss dar. Man möchte und muss weiterhin nah an der Stadt sein, muss aber aufgrund hoher Preise oder eines nicht passendes Angebotes – zum Beispiel mit Blick auf Einfamilienhäuser – ausweichen. Also sucht man einen Standort, von dem aus man günstig in die Stadt hineinpendeln kann. Für Köln sind Pulheim, Bergisch Gladbach oder auch Leverkusen typische Umlandgemeinden, die an Attraktivität gewinnen, wenn Köln zu teuer wird. Für Hamburg ist es zum Beispiel Pinneberg, für Stuttgart etwa Reutlingen. Alle diese Standorte sind verhältnismäßig gut mit der Metropole vernetzt, weisen aber ein deutlich günstigeres Wohnungsangebot auf. Entspannen sich die Märkte in der Metropole wieder – weil genügend gebaut wird, weil die Zuwanderung weniger stark ausfällt oder weil sich genügend Menschen nach Alternativen umgeschaut haben – wird die Bewegung in die Stadt wieder beginnen. So entstehen Wellenbewegungen zwischen Stadt und Umland. Auch Vorlieben spielen eine Rolle, mal wird die größere Ruhe geschätzt, mal das Flair der Großstadt, doch insgesamt ziehen immer mehr Menschen zumindest in die Nähe der Großstädte. International wird daher auch eher von der Metropolregion gesprochen, der Kreis um London, Paris oder auch New York wird deutlich weiter als die tatsächliche Stadtgrenze gezogen. In Deutschland wird dieser Begriff zwar auch verwendet, aber deutlich weniger konsequent als im Ausland.

> Die Metropolregionen wachsen beizeiten in die Breite oder verengen sich wieder, der Trend in die Metropolregionen ist aber durchgängig. Dieses Phänomen gibt es nicht nur in Deutschland, sondern es kann weltweit beobachtet werden.

2010 war das erste Jahr, in dem zum ersten Mal weltweit mehr Menschen in Städten gelebt haben als auf dem Land. Noch 1950 lag die Quote bei unter 30 %, seitdem ist sie kontinuierlich gestiegen. Dies gilt auch für Deutschland. Noch 1950 lag die Quote bei unter 70 %, im Jahr 2015

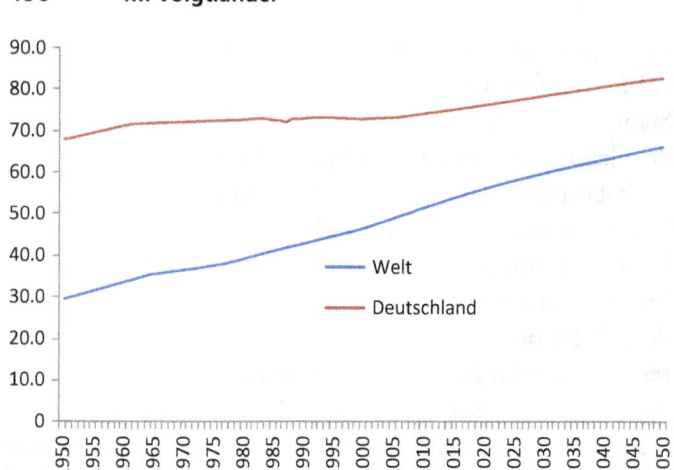

Abb. 7.2 Der Anteil der Stadtbevölkerung an der Gesamtbevölkerung (in Prozent). (Quelle: UN)

waren es 75 % (Abb. 7.2). Der Anstieg ist langsam, aber kontinuierlich. Und nach Einschätzung der Vereinten Nationen wird sich der Anstieg auch fortsetzen. Weltweit und in Deutschland leeren sich die ländlichen Räumen.

Einen anderen Blick auf die zunehmende Verstädterung erlauben die Mega Cities. Als Mega Cities werden Städte bezeichnet, die mehr als 10 Mio. Einwohner haben. In den letzten Jahren sind weltweit immer mehr Mega Cities entstanden, vor allem in Asien. Betrachtet man die zehn größten Städte der Welt, wird zunächst einmal deutlich, wie klein deutsche Städte sind. Berlin mit seinen rund 3,5 Mio. Einwohnern ist noch weit davon entfernt, eine Mega City zu sein. Auffällig ist aber auch, dass allen Mega Cities, bis auf die japanischen aufgrund des starken Rückgangs der dortigen Bevölkerung, noch ein starkes Wachstum vorausgesagt wird. Shanghai und Peking werden noch um rund 7 Mio. Menschen in den nächsten 15 Jahren wachsen, Delhi sogar noch stärker. Und auch dem Großraum New York wird noch ein Wachstum von einer Million Menschen

7 Wann geht es zurück aufs Land?

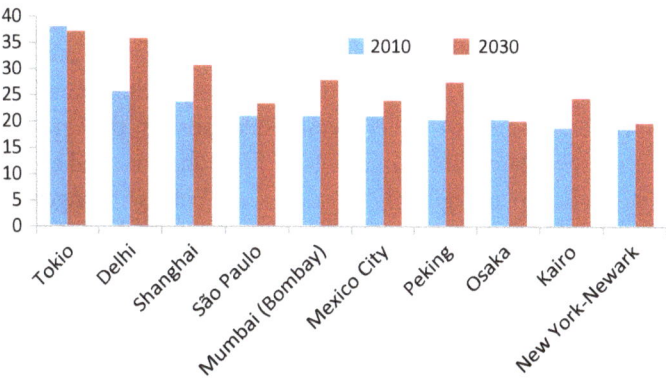

Abb. 7.3 Einwohner in Mio. in den größten Mega Cities und Prognose bis 2030. (Quelle: UN)

vorausgesagt (Abb. 7.3). Auch dies relativiert das Wachstum so mancher deutscher Stadt.

Überall auf der Welt zieht es die Menschen in die Städte bzw. die Metropolregionen. Leichte Verbesserungen in der Mobilität oder im Internetzugang werden dies nicht drehen können. Zu gewichtig sind die Größenvorteile, die Städte ausspielen können, etwa bei der Bereitstellung von Infrastruktur (Schulen, Freizeit, medizinische Versorgung, usw.) sowie bei der Schaffung neuer Jobs und Unternehmen. Sozialschwache Haushalte zieht es in die Städte, weil es dort sehr viel mehr öffentliche Leistungen gibt wie einen ausgebauten ÖPNV, soziale Unterstützung, Parks, eine Vielzahl von Vereinen und natürlich bessere Chancen auf Jobs. Für Haushalte mit höherem Einkommen zählt ebenfalls die Infrastruktur, aber natürlich auch die Möglichkeit, dort am besten nach der Qualifikation beschäftigt zu werden und ein hohes Einkommen zu beziehen. Allen bieten die Städte damit einen ökonomischen Mehrwert. Und der Blick auf die Mega Cities zeigt, dass ein kräftiges Wachstum der Einwohnerzahlen der deutschen Großstädte nichts Besonders ist, sondern eher der Normalfall.

Es ist aber nicht nur so, dass die Großstädte und ihr Umland die Menschen anziehen, sondern auch dass sie aus der ländlichen Region und strukturschwachen Städten geradezu vertrieben werden. Viele Gemeinden abseits der großen Zentren verlieren kontinuierlich an Einwohnern, weil es wenige Arbeitsplätze gibt. Doch dies setzt Folgewirkungen in Gang: Zunächst ziehen sich Einzelhändler zurück, dann der Friseur, dann der Arzt, das Schwimmbad schließt usw. Die Infrastruktur wird zusehends zurückgebaut, es gibt mehr Leerstand und immer weniger Einwohner, die etwas bewegen wollen. Hier entstehen sogenannte Pfadabhängigkeiten. Ein einmal beschrittener Weg, der Weg der Schrumpfung, kann nur schwerlich aufgehalten werden. Die große Zahl an Flüchtlingen könnte eine Chance sein, doch alle bisherigen Erfahrungen zeigen, dass es auch Flüchtlinge vor allem in die Großstädte treibt. Übrig bleibt dann nur eine überalterte Bevölkerung, die für sich und die wenigen übrig gebliebenen jungen Menschen nur wenig Perspektiven sieht. Nur weil es nun schnelleres Internet gibt oder man weitere Strecken bequemer zurücklegen kann, wird man an diese Orte nicht zurückkehren oder gar neu hinziehen. Zumindest mittelfristig spricht viel dafür, dass sich auch in Deutschland die wirtschaftliche Aktivität und die Bevölkerung auf einige Zentren konzentrieren werden. Dies wird auch gesellschaftliche Fragen aufwerfen.

7.3 Was wird aus den abgehängten Regionen?

Es ist davon auszugehen, dass auch in Deutschland die Konzentration auf die Großstädte und ihr Umland fortgesetzt wird. Deutschland ist dabei noch relativ ausgewogen, auch aufgrund der föderalen Strukturen. Während es in Großbritannien oder Frankreich im Wesentlichen nur ein

Zentrum gibt, oder in Spanien zwei, sind es in Deutschland noch eine ganze Reihe. Je nach Zählweise der großen Maklerhäuser oder von Marktanalysten verfügt Deutschland mindestens über fünf, wenn nicht sieben, Zentren. Diese Zentren werden auch zukünftig weiterwachsen, weshalb es umso wichtiger ist, die Bautätigkeit in diesen Metropolen zu ermöglichen, um Druck aus dem Wohnungsmarkt zu nehmen. Ansonsten werden sich auch deutsche Großstädte zunehmend Paris, London oder New York angleichen, wo die Mieten deutlich höher und die Pendelzeiten letztlich viel länger sind.

Auch wenn dies nicht im Mittelpunkt dieses Buches steht, es stellt sich dennoch die Frage, was mit den vielen ländlichen Gemeinden und strukturschwachen Städten außerhalb der großen Zentren passiert. Was wird aus der Eifel, der Uckermark, dem Schwarzwald oder dem Saarland? Nach einer früheren Untersuchung des IW Köln müssen 60 % der Landkreise und kreisfreien Städte in Deutschland mit einer rückläufigen Wohnungsnachfrage rechnen. Auch wenn durch die jüngste Zuwanderungswelle die Zahl der schrumpfenden Kreise geringer geworden sein dürfte, sind es immer noch sehr viele. Grob geschätzt leben rund 15 Mio. Menschen in Deutschland in Städten mit einem stark angespannten Wohnungsmarkt, doch eine deutlich höhere Zahl muss sich heute und künftig verstärkt mit Schrumpfung, Leerständen und einem Abbau von Infrastruktur auseinandersetzen. Dass nicht so viel darüber berichtet wird wie über steigende Preise und Mieten in den Großstädten, ist vor allem eine Folge einer verzerrten Wahrnehmung. Erstens verteilt sich die Schrumpfung über eine große Fläche, Hotspots wie im Wohnungsmarkt der Großstädte lassen sich kaum ausmachen. Zweitens verlaufen die Prozesse langsam und schleichend, was es immer schwierig macht, die Folgen greifbar zu machen. Und drittens leben Journalisten typischerweise in der Stadt, weshalb die Probleme auf dem Land oder in strukturschwachen Städten weniger intensiv verfolgt werden.

Nichtsdestotrotz sind die Probleme da und werden zudem von einem zunehmenden Gefühl der Perspektivlosigkeit begleitet. Auf diesem Nährboden gedeihen extreme politische Tendenzen. So holt die AfD besonders viele Stimmen tatsächlich vor allem in ländlichen und strukturschwachen Räumen. In Mecklenburg-Vorpommern oder auch Sachsen-Anhalt konnten so Ergebnisse von mehr als 20 % erzielt werden, überwiegend eben durch das Wahlverhalten von Menschen, die sich von der Gesellschaft abgehangen fühlen. Oft fragt man sich, warum gerade in Regionen mit wenigen Ausländern ausländerfeindliche Parteien besonders gut abschneiden, aber vergegenwärtigt man sich die mangelnde Perspektive, wird dies erklärlich. Gerade wer das Gefühl hat, dass früher alles besser war und dass es nun kaum Chancen gibt, ist empfänglich für Populisten, die scheinbar einfache Lösungen versprechen. Nicht zuletzt ist es auch ein Widerstand gegen die Eliten in den Zentren und gegen die Globalisierung, die vielen Regionen Arbeitsplätze genommen hat, während die Vorteile weniger greifbar sind.

Sicherlich wäre es verkürzt, die Wahlergebnisse nur auf einen Faktor zurückzuführen, doch sind die zunehmenden räumlichen Konzentrationsentwicklungen zumindest ein wichtiger Aspekt. Schließlich zeigt sich dieses Muster auch in anderen Ländern: Der Front National in Frankreich wird überwiegend durch die ländliche Bevölkerung getragen, in den USA zählten zu den Unterstützern von Trump vor allem Menschen aus den so genannten „overflight states" also den Staaten aus der Mitte der USA, wo es immer weniger ökonomische Perspektiven gibt, weil sich die Zentren an der Ostküste oder Westküste befinden. Und auch für den Brexit, den Austritt Großbritanniens aus der EU, haben vor allem Menschen aus strukturschwachen Städten und ländlichen Regionen gestimmt, die wirtschaftlich abgehängt für sich schon längst keine Vorteile aus der Globalisierung und Grenzöffnung erkennen. Populisten greifen diese Perspektivlosigkeit auf unterschiedliche Arten und Weisen auf und wecken das Gefühl, dass es früher besser war. Und aus der Sicht vieler Menschen trifft das auch zu.

Die räumliche Konzentration auf einige wenige Zentren hat damit eine handfeste gesellschaftliche Relevanz. Deutschland und noch stärker andere Länder werden zunehmend räumlich gespalten in einen Teil mit großer ökonomischer Aktivität und einen Teil, der zunehmend abgehängt ist. Dies hat einen sozialen Sprengstoff, der bislang unterschätzt wird, der aber über die Wahlergebnisse bereits zu wirken beginnt.

Es ist daher im Interesse der Gesellschaft, den Menschen überall Perspektiven und Chancen zu geben und ihnen die Teilhabe an einer guten Infrastruktur zu ermöglichen. Letztlich fordert dies auch das Grundgesetz, das ausdrücklich von gleichwertigen Lebensverhältnissen spricht. Klar ist dabei, dass sich die Zeit – trotz aller populistischen Versprechen – nicht zurückdrehen lässt. Die räumliche ökonomische Konzentration wird sich fortsetzen, daran lässt sich wenig ändern.

Eine Stärke Deutschlands war stets die große Vielfalt an Städten. In China etwa konzentriert sich die Entwicklung ganz und gar auf die riesigen Metropolen wie Peking oder Shanghai. Dort sammelt sich die Infrastruktur und das kulturelle und gesellschaftliche Leben, während andere Städte ein deutlich geringeres Angebot bieten. In China gelten schon Städte mit 500.000 Bewohnern als ländlich, weil die Städte neben Wohnungen kaum etwas zu bieten haben. Dies ist in Deutschland zum Glück ganz anders, auch Kleinstädte können hierzulande ein breites Angebot an Infrastruktur, Kultur und Freizeit bieten. Aufgrund der Schrumpfung vieler Regionen kommen nun aber diese Städte unter Druck und müssen teilweise schon Infrastruktur abbauen, was die Abwanderung eher verstärkt. Dem muss entgegengewirkt werden.

Angesichts der teilweise starken Entleerung einzelner Regionen erscheint es kaum realistisch, jedes Dorf oder auch jede Stadt zu erhalten. Manches Dorf ist schon verschwunden und es werden noch viele dazukommen. Es bedarf jedoch in jeder Region eines Mittelzentrums, welches weiterhin attraktiv ist und ein breites Angebot an Schulen, medizinischer Versorgung und anderer Infrastruktur bietet. Diese Zentren innerhalb von Regionen müssen auch finanziell gestärkt werden, damit sie ihre Versorgungsfunktion weiterhin erfüllen können. Außerdem muss dafür gesorgt werden, dass jeder Bürger dieser Regionen innerhalb einer akzeptablen Zeit in das Zentrum pendeln kann. Hier bedarf es kluger Lösungen, um die Kosten gering zu halten. Außerdem sollten Anreize gesetzt werden, dass die Bürger in diese Zentren ziehen.

> Es bedarf in Schrumpfungsregionen also einer stärkeren überregionalen Planung, die entscheidet, welches Mittelzentrum gestärkt wird und wie die Umlandgemeinden in die Entwicklung einbezogen werden können.

Dies ist keine leichte Aufgabe und es gibt hierfür auch kein Patentrezept. Vielmehr müssen je nach Region individuelle Entscheidungen getroffen werden. Es sollten aber in jedem Fall Anreize gesetzt werden, um die ausgewählten regionalen Zentren auch von der Einwohnerzahl her zu stabilisieren. Denkbar sind etwa Umzugsprämien, damit der Wegzug aus kaum noch versorgten kleinen Gemeinden leichter fällt. Ein ganz großes Problem der Schrumpfung ist vor allem die Versorgung der älteren Bevölkerung, die letztlich vielerorts übrig bleibt. Diesen Menschen muss geholfen werden dorthin zu ziehen, wo sie Einkaufsmöglichkeiten, medizinische Versorgung und Teilhabe am gesellschaftlichen Leben erhalten.

Wichtig ist es auch, den kommunalen Finanzausgleich umzustellen. Heute erhalten die Kommunen vor allem nach der Einwohnerzahl Zuweisungen. Für schrumpfende Kommunen ist dies hochproblematisch, da viele Infrastrukturmaßnahmen, wie etwa Schulen, Müllentsorgung, ÖPNV und vieles mehr nur bedingt von der Zahl der Nutzer abhängen. Die Kosten bleiben also, aber die Mittel werden immer geringer, weshalb die Gebühren noch weiter steigen müssen oder mehr und mehr Leistungen gestrichen werden. Beides führt zu einer noch weiteren Abwanderung.

Es ließen sich noch zahlreiche weitere Maßnahmen aufzählen. Ganz entscheidend ist aber bei allen Überlegungen, dass man die Schrumpfung in den betroffenen Regionen akzeptiert. Derzeit wächst Deutschland und das Thema ist aus diesem Grund nicht mehr so präsent, doch aufgrund der nach wie vor geringen Geburtenrate wird Deutschland langfristig Bevölkerung verlieren. Die verbliebene Bevölkerung wird sich in den Ballungsgebieten konzentrieren. Der Versuch, wirtschaftliche Aktivität von den Zentren in die ländlichen Räume zu verschieben, wird zum Scheitern verurteilt sein. Dies war auch in der Vergangenheit nur mäßig erfolgreich. Vielmehr geht es darum, den Übergang möglichst schonend zu gestalten. Auch ohne Eingriffe und Unterstützung würde die Bevölkerung wandern und Dörfer und Kleinstädte verschwinden, doch dies wäre für viele Menschen schmerzhaft und gesellschaftlich problematisch. Deshalb muss der Prozess gesteuert und abgefangen werden, vor allem durch die Stärkung regionaler Zentren und die Sicherstellung einer angemessenen Infrastruktur in allen Regionen. Darüber hinaus gilt es zu beachten, dass es in Deutschland auch noch viele ländlich geprägte Regionen gibt, in denen zahlreiche sehr erfolgreiche Mittelständler produzieren, denen es aber zunehmend an Fachkräften mangelt. Hierzu zählen etwa die Region um Jena, das Emsland oder auch Oberfranken. Diese Regionen und vor allem deren Städte sollten gezielt gestärkt werden, und gerade über die Ansiedlung oder den Ausbau von Hochschulen können auch Fachkräfte für diese Regionen gewonnen werden.

Verglichen mit den Wachstumsproblemen der Zentren werden die Schrumpfungsschmerzen der strukturschwachen ländlichen Regionen in den kommenden Jahrzehnten deutlich gravierender sein. Die Gesellschaft ist gut beraten, dieses Thema nicht zu ignorieren, sondern stattdessen Strategien zu entwickeln, wie der demografische Wandel aufgefangen werden kann.

7.4 Die Zukunft gehört den Metropolen

Wo werden unsere Kinder leben? Viel spricht dafür, dass es in den Metropolen oder zumindest in deren näherem Umkreis sein wird. Trotz besserer Mobilität und schnellerer Datenverbindungen wird es sich wirtschaftlich weiter lohnen, dorthin zu gehen, wo bereits viele Kunden, Fachkräfte und Know-how vorhanden sind. Der Triumphzug der Städte wird weitergehen, und dies hat nicht nur wirtschaftliche Vorteile. Auch ökologisch ist dies sinnvoll, denn eine Konzentration von Menschen bedeutet auch kurze Wege und damit einen geringeren Energieverbrauch. Langfristig werden wir auch wieder mehr Land der Natur zurückgeben können. Außerdem können wir Infrastruktur in Metropolen effizienter und damit günstiger nutzen. Den Wohnungsbau in den Metropolen zu steigern und auf einem hohen Niveau zu halten, wird damit eine Daueraufgabe bleiben. Sicherlich wird sich, wenn die Zuwanderung nachlässt, die Situation auch wieder moderieren, aber die Zugkraft der Metropolen wird bleiben und damit, wenn auch zwischenzeitlich auf geringerem Niveau, den Baubedarf hochhalten.

Damit bleibt es ebenso wichtig, die Schrumpfung im ländlichen Raum zu moderieren. Noch machen wir es in Deutschland besser als in vielen anderen Ländern, doch der Druck ist hoch. Auch in Deutschland wächst eine Schar unzufriedener und perspektivloser Menschen, die gesellschaftlich für Konflikte sorgen. Für die Stabilität der Gesellschaft wird es entscheidend sein, diesen Prozess zu gestalten und sozial abzufedern. Die Schwierigkeit dabei ist, auf der einen Seite die Zugkraft der Metropolen und deren wirtschaftliche Entwicklung nicht einzuschränken, auf der anderen Seite aber die Lebensqualität in schrumpfenden Kommunen so hoch zu halten, dass es sich auch dort vernünftig leben lässt. Dies wird nur gelingen mit einer starken überregionalen Planung, die auch unangenehme und kontroverse Entscheidungen treffen muss. Die Neugestaltung des ländlichen Raums wird eine der wichtigsten Herausforderungen dieses Jahrhunderts sein.

Weiterführende Literatur

Eine Studie zur aktuellen Entwicklung, dass Inländer wieder aus der Stadt herausziehen:

1. Busch R (2016) Inländische Wanderungen in Deutschland – wer gewinnt und wer verliert? für Immobilienökonomie. https://doi.org/10.1365/s41056-016-0012-3

Nach dieser Studie wird die Mobilität aufgrund technologischer Entwicklungen weniger wichtig:

2. Bain & Company (2016) Spatial economics: the declining cost of distance. http://bain.de/Images/BAIN_REPORT_Spatial_economics.pdf. Zugegriffen am 12.12.2016

Der US-Ökonom Glaeser beschreibt eindrucksvoll den Siegeszug der Städte:

3. Glaeser EL (2012) Triumph of the city: how our greatest invention makes us richer, smarter, greener, healthier, and happier. Penguin Books, New York

Ansätze für die Lösung von Leerstandsproblemen habe ich vor einigen Jahren mit meinen Kollegen Ralph Henger und Michael Schier entwickelt:

4. Henger R, Schier M, Voigtländer M (2013) Leerstand als wirtschaftspolitische Herausforderung. IW-Position(62), Köln

8
Die Zukunft der Wohnungspolitik

Die Wohnungsmarktlage nach dem Zweiten Weltkrieg war verheerend. Auf dem Gebiet der alten Bundesländer wurden im Zweiten Weltkrieg etwa 2,25 Mio. Wohnungen zerstört, womit sich der Bestand an Wohnungen um fast 20 % verringerte. Hinzu kamen Beschädigungen an weiteren 2 bis 2,5 Mio. Wohnungen. Vergrößert wurde die Wohnungsnot zusätzlich durch Flüchtlinge und Vertriebene, die vor allem aus den sowjetisch besetzten Gebieten in den Westen Deutschlands strömten. Schätzungen gingen davon aus, dass sich bis zum Jahr 1959 die Anzahl der Vertriebenen,

---

Elektronisches Zusatzmaterial Die Online-Version dieses Kapitels (https://doi.org/10.1007/978-3-658-25035-5_8) enthält Zusatzmaterial, das für autorisierte Nutzer zugänglich ist.

© Springer Fachmedien Wiesbaden GmbH, ein Teil von Springer Nature 2019
M. Voigtländer, *Luxusgut Wohnen*,
https://doi.org/10.1007/978-3-658-25035-5_8

Flüchtlinge, Zuwanderer und Spätaussiedler in den alten Bundesländern auf bis zu 12,3 Mio. erhöhte. Aus dieser Konstellation resultierte allein im Jahr 1950 ein Fehlbestand von über 4,5 Mio. Wohnungen.

Verglichen mit dieser Wohnungsnot ist die heutige Lage im Wohnungsmarkt geradezu entspannt. Heute fehlen eigentlich keine Wohnungen, sondern die Wohnungen sind nicht am richtigen Standort. Dennoch sollte die heutige Wohnungsmarktlage nicht kleingeredet werden, wie in Abschn. 8.1 erläutert wird. Der darauffolgende Abschn. 8.2 fasst wesentliche Erkenntnisse dieses Buches zusammen und gibt einen Ausblick auf die künftige Wohnungspolitik.

8.1 Nichts tun ist keine Option

In manchen Gesprächen mit Ökonomen wird die Meinung vertreten, dass sich die Lage mit der Zeit wieder regulieren würde, sprich bei weiter steigenden Preisen würden die Menschen ohnehin wieder dorthin ziehen, wo es günstig ist. Dies impliziert, man müsse eigentlich gar nichts ändern, denn der Markt werde für sich eine Lösung finden. Mindestens zwei Punkte sprechen jedoch dagegen.

Erstens wird ein nicht ausreichendes Wohnungsangebot die wirtschaftliche Dynamik gefährden. Die Städte sind Wachstumsmotoren, weil sich dort viele Unternehmen ansiedeln und auch viele Fachkräfte vor Ort sind. Start-up- und Kleinunternehmen werden vor allem in Städten gegründet. In Deutschland sticht hier vor allem Berlin hervor. Fast 10.000 Unternehmen der IKT-Branche haben sich mittlerweile in Berlin angesiedelt, darunter auch internationale Unternehmen wie Google, Cisco oder Oracle und auch aufkommende nationale Schwergewichte wie Zalando oder Soundcloud. Vor allem aber sind es Kleinunternehmen mit guten Ideen und viel Enthusiasmus, die Fachkräfte aus der ganzen Welt nach Berlin holen. Ein wesentlicher Vorteil ist dabei lange Zeit der Wohnungsmarkt in Berlin gewesen. Natürlich punktet Berlin mit dem Status als Hauptstadt, mit der starken Kulturszene und dem Unterhaltungsangebot einer Metropole, aber eben auch mit günstigen Mieten. Für viele Kleinunternehmen, die zunächst keine hohen Gehälter zahlen können, ist dies ein wichtiger Standortvorteil. Stockholm erlebt gerade, dass die Ansiedlung neuer Unternehmen schwer wird, wenn Wohnraum knapp ist. Je angespannter die Wohnungsmarktsituation ist, desto schwieriger ist es, Fachkräfte aus dem Ausland oder anderen Regionen anzuwerben. Dies kann die wirtschaftliche Dynamik hemmen. Genauso wichtig ist es, dass genügend Gewerbeflächen vorhanden sind, um etwa neue Büroflächen anmieten zu können.

Selbstverständlich ist für die wirtschaftliche Dynamik nicht nur die Immobilienmarktlage verantwortlich. München ist für Unternehmen attraktiv trotz hoher Mieten und Preise, London und New York ohnehin. Aufgrund von bestehenden Unternehmen und teilweise einer großen Konzentration wirtschaftlicher Aktivität sind oft auch neue Unternehmen gezwungen, sich in der Nähe etablierter Unternehmen und somit an hochpreisigen Standorten anzusiedeln. München punktet mit dem Hauptsitz von Siemens, BMW und zahlreichen Versicherern, die wiederum mit zahlreichen anderen Unternehmen kooperieren. London und New York sind u. a. globale Finanzzentren und wer in der internationalen Finanzwelt Geschäfte machen möchte, muss dort präsent sein. Es gibt jedoch immer wieder Branchen, die sich neu entwickeln und örtlich noch nicht gebunden sind. Berlin, aber zum Beispiel auch Düsseldorf, ist es gelungen, zahlreiche Unternehmen der Informationstechnologie zu binden. Solche Unternehmungen könnten in andere europäische Großstädte ziehen. Verschlechtert sich die Lage im Immobilienmarkt weiter, können deutsche Metropolen damit einen Wettbewerbsvorteil verlieren. In vielen anderen Bereichen, etwa bei Steuersätzen, Regulierungen und Arbeitskosten (Abgaben) sind deutsche Metropolen bereits im Nachteil.

Darüber hinaus muss ein wichtiger gesellschaftlicher Aspekt steigender Preise im Wohnungsmarkt beachtet werden. Die US-amerikanischen Forscher Joseph Gyourko, Christopher Mayer und Todd Sinai haben die Einkommensverteilung in US-amerikanischen Städten untersucht und diese mit der Preisentwicklung gespiegelt. Das Resultat ist bemerkenswert: Je stärker die Preise steigen, desto weniger Menschen der Unterschicht und Mittelschicht leben in der Stadt. Durch steigende Preise entstehen den Forschern zufolge „Superstar Cities", d. h. Städte, die sich nur noch reiche Menschen leisten können. Eindrucksvolle Beispiele hierfür sind London und New York, wo es für Normalverdiener tatsächlich kaum möglich ist, eine Wohnung zu finden. Ein weiteres wichtiges Ergebnis: Überall dort, wo die Bautätigkeit mit der Einwohnerentwicklung Schritt halten konnte, wo also Baubedarfe und Bautätigkeit zueinander passten, veränderte sich die Zusammensetzung der Bevölkerung nicht.

> Auch deutsche Städte drohen zunehmend zu Superstar Cities zu werden. Dies gilt insbesondere für München, aber auch Hamburg und Frankfurt am Main haben schon Preisniveaus erreicht, die für viele unerschwinglich sind. Berlin legt eine Preisdynamik an den Tag, die schnell dafür sorgen wird, dass auch vom Niveau her die Preise westdeutscher Metropolen schnell erreicht werden. Dabei ist zu berücksichtigen, dass die Wirtschaftskraft Berlins langsamer wächst als die Mieten und Wohnungspreise.

Zunehmend teure Städte tragen zu sozialen Spannungen bei. Wenn immer mehr Menschen vom Leben in der Stadt ausgeklammert werden, droht die Akzeptanz der gesellschaftlichen

Ordnung zu erodieren. Dies spitzt sich zu, wenn Ausweichquartiere deutlich unattraktiver sind, z. B. im Hinblick auf die Infrastruktur und die Pendelzeiten zu den Arbeitsplätzen. Zahlreiche Proteste in den Städten unterstreichen dies und es kommt nicht von ungefähr, dass Wohnungspolitik auch zum Wahlkampfthema wird.

8.2 Was nun zu tun ist

Die Schlussfolgerungen, die daraus politisch gezogen werden, sind leider die Falschen. Es wird massiv versucht, den Markt zu regulieren und innerhalb der Stadt umzuverteilen. Mietpreisregulierungen wirken jedoch eher regressiv, d. h. es kommt zu einer Umverteilung von unten nach oben. Profiteure von gekappten Mieten sind eher Haushalte mit hohen und sicheren Einkommen, die von Vermietern vorgezogen werden. Alleinerziehende, Arbeitslose, Studenten und Migranten haben dagegen Probleme, sich gegen eine noch größere Konkurrenz im Wohnungsmarkt durchzusetzen. Denn bei Mieten unterhalb des Marktniveaus wird die Nachfrage nach Wohnungen in guten Lagen noch größer sein.

Auch die Versuche, die soziale Durchmischung durch noch mehr Sozialwohnungen zu erreichen, ist nicht erfolgsträchtig. Die Erfahrungen mit Sozialwohnungen zeigen, dass die soziale Treffsicherheit äußerst gering ist. Nur 45 % der Mieter in Sozialwohnungen sind tatsächlich armutsgefährdet, der Rest ist oberhalb der Bedürftigkeit. Es werden damit massiv Steuermittel verschwendet, die ansonsten in Schulen, Kindergärten oder den ÖPNV-Ausbau gesteckt werden könnten. Hinzu kommt, dass mit Sozialwohnungen Sozialpolitik nach dem Lotterieverfahren betrieben wird: Wer Glück hat, bekommt Unterstützung, wer nicht, hat Pech. Dabei werden Haushalte mit sicherem Einkommen und stabileren Verhältnissen auch bei Vermietern von Sozialwohnungen die besseren Chancen haben. Dies alles entspricht nicht den Maßstäben, die sonst an die Sozialpolitik gestellt werden.

Steigt die Bautätigkeit in den Städten, werden auch die Preise wieder sinken oder zumindest nicht mehr steigen. Bedingt durch das hohe Ungleichgewicht von Angebot und Nachfrage können Projektentwickler und Bauherren die Preise bestimmen. Gelingt es jedoch, die Bautätigkeit anzuregen, wird es auch wieder Konkurrenz untereinander geben.

> Wirklich hilfreich ist es, vor allem für mehr Neubau zu sorgen.

Mit Blick auf die Erfahrungen aus der Nachkriegszeit wird mancher denken, dass wir den Wohnungsmangel damals nur über den sozialen Wohnungsbau überwunden haben. Dies ist auch richtig. Im Unterschied zu damals gibt es aber heute einen gut entwickelten Kapitalmarkt. In den 1950er-Jahren gab es kaum Banken, die Kredite vergeben konnten und auch kaum Investoren, die eigene Mittel einsetzen konnten. Daher war eine weitreichende Unterstützung durch den Staat richtig und wichtig. Der soziale Wohnungsbau hat historisch gesehen eine wichtige Rolle gespielt und war in der damaligen Zeit äußerst effektiv. Heute sind die Rahmenbedingungen andere.

Heute verfügen wir über hoch entwickelte Kapitalmärkte. Vor allem aber befinden wir uns in einer Zeit, in der Investoren händeringend nach Anlagemöglichkeiten suchen. Weltweit übertreffen die Ersparnisse die Investitionen, ein wesentlicher Grund warum die Zinsen so niedrig sind. Der Bau von Wohnungen ist daher für viele Investoren äußerst attraktiv, denn gerade in den Großstädten ist die Vermietung relativ sicher und es können noch Renditen oberhalb der Verzinsung alternativer festverzinslicher Wertpapiere erzielt werden. Projektentwickler berichten, dass es zunehmend Lebensversicherer, Pensionsfonds, Investmentfonds und ausländische Großinvestoren gibt, die gerne in deutsche Wohnimmobilien investieren möchten – leider gibt es aber nur wenig Angebote.

In diesem Buch wurde ausführlich dargelegt, warum so wenig gebaut wird. Essenziell ist der Mangel an Bauland. Ohne Bauland kann nicht gebaut werden und tatsächlich stagniert das Baulandangebot in den Städten. Letztlich wird von den Kommunen zu wenig Bauland ausgewiesen, weshalb die Preise für Bauland immer weiter steigen. Und weil Bauland immer teurer wird, lohnt es sich, Bauland zurückzuhalten und die Wertsteigerungen mitzunehmen – wodurch der Wohnungsbau immer weiter hinausgezögert wird.

Viel zu lange haben Großstädte vor allem auf Nachverdichtungen gesetzt, doch dies allein wird nicht ausreichen. Zwar gibt es in den Innenstädten noch Potenziale, aber die Hindernisse rechtlicher und technischer Art sind nicht zu unterschätzen. Hinzu kommen die Proteste der Bürger, die viele gute Gründe finden, warum gerade nicht in ihrer Nachbarschaft gebaut werden sollte.

Die Sogkraft der Großstädte wird anhalten. Vieles spricht dafür, dass der Zuzug in die Großstädte nicht nur ein temporäres Phänomen ist, sondern längerfristig wirkt. Gerade für eine zunehmend dienstleistungsorientierte Wirtschaft bieten Städte enorme Vorteile. Kunden und Fachkräfte sind nah beieinander, was einen nutzbringenden Austausch ermöglicht. Video-Konferenzen werden den persönlichen Austausch kaum ersetzen können, schon gar nicht die ungeplanten und zufälligen Begegnungen, die oft wichtiger sind als angeordnete Meetings. Städte waren seit jeher ein Wirtschaftsmotor, weil sie Menschen unterschiedlichster Hintergründe zusammengebracht und so den Boden für neue Ideen bereitet haben. Dieser Vorteil wird sich in einer wissensbasierten Ökonomie eher noch verstärken als abschwächen, trotz neuer

Technologien. Hinzu kommt auch der Aspekt des Klimaschutzes, denn durch kürzere Wege und engere Bebauung kann auch Energie eingespart werden.

> Städte müssen wachsen können.

Viele deutsche Großstädte brauchen neue Stadtviertel, um mit dem Einwohnerwachstum Schritt halten zu können. Die Flächen dafür sind da, doch sie müssen eben auch der Bebauung zugeführt werden. Wir müssen wieder lernen, größer zu denken und Visionen für unsere Städte zu entwickeln. Hierzu müssen wir natürlich auch über die durch den Föderalismus vorgegebenen Grenzen hinausgehen.

> Wir müssen wieder lernen, günstiger zu bauen.

Bauen ist in Deutschland extrem teuer geworden, weil die Standards immer weiter erhöht worden sind. Energetische Auflagen, Brandschutzbestimmungen, Stellplatzpflichten – all dies macht das Bauen und damit das Wohnen deutlich teurer. Jede Regelung für sich mag sinnvoll sein, in der Summe können sich Neubauten aber nur noch Menschen mit hohen Einkommen leisten – Wohnen wird damit zum Luxusgut. Der ständige Anstieg der Anforderungen konnte in einer Zeit begründet werden, als Deutschland schrumpfte. Schrumpft eine Stadt oder ein Land, muss nur noch gebaut werden, um einen Teil der in die Jahre gekommenen Gebäude zu ersetzen oder um Verbesserungen im Gebäudebestand zu erzielen. Bauen dient dann nur noch der Steigerung der Qualität des Wohnens, aber nicht mehr, um auch mengenmäßig den Wohnungsbestand zu vergrößern. Doch dies hat sich in den letzten Jahren in den Großstädten und vielen Universitätsstädten deutlich geändert. Heute müssen wieder in kurzer Zeit viele neue Wohnungen entstehen. Daher ist es erforderlich, die Baukosten systematisch durchzugehen und andere Anreize zu setzen.

Statt genaue Vorgaben zu machen, sollten Ziele festgelegt werden, etwa hinsichtlich des Energieverbrauchs. Der Druck der großen Flüchtlingszuwanderung hat offenbart, welch große Kreativität Architekten, Ingenieure und Projektentwickler entfalten können. Diese Innovationsfreude müssen wir nutzen und nicht durch starre Regeln einengen. Lösen wir das Baulandproblem, wird schnell ein Wettbewerb beginnen, in dem sich vor allem solche Projektentwickler behaupten können, die sowohl qualitativ gut als auch günstig bauen können.

> Neben der Deregulierung des Baurechts gehört die Entlastung des Wohnungsbaus von kommunalen Auflagen auf die Agenda.

Die Finanzierung der Infrastruktur über den Neubau verteuert den Neubau in hohem Maß und ist nicht sachgemäß. Angesichts der prekären Lage vieler Städte ist es verständlich, dass versucht wird, möglichst viele Kosten auf Investoren zu überwälzen, doch diese geben die Kosten letztlich ebenfalls so weit wie möglich weiter. In der Konsequenz steigen die Neubaupreise und es wird weniger gebaut. Die Städte in Deutschland sind unterfinanziert und dies muss sich dringend ändern. Neben wachsenden Städten brauchen auch schrumpfende Städte mehr finanzielle Mittel. Die einen, um den Ausbau der Infrastruktur zu stemmen, die anderen, um auch einer kleiner werdenden Bevölkerung öffentliche Leistungen anbieten zu können. Ein Weg könnte eine höhere Grundsteuer sein, aber auch eine Reform des kommunalen Finanzausgleichs und eine Entlastung bei sozialen Verpflichtungen erscheinen geboten, um die Handlungsfähigkeit der Städte zu erhalten.

> Ein weiterer Baustein ist der Ausbau der Verkehrsinfrastruktur.

Auch wenn wir die Bautätigkeit deutlich steigern in den Großstädten, werden nicht alle Menschen in Hamburg, München oder Berlin leben können. Dies wäre auch gar nicht sinnvoll, da dann an anderer Stelle noch mehr abgerissen werden müsste. Vielfach sind wachsende und schrumpfende Städte nur 20 bis 100 km entfernt, gerade in Nordrhein-Westfalen, aber auch in Bayern, Hessen oder Niedersachsen. Durch eine bessere Mobilität wäre es deutlich attraktiver, auch weitere Strecken zu pendeln. Die Erfahrungen zeigen, dass überall dort wo schnelle Bus und Bahnverbindungen zu den Metropolen vorhanden sind, die Menschen gerne wohnen. Daher ist die bessere Vernetzung von Metropolen, den Umlandgemeinden und anderen Städten ein Schlüssel zur Entspannung des Wohnungsmarktes.

Das Gute ist, dass wir all dies schon einmal geschafft haben und wir auf den Erfahrungen aufbauen können. Deutschland hat es geschafft, die Wohnungsnot in den 1950er- und 60er-Jahren schnell und gut zu lösen. Dies war eine deutlich größere Herausforderung als heute. Auf den Erfahrungen von damals können wir aufbauen. Heute sollen keine monotonen Hochhaussiedlungen oder Reihenhaussiedlungen mehr gebaut werden, sondern neue Stadtviertel sollen eine urbane Qualität haben, mit Freizeitmöglichkeiten, Geschäften, Gewerbesiedlungen und einem guten Anschluss an den ÖPNV. Die Voraussetzungen dafür sind äußerst gut. Die Niedrigzinsphase macht Finanzierungen so günstig wie nie, zahlreiche Investoren suchen nach Anlagemöglichkeiten und die Steuereinnahmen wachsen kräftig. Doch Geld allein reicht eben nicht. Es braucht auch Bürgermeister, die den Wohnungsbau wieder zur Chefsache erklären, Bauämter, die sich als Dienstleister der Projektentwickler verstehen und auch einer Bundespolitik, die ihr Augenmerk nicht auf die Symptome des Baumangels legt, sondern auf die Ursachen.

> Auch daran sollten wir uns erinnern: Der Erfolg der Wohnungspolitik beruht vor allem darauf, die Mechanismen des Marktes zu akzeptieren.

Als der damalige Wohnungsbauminister Paul Lücke im Jahr 1960 die schrittweise Liberalisierung des Mietrechts einführte und damit die faktische Freigabe von Wiedervertragsmieten, waren die Diskussionen groß. Doch die Erfahrungen gaben ihm Recht. Denn während in Ländern wie Spanien oder auch Großbritannien strenge Mietpreisregulierungen und teilweise sogar Mietstopps private Vermieter und Wohnungsbauinvestoren aus dem Markt drängten, wurde in Deutschland eine Balance erreicht, die den Wohnungsmarkt sowohl für Mieter als auch für Vermieter und Bauherren attraktiv machte. Daran muss sich auch die heutige Politik erinnern: Der Wohnungsmarkt funktioniert nur, wenn er für alle Gruppen attraktiv ist. Eine Politik zulasten der Vermieter wird sich längerfristig gegen die Mieter wenden. Deutschland ist es als eines der wenigen Länder gelungen, diese Balance langfristig zu wahren und u. a. das Beispiel Großbritanniens zeigt, wie schwierig es ist, ein einmal verlorenes Vertrauen privater Investoren zurückzugewinnen. Trotz umfangreicher Liberalisierungen gelingt es in Großbritannien schließlich nur schleppend, private Vermieter und Wohnungsbauinvestoren zu gewinnen.

> Dies heißt keineswegs, den Wohnungsmarkt nur dem freien Spiel der Kräfte zu überlassen. Die Politik muss sich aber darauf konzentrieren, vor allem Haushalte zu unterstützen, die mit den Wohnkosten überlastet sind.

Eine Erhöhung und Dynamisierung des Wohngelds würde viele Haushalte sehr wirksam und treffsicher entlasten. Darüber hinaus sollten die Zugangsprobleme zum Wohneigentum vermindert werden, indem die Erwerbsnebenkosten gesenkt und die Eigenkapitalerfordernisse in der Finanzierung verringert werden. Damit könnten angesichts der Zinsentwicklung nicht nur viele Haushalte ihre Wohnkosten reduzieren, sondern auch ihre Altersvorsorge stärken.

Die Wohnungspolitik wird in den nächsten Jahren einen weiteren Bedeutungsgewinn erfahren. Dies birgt die Gefahr, dass scheinbar einfache Lösungen gewählt werden, die die Funktionsfähigkeit des Wohnungsmarktes langfristig beschädigen. Es gibt aber auch die Chance, durch eine kluge Rahmensetzung die Wohnsituation zahlreicher Menschen zu verbessern und zukunftsfähige Städte zu entwickeln. Wohnen muss kein Luxus sein – zumindest dann nicht, wenn wir als Gesellschaft den richtigen Rahmen setzen.

Wohnungspolitik neu denken (© SWR1 | Video mit der Springer Nature More Media App ansehen.)

Weiterführende Literatur

Der Begriff der „Superstar Cities" geht auf eine Arbeit der Ökonomen Sinai, Gyourko und Mayer zurück

1. Gyourko J, Mayer C, Sinai T (2013) Superstar cities. Am Econ J Econ Policy 5(4):167–199. https://doi.org/10.1257/pol.5.4.167

Exemplarisch erklärt dieser Artikel die Probleme von Unternehmen bei hohen Wohnungspreisen

2. Spillane C (2016) Start-up-Szene geht an der Wohnungsnot zugrunde. Welt, 05.11.2016. https://www.welt.de/wirtschaft/article159274919/Start-up-Szene-geht-an-der-Wohnungsnot-zugrunde.html. Zugegriffen am 12.12.2016

Näheres über den sog. Lücke-Plan

3. Peters KH (1984) Wohnungspolitik am Scheideweg. Volkswirtschaftliche Schriften, Bd 343. Duncker & Humblot, Berlin

9
Anhang

Im Folgenden findet sich eine Übersicht über die Entwicklung der Wohnungspreise seit 2013, dem jährlichem Baubedarf zwischen 2015 und 2020 und den Baufertigstellungen im Jahr 2017.

Die Daten zur Preisentwicklung sind von F+B, einem Unternehmen, das sich auf die Erstellung von Mietspiegeln und Immobilienmarktdaten spezialisiert hat. Marktdaten werden durch die Auswertung von Immobilienportalen gewonnen. Die Rohdaten werden dann aufbereitet und mithilfe ökonometrischer Methoden bereinigt. Dadurch können Preisentwicklungen, die allein aufgrund von Verbesserungen der Qualität der Gebäude beruhen, herausgerechnet werden. Die Daten spiegeln also den reinen Preiseffekt wider. Angegeben sind hier die prozentualen Preisveränderungen für Wohnungen aus dem Bestand („gebrauchte Wohnungen") zwischen dem 2. Quartal 2013 und dem 2. Quartal 2018.

Weiterhin ist der Baubedarf angegeben. Der Baubedarf gibt an, wie viele Wohnungen im Zeitraum 2015 bis 2020 jährlich neu entstehen müssen, um die Nachfrage zu bedienen. Der Baubedarf berechnet sich aufgrund der Zuwanderung, der Zahl der Geburten und Sterbefälle sowie des vorhandenen Leerstands und des natürlichen Abgangs von Wohnungen, z. B. wegen notwendiger Abrisse. Die schwierigste Größe ist dabei die Zuwanderung, die gerade in den letzten Jahren einer starken Fluktuation unterlag, u. a. aufgrund der Zuwanderung von Flüchtlingen. Angegeben ist im Folgenden der Baubedarf der sich ergibt, wenn die Zahl der Flüchtlinge stark sinkt und bis auf null zurückgeht. Die Zahlen können daher als eine Untergrenze für den Baubedarf angesehen werden. Dennoch übersteigt der Baubedarf gerade in vielen Großstädten und Universitätsstädten die Zahl der Neubauwohnungen erheblich. Angegeben ist die Zahl der neu gebauten oder grundlegend sanierten Wohnungen im Jahr 2017. Eine Abweichung vom Baubedarf heißt noch nicht, dass der Baubedarf über den gesamten Zeitraum über- oder unterschritten wird. Eine deutliche Abweichung ist aber nichtsdestotrotz ein Indiz für einen unausgeglichenen Markt. Die Kreise wurden alphabetisch sortiert, um eine leichte Orientierung zu ermöglichen. Bei Landkreisen findet sich am Ende des Namens jeweils das Kürzel LK.

Geht man die Zeilen durch, wird schnell klar, wie groß die Unterschiede im Wohnungsmarkt sind. Im Fokus dieses Buches stehen die Großstädte und zum Teil die Universitätsstädte, in denen die Preise stark gestiegen sind, weil die Bautätigkeit mit der Nachfrage nicht Schritt halten kann. Es gibt aber auch Landkreise, in denen die Preise – trotz niedriger Zinsen – nur gering gestiegen sind oder stagnieren. Außerdem gibt es auch viele Kreise, in denen zu viel gebaut wird, sodass künftig Leerstände drohen (Abschn. 7.3). Die Anreize und die Rahmenbedingungen so zu setzen, dass starke Preissteigerungen in den Großstädten begrenzt und zunehmende Leerstände in den Landkreisen vermieden werden, wird die große Aufgabe der Wohnungspolitik in den kommenden Jahren sein (siehe Tab. 9.1).

Tab. 9.1 Preisentwicklung, Baubedarf und Bautätigkeit in den deutschen Kreisen. (Quellen: F+B, IW Köln, Statistisches Bundesamt)

Name	Veränderung der Wohnungspreise zwischen 2013 und 2018 in Prozent	Durchschnittlicher jährlicher Baubedarf im Zeitraum 2015 bis 2020	Anzahl der fertiggestellten Wohnungen im Jahr 2017
Ahrweiler LK	24	266	753
Aichach-Friedberg LK	54	510	658
Alb-Donau-Kreis LK	35	603	885
Altenburger Land LK	13	108	148
Altenkirchen LK (Westerwald)	26	139	159
Altmarkkreis Salzwedel LK	26		118
Altötting LK	48	407	480
Alzey-Worms LK	37	380	429
Amberg	35	77	107
Amberg-Sulzbach LK	32	150	239
Ammerland LK	27	572	635
Anhalt-Bitterfeld LK	21	173	325
Ansbach	26	156	829
Ansbach LK	30	449	114
Aschaffenburg	23	280	518
Aschaffenburg LK	28	393	536
Augsburg	53	1927	1226
Augsburg LK	53	977	1171

(Fortsetzung)

Tab. 9.1 (Fortsetzung)

Name	Veränderung der Wohnungspreise zwischen 2013 und 2018 in Prozent	Durchschnittlicher jährlicher Baubedarf im Zeitraum 2015 bis 2020	Anzahl der fertiggestellten Wohnungen im Jahr 2017
Aurich LK	17	677	766
Bad Dürkheim LK	32	321	407
Bad Kissingen LK	24	106	180
Bad Kreuznach LK	23	358	319
Bad Tölz-Wolfratshausen LK	38	713	443
Baden-Baden	22	188	302
Bamberg	21	241	503
Bamberg LK	36	454	280
Barnim LK	48	607	1093
Bautzen LK	14	294	586
Bayreuth	34	193	222
Bayreuth LK	46	156	467
Berchtesgadener Land LK	34	554	396
Bergstraße LK	33	1034	738
Berlin	57	26.511	15.669
Bernkastel-Wittlich LK	23	133	439
Biberach LK	35	622	1119
Bielefeld	27	882	964
Birkenfeld LK	8	71	124

Böblingen LK	39	1437	1554
Bochum	18	429	568
Bodenseekreis LK	36	1038	1413
Bonn	29	2053	1717
Börde LK	31	156	465
Borken LK	13	1248	1882
Bottrop	19	306	300
Brandenburg an der Havel	32	87	114
Braunschweig	44	1501	316
Breisgau-Hochschwarzwald LK	40	1409	1036
Bremen	35	2551	1629
Bremerhaven	17	295	217
Burgenlandkreis LK	20	197	170
Calw LK	34	316	543
Celle LK	27	348	345
Cham LK	37	206	453
Chemnitz	11	319	514
Cloppenburg LK	35	664	1294
Coburg	30	67	219
Coburg LK	23	100	131
Cochem-Zell LK	22	52	176
Coesfeld LK	19	719	787
Cottbus	8	180	368

(Fortsetzung)

Tab. 9.1 (Fortsetzung)

Name	Veränderung der Wohnungspreise zwischen 2013 und 2018 in Prozent	Durchschnittlicher jährlicher Baubedarf im Zeitraum 2015 bis 2020	Anzahl der fertiggestellten Wohnungen im Jahr 2017
Cuxhaven LK	27	377	731
Dachau LK	44	1189	1160
Dahme-Spreewald LK	44	517	991
Darmstadt	30	1300	542
Darmstadt-Dieburg LK	30	1411	1572
Deggendorf LK	42	399	611
Delmenhorst	38	229	209
Dessau-Roßlau	12	102	69
Diepholz LK	24	631	705
Dillingen a. d. LK Donau	47	204	341
Dingolfing-Landau LK	44	349	548
Dithmarschen LK	23	314	330
Donau-Ries LK	38	414	541
Donnersbergkreis LK	32	86	138
Dortmund	22	1561	1475
Dresden	28	3990	2601
Duisburg	8	529	579
Düren LK	20	724	876
Düsseldorf	35	3217	2813
Ebersberg LK	47	1026	579

Eichsfeld LK	38	94	359
Eichstätt LK	42	555	925
Eifelkreis Bitburg-Prüm LK	17	187	462
Eisenach	0	59	71
Elbe-Elster LK	23	97	91
Emden	14	154	126
Emmendingen LK	38	746	719
Emsland LK	18	1122	2235
Ennepe-Ruhr-Kreis LK	19	416	529
Enzkreis LK	36	515	500
Erding LK	36	960	1141
Erfurt	29	984	475
Erlangen	34	672	993
Erlangen-Höchstadt LK	35	549	611
Erzgebirgskreis LK	11	367	484
Essen	17	985	1186
Esslingen LK	38	2237	1348
Euskirchen LK	23	497	574
Flensburg	37	490	233
Forchheim LK	43	348	408
Frankenthal (Pfalz)	43	216	30
Frankfurt (Oder)	31	70	212

(Fortsetzung)

Tab. 9.1 (Fortsetzung)

Name	Veränderung der Wohnungspreise zwischen 2013 und 2018 in Prozent	Durchschnittlicher jährlicher Baubedarf im Zeitraum 2015 bis 2020	Anzahl der fertiggestellten Wohnungen im Jahr 2017
Frankfurt am Main	42	7033	5122
Freiburg im Breisgau	29	2400	954
Freising LK	36	1164	1023
Freudenstadt LK	27	154	362
Freyung-Grafenau LK	35	135	288
Friesland LK	18	213	492
Fulda LK	26	473	772
Fürstenfeldbruck LK	39	1613	803
Fürth	35	956	432
Fürth LK	35	436	877
Garmisch-Partenkirchen LK	30	427	198
Gelsenkirchen	9	429	704
Gera	16	127	73
Germersheim LK	35	435	510
Gießen LK	26	1130	1100
Gifhorn LK	40	441	1034
Göppingen LK	36	586	520
Görlitz LK	18	290	120
Goslar LK	16	137	139
Gotha LK	27	143	265

Göttingen LK	30	740	681
Grafschaft Bentheim LK	13	442	827
Greiz LK	13	104	67
Groß-Gerau LK	37	1811	1487
Günzburg LK	41	329	592
Gütersloh LK	27	1239	1662
Hagen	6	262	126
Halle/Saale	28	302	574
Hamburg	37	12.744	7920
Hameln-Pyrmont LK	18	138	144
Hamm	23	702	318
Hannover LK	45	5297	3119
Harburg LK	31	1170	1125
Harz LK	29	232	410
Haßberge LK	23	148	224
Havelland LK	51	452	751
Heidelberg	34	1193	685
Heidenheim LK	30	224	387
Heilbronn	52	801	1292
Heilbronn LK	36	1198	323
Heinsberg LK	19	762	1386
Helmstedt LK	37	81	251
Herford LK	22	331	563

(Fortsetzung)

Tab. 9.1 (Fortsetzung)

Name	Veränderung der Wohnungspreise zwischen 2013 und 2018 in Prozent	Durchschnittlicher jährlicher Baubedarf im Zeitraum 2015 bis 2020	Anzahl der fertiggestellten Wohnungen im Jahr 2017
Herne	7	282	120
Hersfeld-Rotenburg LK	18	130	176
Herzogtum Lauenburg LK	27	898	1080
Hildburghausen LK	25	54	135
Hildesheim LK	27	313	446
Hochsauerlandkreis LK	13	230	568
Hochtaunuskreis LK	29	1192	630
Hof	32	49	115
Hof LK	30	82	132
Hohenlohekreis LK	37	354	621
Holzminden LK	15	61	40
Höxter LK	8	126	226
Ilm-Kreis LK	19	114	327
Ingolstadt	46	980	1050
Jena	16	432	457
Jerichower Land LK	26	88	194
Kaiserslautern	24	255	238
Kaiserslautern LK	16	113	161
Karlsruhe	31	2128	1729
Karlsruhe LK	35	1845	656

Kassel	42	957	424
Kassel LK	22	424	314
Kaufbeuren	45	161	192
Kelheim LK	48	476	896
Kempten (Allgäu)	42	308	420
Kiel	40	1710	429
Kitzingen LK	30	243	215
Kleve LK	17	1191	1278
Koblenz	40	524	274
Köln	37	6794	2208
Konstanz LK	42	1650	1204
Krefeld	17	402	404
Kronach LK	7	53	79
Kulmbach LK	30	64	112
Kusel LK	16	56	174
Kyffhäuserkreis LK	8	72	91
Lahn-Dill-Kreis LK	24	379	645
Landau in der Pfalz	35	228	277
Landsberg a. Lech LK	60	597	486
Landshut	35	443	649
Landshut LK	54	645	555
Leer LK	21	628	910
Leipzig	35	2677	540

(Fortsetzung)

Tab. 9.1 (Fortsetzung)

Name	Veränderung der Wohnungspreise zwischen 2013 und 2018 in Prozent	Durchschnittlicher jährlicher Baubedarf im Zeitraum 2015 bis 2020	Anzahl der fertiggestellten Wohnungen im Jahr 2017
Leipzig LK	29	259	1654
Leverkusen	28	943	506
Lichtenfels LK	35	108	187
Limburg-Weilburg LK	23	291	554
Lindau (Bodensee) LK	33	290	333
Lippe LK	16	400	741
Lörrach LK	37	981	699
Lübeck	30	1191	471
Lüchow-Dannenberg LK	26	79	43
Ludwigsburg LK	35	2758	1575
Ludwigshafen am Rhein	36	897	683
Ludwigslust-Parchim LK	28	221	306
Lüneburg LK	37	936	1362
Magdeburg	26	355	562
Main-Kinzig-Kreis LK	34	1631	1131
Main-Spessart LK	29	135	431
Main-Tauber-Kreis LK	32	205	327
Main-Taunus-Kreis LK	38	1272	1063
Mainz	42	1145	429
Mainz-Bingen LK	32	842	1139

Mannheim	38	1840	683
Mansfeld-Südharz LK	18	138	147
Marburg-Biedenkopf LK	30	638	620
Märkischer Kreis LK	12	381	330
Märkisch-Oderland LK	46	447	773
Mayen-Koblenz LK	29	359	752
Mecklenburgische Seenplatte LK	14	275	786
Meißen LK	19	252	486
Memmingen	32	234	131
Merzig-Wadern LK	22	135	418
Mettmann LK	24	1064	1056
Miesbach LK	48	480	387
Miltenberg LK	26	174	498
Minden-Lübbecke LK	19	394	808
Mittelsachsen LK	15	335	508
Mönchengladbach	18	1753	554
Mühldorf a. Inn LK	41	503	757
Mülheim an der Ruhr	19	514	469
München	32	15.547	8340
München LK	41	2685	1137
Münster	34	2744	1556
Neckar-Odenwald-Kreis LK	36	193	341
Neuburg-Schrobenhausen LK	52	454	571

(Fortsetzung)

Tab. 9.1 (Fortsetzung)

Name	Veränderung der Wohnungspreise zwischen 2013 und 2018 in Prozent	Durchschnittlicher jährlicher Baubedarf im Zeitraum 2015 bis 2020	Anzahl der fertiggestellten Wohnungen im Jahr 2017
Neumarkt i. d. OPf. LK	34	409	814
Neumünster	30	219	139
Neunkirchen LK	18	109	217
Neustadt a. d. Weinstraße	20	118	205
Neustadt a. d. Waldnaab LK	33	110	266
Neustadt a. d. Aisch-Bad Windsheim LK	28	221	101
Neu-Ulm LK	36	787	960
Neuwied LK	34	268	251
Nienburg (Weser) LK	28	186	253
Nordfriesland LK	15	414	1391
Nordhausen LK	11	91	204
Nordsachsen LK	30	197	533
Nordwestmecklenburg LK	36	207	517
Northeim LK	26	112	224
Nürnberg	39	3446	2719
Nürnberger Land LK	38	508	584
Oberallgäu LK	39	554	635
Oberbergischer Kreis LK	13	370	479
Oberhausen	8	365	397

Oberhavel LK	49	875	851
Oberspreewald-Lausitz LK	19	119	145
Odenwaldkreis LK	28	197	152
Oder-Spree LK	36	227	597
Offenbach am Main	54	855	904
Offenbach LK	36	2136	925
Oldenburg	34	916	436
Oldenburg LK	36	712	1266
Olpe LK	15	178	294
Ortenaukreis LK	31	1609	1648
Osnabrück	35	747	1302
Osnabrück LK	29	1006	368
Ostalbkreis LK	39	678	776
Ostallgäu LK	39	534	735
Osterholz LK	32	330	390
Osterode am Harz LK	--	67	--
Ostholstein LK	31	758	981
Ostprignitz-Ruppin LK	61	107	339
Paderborn LK	28	1191	1286
Passau	37	206	1189
Passau LK	29	522	422
Peine LK	33	268	687
Pfaffenhofen a. d. Ilm LK	36	670	626

(Fortsetzung)

Tab. 9.1 (Fortsetzung)

Name	Veränderung der Wohnungspreise zwischen 2013 und 2018 in Prozent	Durchschnittlicher jährlicher Baubedarf im Zeitraum 2015 bis 2020	Anzahl der fertiggestellten Wohnungen im Jahr 2017
Pforzheim	35	672	276
Pinneberg LK	31	1640	1808
Pirmasens	18	44	42
Plön LK	32	381	375
Potsdam	38	1399	1581
Potsdam-Mittelmark LK	51	857	1102
Prignitz LK	20	81	130
Rastatt LK	30	761	995
Ravensburg LK	31	1248	1431
Recklinghausen LK	7	1079	1133
Regen LK	22	96	312
Regensburg	39	1068	955
Regensburg LK	52	843	1194
Remscheid	9	159	578
Rems-Murr-Kreis LK	39	1460	159
Rendsburg-Eckernförde LK	29	709	1038
Reutlingen LK	39	945	958
Rhein-Erft-Kreis LK	25	2127	927
Rheingau-Taunus-Kreis LK	33	676	1328
Rhein-Hunsrück-Kreis LK	22	118	980

Rheinisch-Bergischer Kreis LK	27	794	189
Rhein-Kreis Neuss LK	27	1573	748
Rhein-Lahn-Kreis LK	29	134	1245
Rhein-Neckar-Kreis LK	32	2236	103
Rhein-Pfalz-Kreis LK	36	516	1587
Rhein-Sieg-Kreis LK	32	2272	614
Rhön-Grabfeld LK	26	87	2157
Rosenheim	51	422	334
Rosenheim LK	42	1365	1442
Rostock	37	728	312
Rostock LK	26	318	769
Rotenburg (Wümme) LK	31	364	686
Roth LK	31	355	744
Rottal-Inn LK	57	342	411
Rottweil LK	27	168	617
Saale-Holzland-Kreis LK	22	93	393
Saalekreis LK	25	178	115
Saale-Orla-Kreis LK	22	78	302
Saalfeld-Rudolstadt LK	19	111	110
Saarlouis LK	22	191	168
Saarpfalz-Kreis LK	16	149	399
Sächsische Schweiz-Osterzgebirge LK	24	281	174

(Fortsetzung)

Tab. 9.1 (Fortsetzung)

Name	Veränderung der Wohnungspreise zwischen 2013 und 2018 in Prozent	Durchschnittlicher jährlicher Baubedarf im Zeitraum 2015 bis 2020	Anzahl der fertiggestellten Wohnungen im Jahr 2017
Salzgitter	26	98	611
Salzlandkreis LK	9	214	120
Sankt Wendel LK	22	71	242
Schaumburg LK	16	173	303
Schleswig-Flensburg LK	30	576	1226
Schmalkalden-Meiningen LK	27	110	210
Schwabach	33	217	169
Schwäbisch Hall LK	29	640	852
Schwalm-Eder-Kreis LK	7	202	393
Schwandorf LK	47	407	820
Schwarzwald-Baar-Kreis LK	31	454	691
Schweinfurt	48	115	376
Schweinfurt LK	31	218	134
Schwerin	21	124	222
Segeberg LK	33	1370	1189
Siegen- LK Wittgenstein	18	360	489
Sigmaringen LK	39	273	403
Soest LK	22	687	917
Solingen	27	898	294
Soltau-Fallingbostel LK	23	291	302

Sömmerda LK	26	268
Sonneberg LK	10	63
Speyer	33	60
Spree-Neiße LK	15	176
Stade LK	32	145
Städteregion Aachen LK	24	1350
Stadtverband Saarbrücken LK	21	1502
Starnberg LK	37	456
Steinburg LK	22	378
Steinfurt LK	20	2378
Stendal LK	20	271
Stormarn LK	33	984
Straubing	61	217
Straubing-Bogen LK	72	552
Stuttgart	45	2129
Südliche Weinstraße LK	29	283
Südwestpfalz LK	29	87
Suhl	20	38
Teltow-Fläming LK	50	1196
Tirschenreuth LK	25	137
Traunstein LK	38	674
Trier	22	758
Trier-Saarburg LK	23	517

(Fortsetzung)

Tab. 9.1 (Fortsetzung)

Name	Veränderung der Wohnungspreise zwischen 2013 und 2018 in Prozent	Durchschnittlicher jährlicher Baubedarf im Zeitraum 2015 bis 2020	Anzahl der fertiggestellten Wohnungen im Jahr 2017
Tübingen LK	33	980	880
Tuttlingen LK	39	392	580
Uckermark LK	30	126	404
Uelzen LK	42	139	125
Ulm	38	698	319
Unna LK	11	546	667
Unstrut-Hainich-Kreis LK	33	94	266
Unterallgäu LK	34	495	959
Vechta LK	32	582	928
Verden LK	28	402	549
Viersen LK	19	727	643
Vogelsbergkreis LK	24	82	189
Vogtlandkreis LK	2	271	170
Vorpommern-Greifswald LK	17	250	796
Vorpommern-Rügen LK	18	236	1070
Vulkaneifel LK	12	65	131
Waldeck-Frankenberg LK	15	168	209
Waldshut LK	35	526	813
Warendorf LK	26	686	1031
Wartburgkreis LK	22	105	305

Weiden i. d. OPf.	21	55
Weilheim-Schongau LK	48	701
Weimar	20	240
Weimarer LK Land	35	302
Weißenburg-Gunzenhausen LK	40	351
Werra-Meißner-Kreis LK	24	90
Wesel LK	16	1102
Wesermarsch LK	21	163
Westerwaldkreis LK	25	1146
Wetteraukreis LK	34	1428
Wiesbaden	35	521
Wilhelmshaven	12	68
Wittenberg LK	19	138
Wittmund LK	15	312
Wolfenbüttel LK	28	200
Wolfsburg	47	447
Worms	38	320
Wunsiedel i. Fichtelgebirge LK	28	97
Wuppertal	13	225
Würzburg	39	649
Würzburg LK	36	837
Zollernalbkreis LK	32	509
Zweibrücken	21	32
Zwickau LK	11	574

GPSR Compliance
The European Union's (EU) General Product Safety Regulation (GPSR) is a set of rules that requires consumer products to be safe and our obligations to ensure this.

If you have any concerns about our products, you can contact us on

ProductSafety@springernature.com

In case Publisher is established outside the EU, the EU authorized representative is:

Springer Nature Customer Service Center GmbH
Europaplatz 3
69115 Heidelberg, Germany

www.ingramcontent.com/pod-product-compliance
Lightning Source LLC
LaVergne TN
LVHW020328260326
834688LV00037B/923